大学生
创新创业基础

微课版

郑懿 熊晓曦 / 主编　张孟琪 / 副主编

人民邮电出版社

北　京

图书在版编目（CIP）数据

大学生创新创业基础 ： 微课版 / 郑懿，熊晓曦主编
. -- 北京 ： 人民邮电出版社，2020.5（2022.1重印）
高等院校通识教育"十三五"规划教材
ISBN 978-7-115-53012-7

Ⅰ．①大… Ⅱ．①郑… ②熊… Ⅲ．①大学生－创业
－高等学校－教材 Ⅳ．①G647.38

中国版本图书馆CIP数据核字（2019）第281974号

内 容 提 要

本书分为创新篇、创业篇和案例篇，从大学生创新创业全过程出发，系统、详细地介绍了创新创业的理论模型、实践工具和大赛案例，并提炼出创新的 5 个步骤和创业的 3 个核心内容。本书的创新篇以先进的创新思维教育理论为基础，通过搜集信息、挖掘用户需求、打破思维局限、积极行动、测试与反馈 5 个步骤，创造性地解决问题，培养大学生的创新自信力和行动力。创业篇以丰富的创业理论与实践素材为基础，围绕团队管理、商业模式、市场营销 3 大核心，并介绍商业计划书及路演、创业期的资金运作、创业还需要知道的事等丰富内容。同时，案例篇详细介绍了大学生"双创"大赛，并进行了案例分析。

本书可作为高等院校"大学生创新创业"课程的教材使用，也可供企业管理者和对创新创业感兴趣的社会人士学习参考。

◆ 主　编　郑　懿　熊晓曦

副 主 编　张孟琪

责任编辑　刘海溧

责任印制　王　郁　焦志炜

◆ 人民邮电出版社出版发行　　北京市丰台区成寿寺路 11 号

邮编　100164　电子邮件　315@ptpress.com.cn

网址　https://www.ptpress.com.cn

三河市君旺印务有限公司印刷

◆ 开本：787×1092　1/16

印张：15　　　　　　　　2020 年 5 月第 1 版

字数：301 千字　　　　　2022 年 1 月河北第 8 次印刷

定价：45.00 元

读者服务热线：**(010)81055256**　印装质量热线：**(010)81055316**

反盗版热线：**(010)81055315**

广告经营许可证：京东市监广登字 20170147 号

　　在普通高等学校开展创新创业教育，对加快转变经济发展方式、深化高等教育教学改革、提高人才培养质量、促进大学生全面发展具有重要意义。

　　编者根据相关"双创"政策，从全面性和实用性出发，编写了本书，旨在帮助读者轻松地掌握从创意产生到产品商业化运营的具体步骤和方法，达到让读者拥有创新自信力及创业精神的目的。

本书的内容特色

　　（1）本书的编写过程就是一个运用创新设计思维的真实案例。全书策划之初，编者对众多学校教师、学生进行了问卷调查和深入访谈，挖掘出"双创"教学的真实需求，有针对性地设计了本书的章节结构。全书上下贯通、环环相扣，理论与实践结合紧密。

　　（2）全书除了介绍创新的 5 个步骤和创业的 3 个要素，还提供了许多实用工具和对照案例，帮助读者进行实际操作、深入了解知识，并提供了工具清单（电子资源），帮助读者快速入门。

（3）在介绍工具、方法的同时，本书还提供了由编者演示讲解的视频，帮助读者更加轻松地掌握要点，以便在实际工作、学习中有效应用。

（4）为帮助读者更好地学习，本书在正文知识讲解中加入"读一读""想一想""练一练"等小栏目，使知识内容的呈现形式更新颖、更全面。

（5）本书编者具有丰富的创新创业教学经验和实战经验。书中所有的手绘插画、实景演示照片，都是由编者制作或演示的，确保每个细节的信息都传递到位。

本书的配套资源

本书配有丰富多样的教学资源，包括教学 PPT、教案、工具清单等，读者可以登录人邮教育社区（www.ryjiaoyu.com）进行下载。配套视频以二维码形式提供，读者可以通过扫描相应二维码进行学习。

编　者

2019 年 12 月

CONTENTS
目　　录

第 5 章 05

创新第四步：积极行动，将想法落地 // 71

第 7 章 07

建立创新信念系统 // 105

创业篇

第 6 章 06

创新第五步：测试与反馈，迭代完善 // 89

第 8 章 08

创业与创业准备 // 117

第 9 章 09

创业核心内容一：团队管理　// 126

第 10 章 10

创业核心内容二：商业模式　// 138

第 11 章 11

创业核心内容三：市场营销　// 161

第 12 章 12

商业计划书及路演　// 182

第13章 13

创业期的资金运作　//201

案例篇

第15章 15

"双创"大赛及案例分析　//220

参考文献　//232

第14章 14

创业还需要知道的事　//211

创新篇

01 第1章
创新与创新思维

21 世纪以来，社会的变化日新月异，经济与科技飞速发展。建立创新体系，以创新引领发展，已成为世界上许多国家的选择，我国更是掀起了"大众创业、万众创新"的新浪潮，形成了"万众创新、人人创新"的趋势。大学生是国家未来发展的希望，肩负未来创新的重任，更加需要以新的思维模式和理论基础为指导，学习掌握可以有效实践和广泛采用的创新方式。这种方式将以往纯粹以技术和产品为中心的创新转变为以"人的需求"为中心的创新，从"以人为本"的角度提出具有创新价值的解决方案，能够更有效地解决更多的问题，并能够被整合到商业应用的各个层面中。不论是团队还是个人都可以用这种方式创造性地解决问题，使创新不只停留在头脑中，还能够在真实世界中发挥作用。本章将为读者提供的正是这样一种创新思维及实践方法，它是由许多创新实践者的经验总结提炼形成的。

1.1 人人都要会创新

当社会环境变化越来越快的时候，人们已经能够感受到新事物、新内容、新技术带来的冲击，创新成为每个人都会面临的挑战。

从无到有是创新。例如，飞机、灯泡的发明都是划时代的巨大的创新。从有到优也是创新，例如，从移动电话到功能手机，体积变小，重量变轻；从功能手机到智能手机，按键变为触屏，功能更加综合。

重新定义也是创新。例如，某专车租赁公司的宣传称，它们提供的是安全的司机。生活方式的改变也是创新，例如，以前送货到店，现在送货到家；以前打电话点外卖，现在直接在手机 App 上点外卖；以前是在商场挑衣服，现在在网上"淘"衣服；以前出行住酒店，现在可以住共享公寓。"衣食住行"经过重新定义，达到差异化的效果，有了新的模式和新的市场。

重新组合依然是创新。铅笔和橡皮组合，提升了铅笔的价值；照相机和手机组合，强化了手机的功能。

创新无处不在，创新也不断变化。随着时代的发展，人人都需要创新，人人皆可创新。

1.1.1　什么是创新

人们对创新概念的理解最早主要是从技术与经济相结合的角度出发，探讨技术创新在经济发展过程中的作用，主要代表人物是现代创新理论的提出者约瑟夫·熊彼特（Joseph Schumpeter）。但随着创新理论和实践的不断发展，现在人们在创新中更加关注对于人的需求的发现与解决。对人性需求的洞察，成为人们在创新创业过程中关注的核心。未来的创新创业，将会更加聚焦在对人的需求的理解与挖掘上，是人性洞察、科技与商业化的完美结合。

创新的概念

创新是指人类为了满足自身需求，不断拓展对客观世界及其自身的认知与行为的过程和结果的活动。换句话说，创新是指人们为了一定的目的，遵循事物发展的规律，对事物的整体或部分进行变革，从而使其得以更新与发展的活动。

这意味着创新包含了两层含义：一层含义是创造了新的东西，意味着创造出了一个前所未有的事物，创新相当于创造；另一层含义是本来存在一个事物，将它更新或者创造出一个新事物来代替它，在这种情况下，创新包含了创造。但创造不可能凭空而生，新的创造一般是建立在原有的事物或其转化的基础上，包含了对原有事物的创新，因而创造中又包含了创新。

人类的创新可以分解为两个部分：一是思考，想出新主意；二是行动，根据新主意做出新事物。一般是先有创新的想法和点子，然后有创新的行动，将想法变为现实。

对于个人来说，创新是人与生俱来的一种能力，也是人类特有的认知能力和实践能力。同时，创新也是可以在后天通过训练重新激发和提升的一种能力。对于创业者来说，创新是为用户或者客户创造出"新"的价值，把未被满足的需求或潜在的需求转化为机会，并创造出新的让用户满意的价值。对于组织来说，创新是组织的一项基本功能，是管理者需要具备的一项重要职责，它让组织一直保持活力。对于国家和社会来说，创新是引领发展的第一动力，是建设现代化经济体系的战略支撑，是推动民族进步和社会发展的不竭动力。

1.1.2　创新与未来职业发展

关于未来 20 年职业的发展，心理学家兰海曾经做过这样的预测。她给出 3 组分析数据：第一组是 20 和 47%，即 20 年之后现在的工作有 47% 会消失，将近一半的人会失业；第二组是 20 和 65%，即 20 年以后可能有 65% 的工作岗位是现在的我们所不知道的；第三组是 45% 和 55%，是指每个人进入职场的时候，实际上展现出来的综合能力当中，只有 45% 是源自学校学习的、可以用标准化方法测试出来的能力，而剩下的 55% 是我们身上所拥有的其他的基础能力，包括独立思考的能力、沟通表达的能力、自我认知的能力。而以下 5 种类型的人，可以在未来 20 年依然保持竞争力：对新事物保有好奇心的人；有创新、创造能力的人；懂得管理情绪的人；拥有延迟满足能力的人；具有很强的学习能力的人。

　　未来会怎么变化，我们难以给出准确的答案，但是可以确定的是，这个世界唯一不变的就是变化本身。在校的大学生，在未来的职业发展道路上，最重要的能力莫过于创新能力，还有面对不确定的未来能够灵活应对的能力。因此，关心大学生的成长，更应该关注他们是否具有创新力、创造力。

 读一读

　　世界经济论坛 2018 年发布的《2020 年人才市场最看重的 10 项技能》报告中，创新能力排名由 2015 年的第 10 位上升至 2020 年的第 3 位，如表 1-1 所示。

表 1-1　2020 年人才市场最看重的 10 项技能

2015 年	2020 年
1.　复杂问题解决能力	1.　复杂问题解决能力
2.　团队合作	2.　批判性思维
3.　团队管理	3.　创新能力
4.　批判性思维	4.　团队管理
5.　谈判能力	5.　团队合作
6.　质量控制	6.　情商
7.　服务为导向	7.　判断与制定决策能力
8.　判断与制定决策能力	8.　服务为导向
9.　积极倾听	9.　谈判能力
10.　创新能力	10.　认知弹性

1.1.3　创新可以让世界更美好

　　创新是引领社会进步的第一动力。科技中的创新、商业中的创新、以人为本的创新会改变生活，让世界更美好。当人们拥有了创新意识，特别是拥有了创新精神，就会有勇气面对困难，会更有力量让生活变得更美好，让世界变得更美好。

　　一个职员，因为道路拥挤而上班迟到，他灵机一动，想到"为行人设立一条快行道"的创意。该创意最终得到政府的支持，让有急事和不着急的人各行其道，深受市民欢迎。

　　一名麻省理工学院的学生，发现工程绘制用的铅笔用到最后都会剩下一截，日积月累产生一大堆铅笔头，很浪费。于是他发挥创造力，并通过多次试验，终于研制出一种可以使废弃的铅笔头上长出各种各样植物的生物降解小胶囊，由此变废为宝，给生活带来意外惊喜。

　　一个女孩，在野营时了解到塑料对环境造成的污染很严重，即使采用填埋方法，未来

100 年也无法被降解。她坚信"一物克一物"，最终和伙伴寻找到了可以完美吞噬塑料的细菌，并且吞噬的速度很快，没有二次污染。这令人难以置信的成果让人们相信，没有什么做不到的事情。

创新无大小，创新存在于生活的细微角落。当人们坚信创新可以让生活变得更美好的时候，会更积极勇敢地拥抱这种自信，努力地克服各种困难，让梦想最终得以实现。

🎯 读一读

早产的婴儿出生后，最需要的就是足够温暖的环境，因为他们体内的脂肪还未发育完全，不足以维持身体所需要的温度。由于印度的村诊所无法及时将出生的早产儿送到医院的恒温箱，导致许多孩子只能在母亲怀中死去。

斯坦福大学的陈姿谕，决心改善这个状况。她带领团队做了田野调查，也走访了印度和尼泊尔的偏远乡镇，发现捐赠给医院的恒温箱即使免费也无人问津。原来成本并非问题的核心，在乡村，距离遥远、运输不便、电力不稳定才是更难解决的问题。

最后，一款价值仅仅 25 美元的便携型婴儿保暖袋被设计出来。保暖袋不需要电源，它里面有由很多块"蜡"制成的材料，需要的时候，只需要用热水将其加热融化，保暖袋就能保持恒温 4 ~ 6 小时。操作非常简单，即使不识字也能使用。

但是，在保暖袋投入使用后，他们又发现，由于当地的父母不相信西方的药物，习惯性地把用量都减半，因此保暖袋上的温度提示无意中让他们形成了错误的条件反射，他们会因为担心孩子热而把温度调低。为此，陈姿谕和她的团队又改进产品，把温度的数字提示改为视觉化的笑脸和哭脸，避免了使用者的误解。

这个真实的案例是陈姿谕和她的同学在学校创新设计思维课上被分配到的一个课堂项目。当时的他们就像今天的大学生一样，正坐在教室里上着这样一门创新思维课程。陈姿谕和她的团队将课堂上学到的创新设计思维方法运用到实际的项目挑战中，最终开发出了这样一款拯救了超过 20 万名早产儿生命的产品，建立了一家自己的企业——拥抱（Embrace），并深入全球 22 个国家，持续帮助全球的贫困家庭。读完这个案例，你有没有被点燃激情和信心，想要通过创新解决社会问题，让世界变得更美好？

1.2　创新是创业的核心能力

创业的核心是创新，创业者通过创新，持续开拓企业的生存之道。创业者只有不断地将想法从创意到实践发展壮大，才能让企业保持持久的生命活力。大学生在学习创新创业期间，需要有创新意识、创新思维、创新技能、创新品质，才能够面对严酷的市场环境，开辟就业、创业之路。

1.2.1　创新与企业家精神

在现代市场经济条件下，企业家精神的重要地位和价值被明确，它是一个国家或地区经济发展和创新的主要甚至是关键因素之一。企业家精神包括企业家的创新精神、冒险精神、创业精神、宽容精神等。企业家精神是企业家才能的直接表现，创新是企业家的灵魂。

优秀的企业家精神体现在推动经济发展、企业转型、业务重塑、商业创新、创造新的就业机会、增加社会财富等方面。企业家精神在推进经济发展的长期过程中，能够激励企业创新、优化企业建设、完善资源配置，以及加快企业成长的步伐和经济增长的速度。

培养大学生的企业家精神，就是培养他们形成有前瞻性的就业观，这不仅能帮助他们拓展就业渠道，还能缓解其就业压力，更重要的是，有利于培养大学生的社会责任感、创新创业意识和团队合作精神。这些对于大学生而言，无论是创业还是就业，都是不可或缺的。

1.2.2　创新的 10 种类型

对于企业而言，创新的类型很多，并不仅仅局限于产品和技术方面。创新完全可以贯穿企业的生产、运营、用户体验的全过程。德勤旗下的德布林公司根据多年的经验，总结出 10 种创新类型。

创新类型分为 3 大类，分别是配置、产品、体验，而 3 大类对应 10 种类型，依次是盈利模式、网络、结构、流程、产品表现、产品系统、服务、渠道、品牌和客户交互，如图 1-1 所示。

企业在选择创新类型的时候，不用考虑它们之间的顺序排列或者等级关系，可以选择任意类型进行创新，也可以将它们进行组合创新。

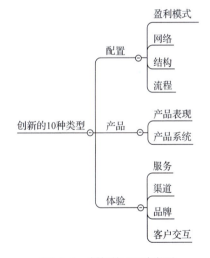

图 1-1　创新的 10 种类型

1. 盈利模式

这是从赚钱的方式、数量、对象、资金流向等方面进行创新。例如，免费送咖啡机，通过卖咖啡胶囊赚钱；打车服务，不是赚取司机和乘客费用中的抽成，而是通过延迟到账，赚取现金流延时期间的运营费用。

2. 网络

拓展新的网络关系，包括与合作伙伴甚至竞争对手联盟，形成新产品的创新。例如，幼儿英语培训机构和儿童绘画机构联合举办活动，互相引流，增加客户。

3. 结构

这是从自身的组织、人力、资产上寻求创新。例如，原本扁平化的人员架构，随着人员的增加，改为业务板块划分模式，使各业务线的业务更加明确。

4. 流程

这是从流程优化以及资产、人力、产品高效运转上创新。例如，从物资原产地进行直接采购，省去中间代理商环节，节省采购成本。

5. 产品表现

这是从产品性能、功能、风格、特点改善上创新。例如，手机相机加了美颜功能，微信加了支付功能等。

6. 产品系统

这是将不同产品线的各个产品关联互补，使之共同协作，从而形成创新。例如，小米手机，其实是小米生态网络的终端，通过价格低廉的手机，吸引终端用户进入小米所有产品的生态网络，增加用户流量。

7. 服务

这是从提升服务质量、增强服务特性上创新。例如，4S店为顾客的新车提供上牌照、上保险、卖旧车等一站式服务，让顾客省去办理各种手续的麻烦。这个角度还可以从提供支持和增强产品或服务上创新。例如电信增值服务、付费延长保修等服务，都属于服务创新。

8. 渠道

这是从产品到达用户的过程中创新。例如，电子书的产生替代了传统书，用户可以在网上直接下单并获得产品。

9. 品牌

这是从展示产品特殊的意义和价值方面创新。例如，服装品牌和其他品牌联名，推出联名款，集合两种品牌的特色进行跨品牌融合。

10. 客户交互

这是从互动方面创新，让用户拥有愉悦的体验，并在使用产品时有自豪感。例如，新型的书廊将阅读、购物、饮食和谐地设计在一个空间内，满足读者阅读过程中的其他配套需求，提升其体验感。

1.2.3　创新的4种视角

企业在寻求创新的过程中，很多时候没有系统的、清晰的方法论，即使进行了大量的市场调研、趋势分析、客户调研等，如果依然用旧的视角思考问题，也很难有突破性的创新。《从核心创新》的作者提出了创新的4个视角，让创新者找到突破口，从不同的视角观察世界。这 4 个视角分别是挑战传统、利用突变、利用能力与战略资产、了解未表达的需求。

1. 挑战传统

创新者想要取得突破，就要敢于质疑那些人们已经深信不疑的信条，不盲从企业领袖。从方法上面，可以尝试识别旧的传统，对所谓的"理所应当"提出质疑；从细小处发现不合理之处，尝试"走极端"以及寻求双赢，来发现创新的机会。

2. 利用突变

"突变"是看似不相关的因素，以生活、地域、技术等方式发展聚合，形成的一种巨大的潜在趋势。抓住这种趋势，就是抓住了创新的契机。从方法上，可以尝试寻找竞争者不常涉足的领域，捕捉一些"弱信号"，试想一下，如果这个"弱"变得很"强"会造成什么影响。可以深度挖掘趋势的背景，来判断其是否是下一个趋势，还可以积极地寻找事物之间的关联，洞察创新的机会。

3. 利用能力与战略资产

创新者跳出企业固有的组织框架，将企业内部的资源、能力像搭积木一样排列、重组、调配，达到企业能够自由灵活地利用资源的效果。同时，也可以联结企业与企业之间的资源，甚至更多的企业外因素，将更多的资源激活，把创新发挥到极致。

4. 了解未表达的需求

创新者要能够发现未知的需求、未解决的问题、市场低迷的原因，并从中发现重大创新机遇。有两种方法：一是直接观察，用同理心的方法，站在用户的角度上深度体察用户的需求，感受用户的焦虑、困扰，并去现场亲身体验；二是用户体验定位，不从同行业中对标，而是找到更多不同行业的对象，去寻找真正让人愉悦的体验，并试图捕捉所观察到的每个细节。

1.2.4　创新需要的基本条件

无论是企业还是个人都在创新的道路上孜孜不倦地探寻，但很多却收效甚微。有的被认为是时机不对，发现机会太晚了；有的被认为是资源不够，再多投入一些资金就好了；还有的人刚开始的时候一切顺畅，但走着走着就没有下文了。虽然创新无处不在，人人皆可创新，但是创新也需要一些基本条件，才能让创新者在探索创新的道路上走得顺畅。创新需要改变心态，创新需要引导工具，创新需要一套方法和流程，也就是方法论。

1. 创新需要改变心态

在创新的活动中，特别是对于初步尝试创新的人，主张秉承"3A"原则，即接纳（Accept）、应用（Apply）、适应（Adapt）。其中接纳放在首位，是指对待新事物首先要有接纳的心态，其次要积极行动进行应用，最后要根据实际情况适时调整。在创新的心态这个问题上，更多的人遇到的困扰不是不勇敢、不自信、不行动，而是不接纳。他们拒绝改变，抗拒变化，不愿意脱离舒适区，特别是在面对问题、困扰的时候，更急于清除障碍，而不是拥抱问题、尝试创新。有个小故事，讲的是一个走夜路的人被石头绊倒，还走到一个死胡同里，面对四周的高墙，他灵机一动，想到刚才路上的绊脚石，就返回去搬了过来垫在脚下。最终，他顺利地翻过高墙，找到出路。在现实生活中，人们常常把遇到的问题、困难当作"绊脚石"，但是拥抱问题、敢于创新的人，就会把"绊脚石"变成"垫脚石"。面对问题能时刻保持清醒的意识，这要求创新者首先有一个接纳现实、接纳不同、接纳变化、接纳挑战的心态。只有接纳现实和不同，才有思考创意的机会；只有接纳变化，才有寻找创意的起点；只有接纳挑战，才有克服困难的勇气。因此，创新需要从改变心态做起。

2. 创新需要引导工具

当人们在创新的活动中拥有了接纳的心态时，就可以捕捉到更多创意的机会。而引导工具可以帮助人们在创新活动中高效聚焦地解决问题。例如，头脑风暴可以激发人们的想象，但是无序的意见发表不一定会得出想要的结果。如果在头脑风暴前，使用引导工具——思维导图，提前定义讨论的目标人群，或者关键的问题范围，然后有针对性地展开讨论，这样不但不会束缚团队的想象，还会让讨论更有效率。另外，在问题很多、无法在有限的时间一起解决的时候，可以使用引导工具——圆点投票法，选择团队成员最想解决的问题，用最短的时间帮助团队达成一致意见，确保活动能正常推进。总之，在创新的活动中，引导工具有很多，在本书中也会介绍大量的创新工具，帮助大家有序高效地行动。熟练使用创新引导工具，是使创新活动高效运转的手段之一。

3. 创新需要方法论

在创新的活动中，特别是当参与的人们只有想法、意愿，却没有章法的时候，需要有一套方法和流程，帮助人们用同样的"语言"，以同样的思维"高度"进行对话。如果说产生一个创意不容易，那么能把创意落地也不是容易的事情。很多人有想法，但很难将想法落地。当他们到了真正要付诸行动的时候，要么拖拖拉拉，要么半途而废，也有的一冲到底，却不知道为何碰壁。创新的行动需要完整的、系统的方法论做指导，从发现问题、定义问题、解决问题、操作验证、实现改进的环节进行指导，每个环节都有输入、输出，将创新的行动指引到最终实现。学习创新的方法论，就是学习一种创新的"语言"和一种"思维模式"。运用这样的"语言"和"思维模式"，可以结识更多有创新意愿的伙伴，一起积极行动、不断创新。

1.3　创新思维是创新的核心能力

创新需要理论知识的指导和方法工具的配合，创新思维是一切创新的前提。对于创新创业者而言，拥有创新的思维能力是进行创新活动的核心。创新思维是人们在创新实践中经过长期的探索、刻苦的钻研，甚至多次的挫折之后总结提炼出来的智力成果的积累，是人们在进行创新活动时的理论指导，也是创新者必备的核心能力。

1.3.1　什么是创新思维

创新思维

创新思维也被称作创造性思维，它是人类思维的高级过程，是一种具有开创意义的思维活动，即开拓人类认识新领域、开创人类认识新成果的思维活动。形成创新思维的关键在于怎样具体地去进行思维的创新。当越来越多的创新者寻求商业、教育与社会领域的创新与变革时，需要一套有较高适用性、清晰、有效、易操作的创新理论，设计思维便应运而生。

设计思维，英文为 Design Thinking，是一套高效的创新方法。它通过一套流程，从人出发、为人服务，在商业及社会各领域推动创新。它以解决现实问题为目标，通过定义问题、观察用户、洞察需求，并挖掘原因、创意构思、制作原型、测试迭代……同时寻求商业、技术、用户需求三者之间的平衡，最终产生出创新的解决方案。

设计思维最初来源于工业产品创新设计的一种方法论，苹果鼠标就是运用设计思维生产出的产品。时至今日，设计思维已经在诸多领域被广泛应用，例如，为帮助航空公司改善长途飞行航线中的用户体验而进行的创新设计；为贫困山区的早产婴儿开发便携式保温设备，挽救了无数早产婴儿的生命；为超市的手推车设计优化改进方案等。国外许多创新企业均引入设计思维理念，近几年，国内一些具有创新精神的企业也开始学习设计思维，并将其用于解决企业产品、服务等相关问题。

美国斯坦福大学的设计学院专门开设了一门讲授用设计思维进行创新实践的课程。这门课程通过使用引导工具，促使学生转变心态，然后让他们用一整套逻辑清晰的流程来发现问题、明确目标、催生创造性的解决方案，并将创新性解决方案转化为现实。通过设计思维的应用，学生们可以深刻了解和挖掘现实生活中的真实需求，并且通过创新的解决方案满足这些需求，进而改善用户体验，不断提高人们的生产和生活水平，推动社会的发展。可以说，设计思维是集引导工具、心态建设和方法论为一体的、催生创意并将其具象化、现实化的一整套方法论和工作流程，也是当前众多创新思维中最重要的思维理论和最有效的实践工具。因此，在接下来的第 2 ~ 6 章，我们将分 5 个步骤学习设计思维在创新中的运用。

1.3.2　创新思维的 3 个要素

在进行每个项目的创新设计时，有 3 个要素是需要平衡的，分别是以人为本、技术可

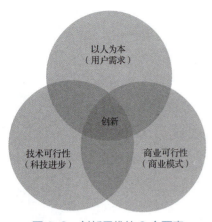

图1-2　创新思维的3个要素

行性和商业可行性，如图1-2所示。全面考虑这3个要素，才能创造真正的创新价值和商业价值，才能将创新从概念变成现实，造福社会大众。

　　一个好的创新设计一定是符合人性需求的，是"以人为本"的。从人的需求出发，解决人的问题，服务于人的需求，并被人们接受和广泛使用，这样的创新才是有生命力的、可持续的创新。

　　与此同时，要考虑技术因素，也就是技术可行性。通过技术可行性分析，将设计者的想法或概念落到可执行的技术层面，并进行充分分析，充分考虑现阶段科学技术发展的情况、生产制造的能力、团队开发的水平。很多时候，新技术的落地，总能带来很多不可思议的奇迹。例如，当移动互联网技术成为可能的时候，共享单车的创意得以迅速实现。

　　除了技术因素，还应当考虑商业因素，也就是商业可行性。不但要技术可行，还要与商业相结合，要从商业价值的角度去分析和思考新产品或新创意是否可行。如果商业价值低，或者商业模式不成熟，不能被市场所接受或由于成本太高而无法持续，那么就需要重新思考。拥有好的商业模式，可以让创新的产品更好地服务大众。

1.3.3　创新思维的4个技能

　　从创新思维的角度来说，同理心、洞察力、突破常规、敢于试错是创新思维和创新实践的4个基本技能。在之后的学习内容中将会多次出现这4个基本技能，同时有其详细的介绍和使用指导。

1. 同理心

　　同理心不是同情心。同理心是指可以站在对方的角度思考问题，感同身受。好的设计师往往都是同理心很强的人。以同理心与人沟通，可以让人感到被接纳，更愿意表达真实的感受。在一个商业案例中，一名顾客因为衣服褪色，脖子被染黑了，来找商家理论。一个售货员不愿意听完并试图打断他，觉得他就是无理取闹；另一个售货员觉得他小题大做，是想占便宜。而经理的处理方式不同，他静静地聆听完顾客的抱怨，并肯定了他的脖子被染黑的事实，表达了商家不应该出售顾客不满意的商品的看法，最后询问顾客想要的处理办法。这样，顾客情绪得到了照顾，气也消了，愿意回家再试一下，看是否还褪色，如果还褪色再来退换。1周后，衣服没有褪色，顾客依然保持对商家的信任。可以看出，用不同的心态对待用户，就会有完全不同的效果，换个心态和方式思考问题，能够更深刻地理解用户的真实需求和痛点。

2. 洞察力

洞察力是一种透过现象看本质的能力。相较于同理心而言，在对用户同理的基础上进行洞察，更能找到其真实的需求。洞察力需要创新设计者以同理心态进行敏锐的观察，摒弃显而易见的预设。例如，一名女学生不去宿舍楼下的食堂吃午饭，偏偏要叫外卖。从表面上看，她放着便宜、干净、方便的食堂不吃而去叫外卖，人们会自然而然地猜测她太懒了。但是，真实情况是，去食堂前女孩需要花至少半个小时化妆打扮，而点外卖省去了很多麻烦，她只需戴个帽子，跑到楼下，拿外卖上楼。如果深度洞察就会发现，现在的女孩子更加在乎自己在公共场合的外表和形象，并对社交需求和品质有更高的要求。由此，可捕捉到这类人群的社交特点，并做出准确的判断。从创新设计的能力来看，要获得更深刻的洞察力，可以通过对信息的搜集、整理、分析、提炼和总结来实现，最终发现创新的契机。

3. 突破常规

所谓的常规思考，是指大部分人都会有的想法。人类社会的发展过程中，知识和经验的积累发挥着重要的作用，对这些知识和经验的学习与传承往往使人们在思考时趋于同质化。突破常规思考，就是进行与众不同的思考，是将不可能变为可能的第一步，也是发现创新的机会点。要想突破常规，就要养成积极动脑、不断发现新问题的习惯。20 世纪 80 年代，索尼公司的产品已经包含了收音机、录像机、电视机、音响等，索尼公司依然一直在推行创新思维路线，鼓励员工们发挥创造能力。当时，在索尼有几个员工打破陈规，提出将那些便携式的录音机改装成为具有立体声的录音机，再搭配上一副耳机，这样能使人们在听音乐的时候感受到一种独特的效果。后来又有一位员工提出，这些便携式的录音机可以放在桌子上，也可以手提，那为什么不能够随身携带呢？于是就有了后来风靡全球的"随身听"。

4. 敢于试错

敢于试错和突破常规相辅相成，正因为有敢于试错的勇气才促使人们去突破常规，而正因为突破常规并不是次次都能获得正确的方向和满意的结果，所以才需要人们有敢于试错的精神并留有包容的空间。

创新是探索前人未有的尝试。成功的道路不是一条直线，如图 1-3 所示，试错是成长的必经之路。在试错中调整方向，在试错中获得加速度，试错才能成为企业成长的"最快曲线"。史蒂夫·乔布斯（Steve Jobs）曾经说过，你不可能充满预见地将生命中的点点滴滴串联起来，只有回头看的时候，你才会发现这些点点滴滴之间的联系。所以，你要坚信，你现在经历的一切都将或多或少与你的未来

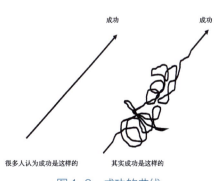

图 1-3　成功的曲线

产生关联。

1.3.4 创新实践的5个步骤

创新实践可以通过5个步骤实现，这5个步骤（见图1-4）分别是：搜集信息，了解用户想法；挖掘用户需求，重新定义问题；打破思维局限，提出解决方案；积极行动，将想法落地；测试与反馈，迭代完善。

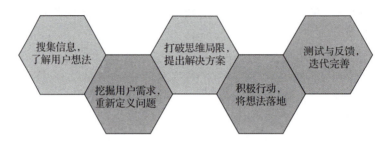

图1-4 创新实践的5个步骤

1. 搜集信息，了解用户想法

创新不是凭空的灵光一闪，更不能一蹴而就。人们常常苦恼该如何创新，其实从"发现问题"开始是一个简单好用的方式。发现问题是一种能够从外界众多的现象和信息源中，发现自己所需要的、有价值的信息的能力。在日常的生产、生活中，人们总会遇到大大小小的不满或抱怨，不管是他人的还是自己的，例如，学生对学校食堂、游客对景点、乘客对出租车等产生的不满，留意这些"不满或抱怨"。这些"不满或抱怨"是一种未被满足的用户需求，可以通过访谈、观察、亲身体验等方式去了解用户的真实想法，将"不满或抱怨"转化为创新的机会。

2. 挖掘用户需求，重新定义问题

要想真正了解人的需求并不是一件容易的事情，有时候人们自己都不清楚自己的真实需求是什么。需求就像浮在海面上的冰山，通常能看到的只是露出海面的一小部分（表面的需求），而海面以下的绝大部分可能才是被隐藏起来的真实需求。例如，人们抱怨写字楼里的电梯太慢，表面的需求是人们需要一部更快的电梯，但如果经过进一步的用户访谈和观察，会发现可能人们的真实需求是觉得等电梯的时间很无聊，不想浪费时间。如果将问题从如何提供一部更快的电梯重新定义为如何改善人们等电梯过程中的用户体验，那么得到的解决方案将完全不同。所以，通过挖掘用户需求来重新定义要解决的问题，是创新过程中非常关键和重要的一步。只有准确定义问题，找到正确的前进方向，才能顺利完成创新的最终实现和对用户的价值贡献。

3. 打破思维局限，提出解决方案

发现问题对应着解决问题。通过重新定义问题，创新者获得了"为谁解决什么样的问题"

的方向和目标，接下来就需要开始思考"该怎么做"，即解决方案的创新构思。想要获得一个具有洞见性的创新性解决方案，需要打破已有的思维局限，运用想象力激发大脑的创造性思维。在这个过程中，创新者可以运用头脑风暴、思维导图、HMW（How Might We，我们可以如何）提问法、用户旅程图等工具帮助进行思维的发散和综合。同时，在进行创意构思的集体活动中，应该保持开放接纳的心态，鼓励天马行空的想法，追求点子的数量，暂缓批评，因为在大量的创意想法中，必然能产生有质量的创意解决方案。

4. 积极行动，将想法落地

创新不仅意味着有好想法，还意味着要迅速把想法付诸行动。制作创新原型可以帮助创新者更好地获得用户反馈。原型是将概念和想象转化为现实的一座重要桥梁，它用视觉化的方式有效地呈现创新的思想，是介于创意与现实之间的一个过程。通过制作原型，用户可以创造新的讨论空间，让团队的讨论更有活力，让抽象概念变成一个又一个的实体演示，辅以有效的意见整合，将创新的想法和点子落地实现。在这里，设计和制作一个新产品或服务原型的目的不是做出功能完备的系统，而是看一看呈现在用户面前的产品的样子，并为用户测试做准备。许多想法之所以失败，并不是因为它们有缺陷，而是因为用户没有"理解"它们。用户很难单单从文字描述里完整、准确地想象和理解新的产品、服务或功能，只有亲眼看到、亲手使用、亲自体验过，才能最真切、最直观地理解产品。

5. 测试与反馈，迭代完善

创新的想法不能仅仅停留在原型阶段，创新者最终的目标是将创新的产品或服务投入真实的市场上，并实现广泛应用和商业化。在将创新原型变成真正可以使用的产品或服务之前，还需要经过测试环节来进行用户检验。测试最开始可以在创新团队内部进行，然后需要邀请相应的用户来亲自体验这些产品或服务，帮助创新团队从用户的角度了解这些新产品或服务，创新团队还要根据用户的反馈及时修正，不断迭代。即使新产品或服务已开始投入市场使用，也要随时观察、收集用户反馈，随时进行迭代。因此，创新不是一个一次性的工作，它是时时刻刻都在发生和进行着的。创新永无止境。

02 第2章
创新第一步：搜集信息，了解用户想法

创新是有"规律"可循的，创新的能力也是可以按照一定的步骤和逻辑被激发和训练的。从这一章开始，将开启创新训练的5个步骤。创新的第一步就是要学会带着"创新者"的心态走到真实的世界中去观察用户、搜集信息、发现问题，从而了解用户及其需求。一个好的创意一定能够满足大部分或某一部分用户的某些需求，往往这些需求尚未被满足，甚至可能尚未被察觉，而一个好的创意能够改善或解决用户的这些痛点。这些创新的结果有产品、服务或商业模式等。

2.1 需要与需求

洞悉用户的潜在需求是创新之始。在商业领域的创新创业中，首先要理解和定义市场中的用户需求，了解用户有哪些不同的需要和需求，然后以用户为中心，以需求为导向，通过观察、访谈等方式挖掘用户的潜在需求，并在此基础上进行创意构思，提供能够满足用户需求、解决用户痛点的产品或服务。这样的方式能够帮助创新者更好地寻找和确定创新的方向，也能够帮助以创新为导向的创业者更好地进行创业的准备。

2.1.1 需要

日常生活中人们经常将"需要"和"需求"混用，从严格意义上来说，"需要"和"需求"是两个不同维度的概念，在英文中，它们对应的也是两个不同的单词：need（需要）和 demand（需求）。

需要是一个心理学名词，指因缺乏或期待某种结果而产生的心理状态，它是人们自身和外部生活条件的要求在头脑中的反映，是人们与生俱来的基本要求。美国社会心理学家马斯洛认为人类需要的强度并不都是一样的，1943 年马斯洛在他的《人类激励理论》中将人的需要像阶梯一样由低到高划分为 5 个层级，形成了图 2-1 所示的"马斯洛需要层

图 2-1 马斯洛需要层次论

次论"。

第一层，生理的需要，指对空气、水、食物、睡眠、生理平衡、分泌、性等基本生理机能方面的需要。

第二层，安全的需要，主要是针对身体安全（如脱离危险的工作生活环境、健康保障等）和经济安全（如摆脱事业和丧失财产威胁等）的需要，以免身心受到伤害。

第三层，爱和归属感的需要，包括亲情、友情、爱情，被接纳、和睦的家庭和同事关系等。

第四层，尊重的需要，包括内在的尊重（如自尊心、自信心、成就感等）和外在的尊重（如地位、认同、受重视等）。

第五层，自我实现的需要，这是最高层次的需要，包括个人成长、发挥个人潜能、实现个人理想的需要。

1954 年，马斯洛在《动机与人格》一书中探讨了他早期著作中提及的另外两种需要：求知需要和审美需要。但这两种需要并未得到广泛认同，所以人们通常以上述 5 个层次的理论思路为主。

2.1.2　需求

需求是一个经济学名词，是指在一定的时间内和在一定的价格水平下，消费者对某种商品或服务愿意并且能够购买的数量。构成需求要满足两个条件，即需求的两个要素：一是消费者愿意购买，即有购买的欲望；二是消费者能够购买，即有支付的能力，两个要素缺一不可。因此，满足需求，而不是满足需要，才是商业创新的前提。

有时候，对需求的理解和定义的过程可能不仅仅在需求本身，而是要对需求之外的因素进行综合考虑。例如，人的因素、心理学、社会学等，这也是为什么一个好的创新创业团队，需要不同学科背景的人共同来发现问题、定义问题、解决问题。

本书中介绍和提倡的创新以及创新的 5 个步骤，是与"人"紧密相关的，从发现和解决人的需求出发寻找创新的机会。只有能够解决和改善人的真实需求的产品和服务才能经得起市场和消费者的检验，才能更好地推动创新。

2.1.3　潜在需求

按照需求的分类，需求还可以分为潜在需求和显性需求。潜在需求是指消费者虽然有明确的欲望，但由于种种原因还没有明确显示出来的需求。一旦条件成熟，潜在需求就将转化为显性需求，进而引发消费者的购买行为。潜在需求十分重要。从创新来说，第一步就是发现和挖掘出目标群体的潜在需求，这样才能设置好创新的目标。对于企业来

需求与潜在
需求

说，要想在激烈的市场竞争中取胜，不但要着眼于显性需求，更应捕捉市场的潜在需求，进而采取行之有效的开发措施，在他人尚未推出产品和服务的时候，抢先一步占领市场。

创业者怎样才能挖掘到有价值的创新点子，让自己的事业既可以在"蓝海"里畅游，同时又能改善人们的生活呢？核心就是要为用户创造新的价值，这种新的价值也就是用户的"潜在需求"。

 读一读

管理学大师彼得·德鲁克（Peter F. Drucker）曾有一句精妙的描述："一个成功的商业创新设计就是'将需要变为需求'"。从表面上看，这句话很简单，即弄清楚人们想要什么，然后给他们就行了。但事实并非如此，仔细研究苹果公司和阿里巴巴这样的成功企业，我们可以得出一个共同的答案：学会将人放在首位，将人的因素置于故事的中心，要拥有"以人为本"的思维模式。这一点也是所有创新创业者应该坚守的"初心"。

📁 **案例**   **行李箱的前世今生**

行李箱（见图2-2）早在18世纪就已经被普遍使用。当时人们使用的是一种只有一个拉手的手提皮箱，移动起来笨重且费力，在旅行中容易让使用者感到疲劳，特别是对于力气比较小的女士来说，使用起来更加不方便。到了1972年，有人在行李箱底部装上4个轮子，外加一根皮带，使用者可以拖着走。然而这种行李箱的重心不太稳定，在转弯或者走得比较急的时候容易倒下。一直到了1991年，今天流行的这种更加轻便的行李箱才被美国一位航空公司的飞行员发明出来。这位飞行员在日常的飞行工作中发现了这个问题，于是通过自己的观察并经过多次试验改进，最终制作出了今天我们常用的这种行李箱的雏形，并试着在他的同事中进行推广。没想到这种行李箱大受欢迎，卖得非常好，后来这位飞行员干脆从航空公司辞职，注册了公司，专门做起了行李箱的生意。这个公司慢慢地变成了航空箱包领域的知名品牌，该品牌的行李箱成为许多飞行员以及商旅人士的首选。可见一个好的创新起始于日常生活中那些令人不满意、不便利、不舒服的"痛点"和相对应的需求。

图 2-2　行李箱的前世今生

 想一想

　　在这个案例中，轻便行李箱的发明解决了使用者什么样的需求？哪些是显性的需求，哪些是潜在的需求？

2.2　创新议题和挑战的选择

　　无论是企业家或创业者在商业领域中追求的创新，还是科学家在自然科学研究中进行的创新，都起源于对研究对象的观察与发现。在商业领域，创新的机会始于人们对现有商品或服务的不满意，而如何发现这些"不满意"并挖掘出这些"不满意"背后真正的诉求，从而提供"满意"的商品和服务，是企业家和创业者的动力源泉和商业机会。正如在 2.1.3 节案例中提到的那位飞行员，他对自己日常工作和生活的环境保持着敏锐的观察力和强烈的好奇心，而这些都是一个创新者所要具备的特质。

2.2.1　创新者拥有的特质与心态

　　创新的机会无处不在，创新者需要有一双"发现创新契机"的眼睛，并且有意识地、主动地去选择创新。无论是个人还是团队，创新者身上有一些共同的特质，我们称之为"创新自觉力"，本小节将介绍 5 种"创新自觉力"，并教会大家如何将其运用到产品与服务的设计创意中去。

　　这 5 种"创新自觉力"是：对世界无限的好奇心、持续不断的乐观精神、不断尝试的激情与勇气、专注的行动力，以及高效默契的团队合作。

1.　对世界无限的好奇心

好奇心能够帮助人们挖掘事物的新鲜感，激发人们探索的欲望，让一切变得更加有趣。

一个简单易行的培养创意灵感的方式是有意识地观察和记录日常生活中遇到的"不合理之处"，同时可以针对这些"不合理之处"问问自己：为什么会这样？是否可以改变呢？当你认为这些"不合理之处"可以被改变时，那么你就找到了创新的出发点。

 读一读

像旅行者那样观察和思考

你曾到过陌生的国家或城市旅行吗？古人常说："读万卷书，行万里路。"在旅行中我们有很多收获，不是因为人们在旅途中变得更为敏锐了，而是因为通常人们对陌生的环境投入了更多的关注。想象一下，在旅途中，你成了自我版的夏洛克·福尔摩斯（Sherlock Holmes），细致地观察着周围的人和环境，并尽力去理解这个陌生而新鲜的世界。

初学者心态

史蒂夫·乔布斯曾在 1996 年的一次访谈中说道："保持初学者的心态是了不起的事情。"在观察一件事情或遇到一件新的事物时，能够用新鲜的、不带固有偏见和先入为主的想法去看的人才能发现更多的可能性。

2. 持续不断的乐观精神

乐观精神几乎是每一个成功的创新者所具备的素质。创新从来就不是一帆风顺的，绝大多数的创新者都要经历多次的失败与探索。一个好的创意从产生到落地成为现实，并最终在市场上获得认可与成功，途中会遇到各种困难，并经历多次反复和迭代。创新者如果没有乐观精神，很容易被创新路上的困难击倒。当想不到解决方案，找不到创新方向时，创新者只能靠持续不断的乐观精神，支撑自己持续地在黑暗中摸索。所以，作为一个创新创业的人，具有持续不断的乐观精神是通向成功的荆棘之路上不可或缺的"法宝"。

3. 不断尝试的激情与勇气

创新是一条充满了挫折和崎岖的道路。创新者如果不能坚持不断地尝试，并保持努力前行的勇气，那么当创新遇到阻碍或者暂时的失败时，很可能要回到原点重新开始；如果轻易放弃或丧失尝试的勇气，那么将永远无法体会到创新成功那一刻的喜悦和满足。

因此，当有一个好的想法时，应该立即行动起来，不管遇到什么样的困难，都要用激情和勇气支撑自己不断地进行探索和尝试。当然，在创新学习和实践探索的过程中，需要有一定的方法指导和工具的帮助，并且要不断加强学习。虽然在创新的过程中会失败，但一个优秀的创新创业者从不轻言放弃，直到找到解决问题的方案。有时，创新者会发现问题与一开始所设想的完全不同，但是没有关系，他们不会纠结于某一个特定的结果，有时候在失败和不断尝试中会有新的发现和机会。

4．专注的行动力

世界是复杂并动态变化的，无论在创新还是创业的过程中，可能会发现市场上有很多未被满足的需求，这时创新者可能什么都想去做。尤其是在资本推动的创业市场上，"风口"时常在变化，面对众多的机会与诱惑，成功而持久的创新创业者往往不是那群不停追赶"风口"的人，而是知道自己要做什么，并且能够专注于自己的行动的人。

没有任何一件产品、任何一种服务或者任何一种商业模式是可以打包解决所有问题的。因此，要将有限的资源与精力用于解决某一个或者几个核心问题，在一个方向上深入地研究和行动下去，才有可能创造出新的技术、产品与模式。一定的知识与经验积累为创新提供必要的条件，专注的行动力是利用这些条件最终走向创新实现的能力之一。

5．高效默契的团队合作

在创新的过程中，个人的能力很重要，集体的智慧也同样重要。创新是一个不断碰撞产生火花的过程，出色的想法大多来自很多人思维的交流与碰撞。同样，在一个产品或服务的创新过程中，需要许多人来共同完成。单凭一个人无法创造和制作出苹果手机，也不可能搭建起庞大的电商平台。因此，善于团队合作，能够获得他人的有效支持，是创新者成功的必要条件。

 案例

创新设计公司 IDEO 接到美国广播公司"晚间线上"节目的一个任务：在 5 天内帮助一家超市重新改造原有的购物车，从而改善消费者的购物体验。IDEO 为此组建了一个项目团队，成员有大学工程学教授、语言专家、营销专家、心理学家、生物专业的大学生和工商管理硕士。团队成员分成几个小组，针对要解决的问题分别进行资料搜集、用户访谈、现场调研，并共同分析用户真实需求、制作原型、进行测试。这些拥有不同背景的成员，从各自不同的视角和专业背景为解决问题做出了贡献，在有限的时间内，共同完成了这一创新挑战。

2.2.2　以人为本的创新设计

1．定量研究与定性研究

定量研究一般是为了对特定研究对象的总体得出统计结果而进行的。定量研究通过统计分析和建立模型等方法将搜集到的资料或信息进行量化处理、检验和分析。由于定量研究通过对研究对象的特征按某种标准进行比较以测定对象的特征数值，或求出某些变化规律，所以它与科学实验密切相关。定量研究设计的主要方法有调查法、相关法和实验法，如发放调查问卷（见图 2-3）。

定性研究主要是采用多种方法搜集资料，并通过归纳法进行分析与整理，最终形成一定的理论来对研究对象进行整体性的研究和解释。定性研究具有探索性、诊断性和预测性等特点。定性研究的主要方法包括对用户进行小组访问、深度访问等。

在以人为本的创新设计中，需要调动定量和定性研究共同发挥作用，在一定的定量研究基础上，充分发挥定性研究分析的特点和长处，帮助创新者在了解一般的用户规律中发现那些"特别"之处，并对用户（潜在）需求进行深度挖掘，识别出创新的机会。

大学生网购调查问卷

您好！我是×××，我们正在进行一项关于大学生网购的调查，想邀请您用几分钟时间帮我们填写这份问卷。本问卷实行匿名制，所有数据只用于统计分析，请您放心填写。题目选项无对错之分，请您按自己的实际情况填写。感谢您的帮助！

1. 您的性别是什么？
   □ 男　□ 女

2. 您所在的年级？
   □ 大一　□ 大二　□ 大三　□ 大四　□ 研究生

3. 您过去 3 个月是否曾在网络上购买商品？
   □ 是　□ 否

4. 您选择网络购物的主要原因是什么？
   □ 方便快捷，节省时间　　　□ 品种齐全
   □ 价格便宜　　　　　　　　□ 时尚有趣
   □ 实体店难以买到　　　　　□ 网购时间不受限制
   □ 其他 _____

5. 您平均每个月花费在网购上的费用是多少？
   □ 100 元以内　　　　　　　□ 100 ~ 300 元
   □ 301 ~ 500 元　　　　　　□ 501 ~ 1 000 元
   □ 1 000 元以上
   ……

图 2-3　大学生网购调查问卷示意

2. 综合洞察力

商业思维注重逻辑分析与推理，当现有的产品和服务出现问题时，企业应考虑如何解决当下所遇到的问题，并围绕现有的业务模式或产品概念，通过常见的方法来满足那些显性的用户需求。例如，传统的 4P 营销理论——产品（Product）、价格（Price）、渠道

（Place）、推广（Promotion），4C 营销理论——消费者（Customer）、成本（Cost）、便利（Convenience）、沟通（Communication），它们更多强调逻辑和数据，缺少对"人"的关注和分析。

以设计思维为理论基础的创新强调"以人为本"，即从用户的角度出发，观察和了解用户，或将自己想象成产品或服务的最终使用者——以用户为中心来考虑问题。通过对用户使用产品或服务的日常行为、习惯、情感、态度及遇到的问题进行观察、探索，发掘隐藏在用户表面行为背后的潜在需求，从而创造出面向未来的创新产品。这种以"定性"为基础的创新思维方式，将"人性"和"创新"紧密结合在一起，带着创造性的、出人意料的想法去探索各种新的可能性，这往往可以带来全新的商业模式，并完成对产品和服务的巨大创新。

在海量的量化信息之上建立起来的判断力就是"综合洞察力"，它是将定量研究整合进以人为本的创新设计中的一种方式。综合洞察力可以将人的经验融入数据，给数据以生命力。

如图 2-4 所示，综合洞察力将"定量"思维与"定性"思维有效结合，以用户为中心，调动理性与感性、大数据与同理心，共同发挥作用，帮助我们进行创新的思考与行动，获得创新的成功。

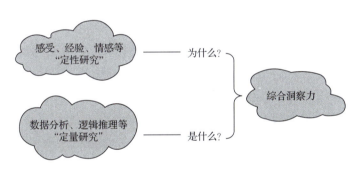

图 2-4　综合洞察力

3. 以用户为中心

用户和客户在一些场景中是一致的，在一些场景中却是分开的。客户（或顾客），是指用金钱或某种有价值的物品来换取财产、服务、产品或某种创意的自然人或组织。客户是商业服务或产品的采购者，也可能是最终的消费者、代理人或供应链内的中间人。用户的概念源自互联网，是指产品或服务的使用者。可以通过是否对产品或服务的使用进行付费来简单地区分用户与客户。

在传统企业中，强调付费才能使用，因此客户就是用户。而在互联网企业中，客户和用户有时候是统一的，有时候又是分离的。例如，一些门户网站、搜索平台、社交软件、游戏软件等，绝大部分用户是不付费的，付费的是广告商、供应商或其他游戏商，用户间接为其带来收益。互联网企业认为，没有付费的用户和付费的用户，都是使用自己产品与服务的用户，产品与服务是连接用户的连接器，第一次交易完成后，用户的重复消费才刚刚开始，企业才刚刚与用户建立连接关系。已经成交的用户，很多会成为品牌的忠实用户，对产品进行持续消费。没有付费的用户，也有可能转化为付费的用户。同时，百万级甚至千万级的活跃用户数量也能为产品和服务带来额外丰厚的广告和分成收入。对于互联网企业来说，用户等于流量，也等于金钱。因此，无论是传统企业还是互联网企业，以用户为中心都是企业现在进行产品和服务设计时首要考虑的重点。

以用户为中心，要求把人放在首位，完全站在用户的角度考虑问题。商业创新机会的发现，都不是因为创造者自身的需求，而是因为要满足用户的需求。那些能进行突破性创新的人往往都具有"善解人意"的特质，他们能够感受并理解消费者未表达出来的潜在需求，急用户之所急，想用户之所想，在用户还不知道想要什么的时候，创新者就知道他们想要什么。正如将流水线生产和高福利概念引入汽车制造的亨利·福特（Henry Ford），其创立的福特汽车公司曾生产出世界上第一辆 T 型车，彻底改变了美国人的生活方式，他曾说过："如果我最初问消费者他们想要什么，他们会告诉我要一匹更快的马！"

以用户为中心，要求不仅是以付费购买产品或服务的对象为中心，而是要将关注点直达产品或服务的最终使用者，即用户的用户，也就是最终用户。

📁 案例

对于许多患者来说，核磁共振扫描检查（见图2-5）非常不舒服，特别是对于那些需要做这项检查的儿童。几岁大的小孩子必须独自一人躺在诊疗室中巨大的仪器上，一动也不能动，还必须忍受高达100分贝的噪声。因此，病童会害怕、会乱动，甚至情绪崩溃导致检查无法进行，但是他们必须接受这项检查。于是医生为了帮助儿童顺利完成检查，不得不对他们进行全身麻醉。然而全身麻醉的风险很大、成本又高，因此，研发这款仪器的医疗集团的研究人员试图解决这个问题，为儿童提供更好的检查体验。

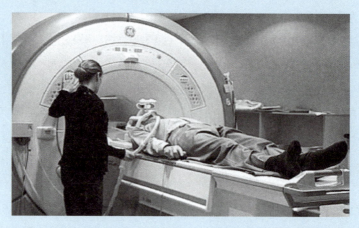

图 2-5　病人正在做核磁共振检查

　　不同于传统的总想找出更尖端的技术解决方案的思维方向，研究人员采用了设计思维的思考方式：他们围绕儿童的痛苦体验，通过观察和了解儿童的行为、想法、喜好和习惯，并与医务人员和儿童专家交谈，发现儿童大多喜欢通过图像和故事来理解周围的世界。于是研究人员根据这一发现对核磁共振的检查环境进行了大改造，制作了一个"历险系列"故事主题的核磁共振检查室：将机器装扮成一艘海盗船或者潜水艇，在原本冷冰冰的白色墙面上绘上有故事情节的彩色图案，并为操作设备的医师准备了剧本，以此来引导儿童完成"历险"。

　　令人害怕的核磁共振检查现在变成了海底探险的"游戏"（见图 2-6），"隆隆"的轰鸣声变成了潜艇穿梭海底时发出的响声。为了赢得游戏，医师会告诉儿童需要在"船舱"内保持不动地待上几分钟（即完成检查），以免被海底的鲨鱼发现，成功完成探险之旅的孩子会获得一个小小的奖励。

　　医院使用了这种具有创意的、重新设计的核磁共振成像仪之后，需要被全身麻醉才能做检查的儿童数量大大减少，同时患者的满意度提高了 90%，甚至有小孩子做完检查之后表示还想继续"玩这个游戏"。

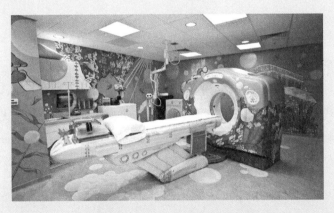

图 2-6　海底探险主题的核磁共振检查室

　　就在其他人把注意力放在无休无止的技术性能（如扫描速度、分辨率等）的较量上时，医疗集团的研究人员从一种全新的视角出发提出了解决方案。在这个创新设计过程中，研究人员没有使用新技术，也没有花费高昂的成本，而是紧紧围绕用户、理解用户来进行创新，这种以人为本进行的创新带来了意想不到的成功。

　　思考：想一想你身边有哪些让你感到"以人为本"的产品或服务？有哪些让你感到体验非常不好、非常不满意的产品或服务？如果是你，你将如何改进它们，使之更"人性化"？

2.2.3　利益相关者分析

1. 什么是利益相关者分析

利益相关者分析（Stakeholder Analysis）是一种用于分析与用户利益相关的所有个人或组织的方法。由于这些个人和组织会对用户行为造成重要影响，因此，分析这些利益相关者可以更好地帮助创新者理解用户的行为方式。该方法也可以用于项目管理：项目交付成果可能会影响某个人或某个组织，同时这些人或组织会做出相应的行动来影响项目的推进。项目管理中的利益相关者分析的目的是找出这些人或组织，制订沟通策略，从而使其利于项目的推进。

将利益相关者分析方法引入对于创新产品或服务的设计中来，能够帮助创新设计者更好地厘清问题涉及的所有相关个人或组织，通过对不同利益相关者的观察、分析、了解，来寻找解决问题的创新突破口。

2. 利益相关者分析的运用

利益相关者分析定义了"以人为中心"系统中的每个人或组织的角色和相对关系，是一种梳理和寻找问题关键对象的直观方法。通过了解问题的利益相关者是谁、知道他们是如何互动和相互影响的，能够更快地找出创新设计解决方案的最终用户。

在一个问题或者系统里，会有多个利益相关者。比如，在企业中可能有股东、管理层、消费者、员工、相关政府部门、所在区域的环境等（见图2-7）；再往下细分第二层利益相关者，例如管理层中，还会有董事长、总经理、财务总监、人力资源总监、市场总监、销售总监等。在前面讲到的进行手推车设计的案例中，利益相关者有提出需求的超市负责人、消费者、维护部门和生产企业等。再例如在医院里，利益相关者是医生、病人、病人家属、社会保障局、医疗设备供应商及药品供应商等。只有充分了解所研究问题的利益相关者，才可以更清晰地了解主题的范围。

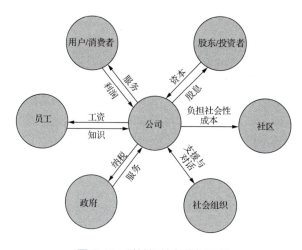

图2-7　利益相关者分析示例

假设你要改善你所在大学的食堂就餐体验，并设计出一个创新的解决方案。那么请列出这个问题中涉及的利益相关者分别有哪些，并说明他们之间是如何相互作用和影响的。参照图 2-7，可以将这些利益相关者填在图 2-8 的圆圈里。

（提示：就餐的学生、老师、食堂打饭的师傅、清扫的阿姨、厨房做饭的厨师、采购食材的人等。）

一个直观的利益相关者的生态系统可以帮助创新者辨识用户的需求。在很多的利益相关者中，有时需要对关键的某个人进行认真分析，比如企业里的总裁、总经理或者关键的决策人；有时是一类代表性的用户，比如到医院看病的糖尿病患者，他们有可能是一大群人，所以也可以选取其中的一个人进行分析讨论。

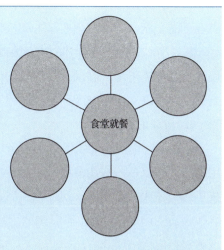

图 2-8　食堂就餐利益相关者分析

通过利益相关者分析，选出你感兴趣的、想要为他们的（潜在）需求提供创新设计的人群（目标用户），然后开始进行信息收集。

2.3　获取信息的 3 种方法

想要了解用户，仅从数据上进行分析是远远不够的。大数据所展现的是已经发生的事情的信息，定量的数据研究分析是基于人们已有的行为和结果的特征来进行预期判断，而对于那些用户自己也还未意识到的、未表达出来的、隐藏着的潜在需求，从数据上是看不到的。因此，我们不能忽略了"人"这个重要因素，有必要学会使用定性的调研方法，来形成"综合洞察力"。

本节将介绍 3 种在需求调研中行之有效的定性调研方法：访谈、观察与换位思考。这些方法能够帮助我们从理论中走到真实的世界中去，面对真实的消费人群和使用场景，获得最终用户的信息，并发现创新的机会，设计出面向未来的创新产品或服务。

2.3.1　访谈：倾听用户声音

1. 什么是好的访谈

访谈不仅仅是与人面对面说话。要完成一场高质量的访谈，需要有较强的与人沟通的能力，一场高质量的访谈能够获得所需要的重要信息。这

用户访谈

个过程是对沟通交流能力的综合性、高强度、高密度的训练。访谈要像聊天一样让人放松和舒适，让人愿意倾诉，但访谈不是聊天，也不是简单的问答，访谈是带着目的进行的、有互动的交流，访谈者把握着主动权和谈话的节奏。

以人为本的创新设计建立在深刻的同理心之上，和最终用户的直接接触可以帮助创新设计者获得关于用户需求及其动机的信息。这些用户就是他们各自生活中的专家。寻找创新的机会可以从用户访谈开始，在访谈过程中要时刻保持对用户的好奇心与尊重。

2. 访谈的准备

最好是在真实的使用场景中进行访谈。例如，如果想要了解用户对儿童在线教育的使用感受，可以在一些儿童培训中心寻找正在等待孩子上课的父母，和他们聊一聊是否有为孩子选择在线教育课程，为什么，以及怎么样。如果在真实场景中不好寻找用户或者没有比较合适的访谈空间，也可以邀请用户到类似咖啡厅、会议室等轻松安静的地方进行访谈，或者进行电话访谈。

在进行访谈前要梳理清楚自己需要从访谈中获得什么样的信息，同时不要害怕与陌生人进行交谈。你可以在访谈开始时直接告诉对方你正在做一项关于某产品或服务的创新设计，因此需要听听用户的声音，大部分人会很乐意与你分享他们所知道的事情，尤其是这件事情是与他们的日常生活相关的。

访谈不仅是与受访者的语言交流，还需要全方位地对受访者进行观察，受访者的状态、语气、神态、动作等都包含重要的信息。同时，访谈过程中访谈者的语气、眼神、姿势、内容等都会对访谈的质量产生影响。在正式开始访谈前，可以提前进行练习和准备。请记住，真诚和有礼貌的表达更容易得到对方真诚和有礼貌的回应。

 想一想

你觉得图 2-9 和图 2-10 中的两位访谈者，哪一个做得更好？为什么？

图 2-9　访谈场景一　　　　图 2-10　访谈场景二

3．访谈的问题

尽量以轻松的语气和语调来开始对话，使双方的对话更像熟人、朋友间的轻松聊天，而不是严肃紧张的采访。让受访者放松下来可以让对方回忆起更多使用产品或服务时发现的问题以及在此过程中发生的印象深刻的故事。总之，让对方感受到受尊重、安全、被信任、放松，对于开展高质量的访谈非常重要。

（1）自我介绍

好的开始是成功的一半，尤其是在和陌生人进行访谈时，一个简单清晰的自我介绍可以让用户迅速了解你的意图，并帮助你完成双方的"破冰"。找一个不赶时间、看起来随和的人，告诉对方你是谁（比如某大学的学生，或某机构的调研员），你要做什么（比如正在做一项关于某产品或服务的创新设计，因此需要听听用户的声音），你需要对方做什么（比如你希望对方告诉你以前在使用某产品或服务的过程中遇到过什么样的事情，对这个情况怎么看等）。如果对方拒绝了，没关系，再找别人试试，最终你会找到愿意甚至渴望和你聊聊这个问题的人。

（2）提问方式

尽可能使用"开放式的问题"，让用户多讲。开放式的问题，与封闭式问题相对。封闭式问题就像选择题，例如问对方是或否，喜不喜欢。开放式问题就像问答题一样，不是用一两个词就可以回答的。要想让谈话继续下去，并且有一定的深度和趣味，就要多提开放式问题。例如，现状是什么样的，不满意的地方是什么，最想投诉的问题是什么等，以此来获得关于主题的整体信息和概览。对于有疑问的问题，通过提问和追问，可以深入了解。理解用户的背景、状态、难点、痛点，以及用户在消费和使用产品或服务时的模式、流程、感受（愉悦和不满）等，发现差异，从中找出可以改善的创新机会。

4．访谈再进行

一个完整有效的访谈的最终目的是获得用户故事，所以在问问题时，需要不断地进行追问，从对方给出的答案中不断地追加关于细节的问题。"5 个为什么"是一个可以帮助你持续推进访谈的好方法。

5 个为什么，是指对每一个问题都要不断追问"为什么"，让访谈持续进行，并让对方努力回忆和追溯问题的细节与潜在的痛点。"5 个为什么"是一个非常易于使用的访谈和思考方式。每提出一个"为什么"，都会促使人们对一些习以为常和看似理所当然的事情进行重新反思和深入思考，随着层层推进，访谈者就可以发现很多以前从未注意的新信息。

虽然这个方法叫"5 个为什么"，但使用时不限定只做"5 次为什么"的探讨。为了找到根本原因，追问有时可能只要 3 次，有时也许要 10 次，正如古话所言："打破砂锅问到底"。"5 个为什么"的关键在于鼓励访谈者努力避开主观或自负的假设和逻辑陷阱，沿着因果关系链条，顺藤摸瓜，直至找出原有问题的根本原因。

小贴士

（1）在进行访谈时不要预设答案，不要影响或引导受访者。

（2）在访谈时，对于受访者说的重要信息，应直接将原话记录下来，不要用经过自己理解的语言来记录。

（3）在征得对方的同意后，将访谈现场的场景和环境用照片或视频记录下来，这些照片或视频将帮助你回忆访谈时的环境和一些细节。

2.3.2 观察：洞察用户行为

1. 为什么要观察用户

在访谈时，由于语言表达的准确性和对问题理解的主观性的影响，或者由于环境、访谈双方的熟悉程度与信任程度等因素，受访者可能无法清晰准确地说出或无法完全真实表达出一些信息，访谈者可以通过观察受访者的行为特征来获取和判断这些信息。从观察中获得信息，并根据相关信息来设计对问题的创新解决方案。

观察和记录用户（消费者）使用产品或服务的过程，特别是那些经常表现出不合理的或者其他用户不会做的行为的人，通过他们的行为去判断他们真正想要什么。此外，在观察时，如果仅仅将注意力集中在多数用户身上，很可能只是对已知事物进行了确认，而不会带来令人吃惊的发现。因此，为了打破常规并找到全新的信息，还需要关注那些少数"极端"用户，比如网约车用户中的孩子和老人，他们遇到的问题因为占比较小而往往会被忽略，但并不能说这些问题不重要。

2. 6 度观察记录表

可以使用"6 度观察记录表"进行用户行为观察。从 6 个不同的维度全方位地观察、收集用户特征和行为信息，并将所观察到的内容记录在表格里，如表 2-1 所示。

表 2-1　6 度观察记录表

人：你观察的是什么样的人？描述他们的外形特征	行为：他们做了什么？有什么反常的举动或者多次重复的行为	物品：他们接触或使用的是什么物品？什么时候使用？如何使用
情绪：他们在当时显示出什么样的情绪或情感	信息：他们如何交流？他们说了什么或者传递了什么样的信息	环境：描述周围的环境，他们依赖于哪些体验从而使工作更有效

2.3.3 换位思考：感受用户心理

换位思考是一种心理习惯，能促使我们不再将人看作实验对象或者标准偏差。通过换位思考建立起洞察力的桥梁，通过别人的眼睛来看世界，通过别人的经历来理解世界，通过别人的情绪来感知世界。进行换位思考最直接、最有效的方式就是将自己变成对方，扮演一次用户（顾客或者消费者），亲身感受一下产品使用和服务体验，如图2-11所示。

在作为用户使用产品或服务的过程中，注意观察自己遇到了什么问题，这些问题是如何产生和被处理的，以及在这个过程中自己的感受如何。试着梳理出整个过程中的每一个步骤，然后绘制出自己情绪起伏或者满意度的曲线图。

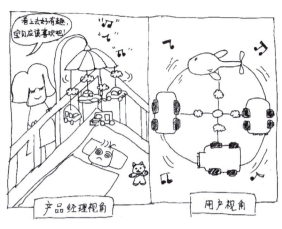

图 2-11　换位思考与感受

📁 **案例**

　　姚彦慈在 2014 年设计出一套名为 Eatwell 的老人专用餐具，设计灵感来自她生病的外婆。姚彦慈从小和外婆感情很好，她上大学之后，外婆得了阿尔茨海默病，慢慢地丧失了记忆和生活自理能力，甚至无法拿稳水杯和汤匙，常常打翻食物，非常狼狈。后来外婆去世，这让姚彦慈下决心要为生病的老人设计一套无障碍的餐具，让他们吃得更有尊严。于是她花了整整一年时间去护理中心做义工，陪伴照顾老人们，耐心倾听他们的需求和感受，观察他们吃饭时的行为，和医生、专家聊天，并收集和阅读大量资料和研究报告。慢慢地她发现，很多老人都有类似的症状，并且因为生病，他们吃很少的东西，他们害怕犯错，当打翻餐盘和水杯时会和自己生气。姚彦慈更加深刻地了解到患者也有喜怒哀乐，也需要别人的尊重。

　　抱着"人吃饱了，心情好，身体也会比较好"这样简单朴实的想法，姚彦慈进行研究、设计、选材和开模。两年后，她终于完成了这套餐具的制作，并给它起了个贴切的名字——"Eatwell"。21 项创新性的设计，每一项都充分考虑到生病的老人的不便。

　　Eatwell 餐具鲜艳的色彩可以促进食欲，让每个生病的老人平均多摄取 24% 的食物和 84% 以上的水分。倾斜的碗底会让食物随时自动聚集到碗内的同一侧，方便使用者舀取，整套餐具的底部为橡胶基底的防滑设计，让餐具不容易被打翻；而杯子的杯把延伸到桌面，也有助于增加支撑力；碗壁设计为和碗底垂直，防止使用者直接将食物舀到碗外；汤匙和碗的弧度互相吻合，方便舀取食物；托盘上可嵌入餐巾，接住掉落的食物，让食物不会掉到裤子上。生病的老人终于能好好地吃上一顿饭了，他们不会再因打翻杯子而懊悔、生气了。

这样一项"以人为本"的产品，体现了产品设计者对人的爱与尊重，赢得了斯坦福大学长寿中心设计竞赛的一等奖，并在 2016 年 12 月成功在网上达成 7 万美元的融资目标，产品一上市就销售一空。该产品被评为 2016 年度全球最具颠覆性的 40 大创新之一。

2.4 开始创新练习

创新不能仅停留在纸面上、脑海里，而是要把想法变成现实，在真实世界中发挥作用。本章前面介绍了创新的一些基本概念、原理和方法，现在就开始试着运用学到的方法和工具进行创新实践的第一步吧。

2.4.1 组建创新实践团队

首先需要组建一个 2 ~ 5 人的团队，共同学习、讨论、实践在本书中学到的方法。这个团队中的成员构成尽量多样化：不同的性别、不同的专业背景，甚至不同的成长环境。多样化的成员背景可以在观察事物和进行分析时提供多样化的视角。将组成的团队的信息填在图 2-12 中。

为你的团队取一个充满创意的队名：_____。

写下团队成员的名字和他们擅长的事情。

A_____　　　　B_____　　　　C_____

D_____　　　　E_____

图 2-12　团队信息

组队成功后，选出一位成员担任组长。在后面的学习和实践练习中，组长要负责组织大家定期讨论并进行实践分工，督促和鼓励团队成员，并带领团队最终完成创新挑战项目。

2.4.2 选择一个创新挑战

创新者常常面临的一个问题是不知道应该专注于哪项挑战，即如何界定其所面临的挑战。选定一个要挑战的题目，通过"诉说梦想 / 牢骚"的方法，可以有效地促使团队成员的讨论演变为从创新的角度思考是否有能力去解决这一问题。

写下创新挑战议题：_____。

面对选择的创新挑战议题，小组成员一起从以下 3 个方面进行讨论，并将讨论结果记录下来：第一，在这个议题中，有哪些知识和信息是你们已经知道的；第二，哪些知识和信息是你们不知道、不了解的；第三，将会有哪些约束条件或者困难对你们完成这个创新挑战造成阻碍。

2.4.3　进行实地调研

运用在 2.2 节和 2.3 节中学到的方法和工具，对选择的创新挑战议题进行"利益相关者分析"，确定哪些人或组织是调研对象，然后设计一份调研问题表，小组成员针对不同的利益相关者进行用户访谈，以便更全面地收集与议题相关的信息和用户故事，最后整理访谈内容并记录下来，和小组成员分享。

在进行调查的时候，团队成员需要提前进行训练，并共同遵守一定的伦理规范（见图 2-13），以确保团队成员的实地调研能够顺利进行。

1．筹备阶段

（1）了解当地的文化习俗。

（2）邀请调查对象时，给予清晰的活动介绍。

（3）预先获得使用调查对象信息的许可。

（4）保持田野调查的团队精干。

（5）保持整个团队的信息对称。

2．收集信息阶段

（1）明确清晰地向调查对象进行自我介绍。

（2）认真聆听，不得给予建议。

（3）避免做出任何有可能无法兑现的承诺。

（4）不要给调查对象或当地的任何重要活动带来负面影响。

（5）只收集与调查目标相关的信息。

3．使用与分享信息阶段

（1）思考获得信息的第三方是否会给调查对象带来麻烦。

（2）诚实地分享我们的发现。

（3）保护调查对象的原始信息（如个人信息）。

（4）保障调查对象不会在不知情的情况下被第三方追踪。

（5）保证信息以安全的方式存档。

图 2-13　田野调查的伦理规范示意（来自 IDEO）

03 第3章
创新第二步：挖掘用户需求，重新定义问题

创新的契机来自社会中存在的问题，以及生活中人们的需求痛点。创新者需要通过一定的方法和实践去发现并挖掘出目标人群的真实需求。随着研究的深入，创新者往往会发现，最初观察和发现的问题可能已经不再是最需要解决的根本核心问题，新浮现的问题才是痛点背后最关键的真实原因和需求缺口。所以，通过挖掘真实需求来重新定义要解决的问题就成为创新中非常关键和重要的一步。只有准确定义问题，找到正确的前进方向，才能顺利实现创新的最终目标，为用户做出有价值的贡献。

3.1 识别真实需求的关键点

识别真实需求有助于重新定义问题。重新定义问题是一种在创新性地解决问题时，转换常用的思维模式、摆脱困境的方法。由于创新的过程是一个始终由问题引导的过程，问题的定义决定了目标的设置，它自然也就成了创新的关键。在重新定义问题的过程中，可以退一步思考、换一个角度，重新审视人们的需求、面临的约束，并进行同类产品或服务的对比，开启全新的解析空间。本章将重新定义那些妨碍人们生活和工作的思维误区。要想找到真正的问题，做出有价值的创新，重新定义问题、建立同理心、识别伪需求是关键。

3.1.1 重新定义问题

1. 重新定义问题的重要性

人们遇到问题的时候，总是习惯立刻去找解决问题的方法。所谓重新定义问题，就是指如果能够先从更多角度来剖析一个问题，甚至重新定义这个问题，可能会找到更好的、具有创新价值的解决方案。

重新定义问题让人们抛弃现有的惯性思维，来到一个寻找创新性解决方案的新起点。例如，如果你是一家写字楼的业主，租户投诉说电梯运行太慢，每天要等很久，你要怎么解决这个问题？可能大部分人会说，换一部电梯，或者把现有的电梯速度变快。如果重新定义一下这个问题，还有没有其他的解决方案？转换一个角度，这个问题还可以被定义为：电梯的等待时间太长，让租户不耐烦。这样，有针对性的解决方案可能是，在电梯旁边摆一面镜子，或者播放音乐或视频，分散等待者的注意力。这就是对原来问题的不同定义，

虽然没有让电梯更快，但是顺利减少了租户的投诉。

当遇到问题时，如果只是看到浮在表面的浅层次问题，就无法指望能够解决深层难题。即使是在急于得到答案时，重新定义问题所花费的时间也是值得的，因为它不仅可以引出更多的解决方案，还有助于解决更大、更重要的问题。当把精力集中到更有价值的问题上，就更有可能取得具有突破性的创新成果。

2．重新定义问题的方法

重新定义问题最有效的方法是更加"通情达理"地提问和观察，其背后的思想仍然是"以人为本"，即关注人的情感和需求。在第 2 章的核磁共振成像仪的案例中，研究人员把他们的工作从设计改进核磁共振成像仪的功能（技术角度）重新定义为让病童安全且心甘情愿地使用核磁共振成像仪完成检查（人的角度）。在生活中留意观察，会发现各式各样仍以机器为本而非以人为本的构造，这些都是创新的机会。这种创造性地解决问题的思路正是每一位创新实践者应该追求的。

下面介绍 4 个重新定义问题的方法和技巧，可以试着用它们来抛开固有思维，用新的视角和思维观察世界、思考问题，并重新定义创新挑战议题。这个被重新定义的议题应该既能够解决人的需求，又能够激发更多的灵感。

（1）抛开显而易见的想法

人的大脑通常具有惰性，往往倾向于那些显而易见的解决方案。当人们做一件事的时候，常常会不自觉地陷入一种既定的套路，被某种固有思维方式限制。因此，通常最初的解决方案都是普通的、没有任何创意的。例如，为了防止假币对经济利益的侵犯，人们通常的解决办法是发明更先进的防伪技术，但是换一个角度想一想，纸币这种交易介质可以改变吗？是否可以有一种全新的"无现金交易"模式？几年或者十几年前，人们觉得这种想法是天方夜谭，但是看看现在，大家已经普遍习惯了使用电子支付方式，甚至连菜市场卖菜的阿婆都在使用扫码收钱。

（2）改变关注的焦点

对一件事情的关注焦点不同常常能够带来不同的启发，转换视角往往意味着将切入点从一个利益相关者转向另一个利益相关者，抑或将关注的焦点从具体的事物转换为人的情绪或心理感受。例如，前面所举的电梯的例子，如果仅仅将关注的焦点放在让电梯变快的问题上，解决这个问题可能需要花费更多的成本和时间，这个过程中又会给租户带来新的不便和问题。而如果将问题的关注焦点转换到租户的情绪和心理感受上，会更容易解决问题。改善租户等电梯时的感受和体验成了新的解决方案的突破口，并且这样的解决方案花费的成本更小，给人的感受更好。

（3）寻找真正的问题

很多时候，最初发现的问题也许并不是人们真正的需求痛点，只有找到真正的问题根源才能进行突破性的创新工作，因为对问题最初的描述一般只涉及问题的表现形式，而并不触及产生问题的根源。例如，饥饿是问题的表象，而普通解决方案就是给予食物。但是如果认真分析饥饿的原因，有可能是经济方面的问题，有可能是生理方面的问题，如胃病或体内激素分泌不平衡，甚至有可能是心理原因造成的。所以，找到真正的问题，就意味着要突破表面的现象描述，去寻找产生问题的根源。

还是用"婴儿保温袋"的案例，来看看"改变关注的焦点"和"寻找真正的问题"在实际创新方案中是如何发挥作用的。

📁 **案例**

2007 年，还在斯坦福大学上学的陈姿谕和她的同学在一门名为"为极端需求设计"（Design for Extreme Affordability）的课上被分配到一个任务：设计一种适用于发展中国家的低成本婴儿保温箱。他们首先在网上搜集到一组令人震惊的数据：全球每年约有 1 500 万个早产儿和低体重婴儿出生，其中约有 100 万个婴儿因为没有足够脂肪来维持体温而在 24 小时内死亡，接近 400 万个婴儿活不过 1 个月，特别是在那些贫困地区。而一个传统的婴儿保温箱的成本高达 2 万美元。于是一个清晰的解决方案出来了：通过去掉某些部件以及选择替代材料，降低现有保温箱的成本。

然而当团队中的一位成员真正来到尼泊尔的一个贫困地区时发现，这些投放出去的低成本的保温箱很多都被闲置。原来，需要保温箱的婴儿往往出生在距离城市医院 15 千米外的乡村，无论保温箱多么便宜、设计得多么好，让贫困的母亲带着刚出生且生病的婴儿到 15 千米外的医院住十几天甚至更久，对他们来说都是难以负担的。而将一个保温箱租回家，又存在用电的问题。因此陈姿谕和同学们意识到，保温箱的高成本并不是导致贫困地区早产婴儿死亡率高的真正原因。于是研发设计团队将问题重新定义成：如何能为偏远乡村的父母们设计一种婴儿保温设施，给他们濒临死亡的新生儿一个生存的机会？

对于团队成员们来说，解决方案的切入点现在从临床医生变成了父母，这个思路的转化给团队成员们以极大的启发和灵感。经过几周的设计和四五轮的原型测试，团队开发出了一种简单而高效的创新产品：一个内含石蜡基的保温婴儿袋，在加热器上加热之后，最长可保持恒温 4 ~ 6 小时，且不用插电。更重要的是，这样一个可以方便携带的婴儿保温袋成本只需要 25 美元，仅占传统保暖箱成本的 0.1%。

2010 年这款婴儿保温袋投入市场，在随后的几年里，在印度、墨西哥、乌干达等国投入使用，这个伟大的发明拯救了超过 20 万个早产儿。

（4）逆向思维

逆向思维也叫求异思维，它是一种对司空见惯的、似乎已成定论的事物或观点进行反向思考的思维方式。让思维向对立面发展，从问题的相反面进行深入的探索，从而树立新思想、形成新观点。逆向思维是一种强大的思维工具，它可以让那些初看上去并不明显的问题都一一显露出来。

人们解决问题时，常常习惯于按照熟悉的、常规的思维路径去思考，这种思考方式有时能找到解决问题的方法，收到令人满意的效果。然而，实践中也有很多事例显示，对某些问题利用正向思维思考不易找到正确答案，而一旦运用反向思维，常常会取得意想不到的效果。

那些伟大的思想家和创新者都善于使用双向思维（正向思维和逆向思维），他们会思考事情的对立面，并常常逆向驱动自己的大脑思考：如果反面才是对的呢？如果关注的是另外不同的一面会怎样呢？

3.1.2 建立同理心

1. 什么是同理心

同理心不是同情心，它是指感受别人的感受。同理心是站在当事人的角度和位置上，客观地理解当事人的内心感受，并且把这种理解传达给当事人的一种沟通交流方式。同理心要求人们设身处地去感受、去体谅对方的感受和情绪，进而做到相互理解和关怀，达到情感上的融洽。注意，同理心的要求中有两个重点，一个是角度，另一个是内容。角度是指要站在当事人的角度，而不是自己的角度。内容是指感受的是情绪、心理状态，而不是其他。同理心在不同的使用语境下又被称作共感、同感等。

同理心与同情心最大的区别就在于角度不同。同情心，依然是站在自己的角度上思考问题，表现出对他人遭遇的感受和情绪。同理心才是站在对方的角度上感受对方的情绪。同理心使人与人产生连接和共鸣，而同情心使人与人产生疏离。例如，当一个人说"我很难过，我失恋了"时，拥有同理心的人会抱抱对方，陪他（她）一起坐下来，说："我知道，我在这里，你并不孤单。"而有同情心的人则会说："哦，这真糟糕！但是至少你还谈过恋爱。"体会一下，哪种方式更让人感到被理解？

2. 同理心的 4 种特性

美国田纳西州的护理专家特蕾莎·威斯曼（Teresa Wiseman）在她的研究中提出了同理心的 4 种特性。

① 接受观点，这是以他人的视角看待世界的能力，能够接受他人观点，承认别人眼中的世界也是真实的。

② 不加评论，不随便评判他人的观点。

③ 能够理解他人的情绪和感受，把自己想象成当事人，去体会他人的情绪。

④ 能够向对方表达自己的理解，让对方知道自己和他（她）一样。

虽然同理心是来自心理学的一个概念，但是它在人际沟通、产品设计、创意思维等多个领域被重视和广泛运用。基于同理心做出的解决方案，往往能够表现出良好的用户体验和创新特质。反过来讲，那些为用户需求设计出颠覆性创新解决方案的人，往往都是具有极强同理心的人。

3．同理心地图

同理心地图，是通过将自己扮演成最终用户的角色，多维度地探索目标用户的一种工具。它站在用户的角度去理解用户的情绪、想法、立场和感受，并捕捉和记录用户的所说、所想、所做、所感。它是一种简单且易于理解的视觉图像，可以帮助创新者更好地理解用户，是一个有助于在创新设计中提高用户关注度的工具。

同理心地图

同理心地图最关键的步骤在于向自己提问：如果这件事发生在自己身上，自己是什么感受？第一，这件事要发生在自己身上；第二，一定要关注自己所产生的思想活动和感受。

（1）同理心地图的作用

在团队中，每个成员看待和理解问题的角度、思考问题的方式都不一样，经历和经验也可能不一样。如果团队成员不能充分接触和理解用户，那么设计出来的产品或服务很可能脱离用户基础，从而导致产品或服务偏离市场，甚至使用户流失。使用同理心地图，可以在早期规避这些风险，及早地在团队成员之间建立共同点，达成认知上的共识。团队成员能够站在用户的角度理解用户需求，确定问题的优先级。

对于没有太多用户体验研究经验的个人和团队，同理心地图可以帮助他们走出理解用户的第一步，它还可以使团队的注意力从关注用户行为深入到关注用户的情感和体验。在解决方案设计的过程中，特别是在初始阶段，使用同理心地图，可以很好地帮助创新团队"以用户为中心"来重新定义问题。

总结一下，使用"同理心地图"可以帮助创新者更好地理解用户的"动机"，使创新设计者可以主动为用户的真实需求而设计，这些动机是用户自己很难感知和表达的；帮助创新者更好地参与到用户体验的内在部分，获得很难从他人讲述或阅读报告中得到的用户感受；帮助创新者通过可视化的方式提取信息，并且能够快速建立用户画像以及和用户感知的连接。

（2）使用同理心地图

同理心地图的种类千差万别，格式各有不同，如图3-1所示。但是它们的目的相同，都是帮助创新设计者理解用户、进行决策。同理心地图有很多种格式，但它们有共同的核心元素：用户在中间，要同理的内容分布在几个部分，顶部为该地图的主题。

以一个英语学习的 App 为例，进行用户的同理心地图练习（见图3-2）。首先，在中间的部分建立用户画像，包括用户的年龄、性别、主要特征等，然后给这个"代表用户"取一个能够体现这些特点的名字，使之具象化。比如一个活泼好动的二年级男孩，可以取名为"董（动）豆豆"。然后将自己想象成用户"董豆豆"，并按照 4 个部分（所说、所做、所想、所感）进行同理。如果分为 6 个部分，则分别为所说、所做、所想、所感、所听、所担心。图 3-2 的同理心地图最下面的两个区域分别用来记录用户的痛点和需求。在练习中要注意，你需要关注目标用户的特征，例如活泼好动、二年级男孩等，这些信息决定了他的所说、所做、所想、所感。这个活泼好动的二年级男孩也许不会长时间使用这个 App，因为也许他会觉得用两个小时来学习英语有些枯燥，他更喜欢到户外去活动。所以在做同理心地图时，最关键的是"进入角色"。

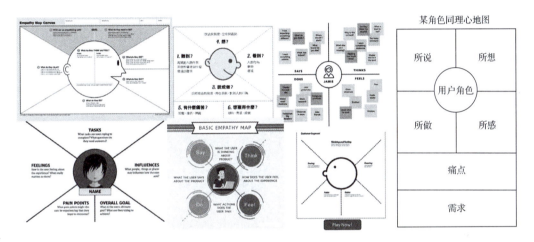

图 3-1　同理心地图集　　　　　　　图 3-2　具体的同理心地图

同理心地图的使用场景有以下 4 种情况：需要培养和训练对用户的理解和感受的时候；需要对用户角色进行分析，从各个角度理解用户的时候；在用户访谈之后需要对用户进行进一步感知的时候；讨论的问题主题与用户相关的时候。

同理心地图的使用方法有以下 4 步。

步骤一：定义目标和角色。团队清楚建立同理心地图的主要目的，以及所要解决问题中的人物或典型用户。

步骤二：准备物料。准备大的白板纸、记号笔和便利贴，把模板画好贴在墙上方便讨论时随时记录。

步骤三：进行同理。团队通过对某一用户的访谈和观察，记录其所说、所做、所想、所感。然后将自己想象成该用户，思考自己又会有怎样的所说、所做、所想、所感，最后看一看是否和用户的一致。在做这一步时，要尽可能地代入该角色，就像演员演戏一样，用心体验和感受所同理的用户，并快速记录代入该角色时的想法、感受等。

步骤四：比较与反思。通过以上 3 步，团队将所说、所做、所想、所感分别写在便利贴上，填满同理心地图中的 4 个部分。再通过讨论和反思，整理出用户的痛点和需求，填写最后两个区域。最后，团队通过同理心地图练习，进行以下总结：发现了哪些认同点和偏见；发现了哪些之前研究中的弱点；发现了哪些用户自己可能不知道的需求；用户的感受是由什么因素驱动的；通过以上研究的整理有哪些有意义的创新可以发展。

4. 同理心能力的练习

（1）同理心的 4 个层次

同理心从高到低可以划分为 4 个层次，根据以下 4 个层次的同理心的描述，可以检验一下自己所具有的同理心的程度。

第一层次

聆听：忽视，假装听。

回答：漠视内容和感受。

第一层次是同理心的最低层次，不算同理心。这个层次的聆听者不注意分享者的语言和行为的表达，会漠视、争辩、否定、评估、判断分享者所说的话。

第二层次

聆听：选择性倾听。

回答：对分享者表达的内容会换用另一种说法来回应，但是对对方的感觉却视而不见。

第二层次的聆听者，会对倾听的内容进行选择，只对分享者说话的内容和问题有所反应，但会忽略分享者的真实感受。这种聆听者对别人的表面感受可能会表示出某种程度的理解，但表达的方式会减弱其感受的意义。

第三层次

聆听：留意地听。

回答：对内容和感受都改换说法进行回答。

这一层次的聆听者听得比较用心，会对分享者的感受有所反应，会改换一种说法来回答，从而可以和对方互动，这种表达会让对方觉得自己有了知音。没有改变分享者的表达，从而让分享者觉得表达出来的内容和感受得到了回应。

第四层次

聆听：同理心倾听。

回答：能够收集所有的信号，然后以另一种说法进行回答。

这种层次的聆听者运用同理心的倾听方式，对分享者的感受了解得比他自己还要深入。他能够领悟分享者所有的音调、字眼、表情、说话速度、姿态等，会根据自我的真实感受，再传送回去。这种表达能帮助分享者更加了解自己的感受，帮助他表达更深层次的感觉和情绪，并持续演进。

（2）同理心的训练方法

同理心是可以训练的，方法有很多，每一个方法都可以在日常生活的对应情景中进行练习。

方法一：站在对方的角度。训练自己能站在对方的角度思考，主要是不要提前预设，特别是不要用惯性思维来思考和判断对方的立场。当试图站在对方的角度思考问题的时候，不仅要放弃自己的预判，而且要保持"空杯"的心态。

方法二：专心听对方说话，让对方觉得被尊重。当别人向自己倾诉时，全神贯注地聆听对方说话，让对方感到被尊重。眼睛看着对方、身体微微前倾、轻轻点头应和、微笑等表情都能给对方鼓励和温暖，从而让对方更愿意表达真实感受。训练自己专心听对方说话的技能，一方面需要在肢体形态上进行训练，另一方面要在心理上进行训练，克制自己表达自我和纠正对方的冲动。

方法三：正确辨识对方情绪。辨识他人情绪不是一件容易的事情，这需要很多的训练、实践和观察。情绪可以通过语言、语音、语调、表情、肢体动作等各方面来表达。要想能正确感受到对方真实的情绪，可以从辨识自己的情绪开始。例如，有意识地在自己产生情绪的时候，观察一下镜子里的自己，特别是面部的微表情，然后问自己"此时我有什么情绪"。描述情绪的词汇很多，最关键的是要对自己说实话。例如，自己的情绪可能是"高兴、委屈、沮丧、感到被抛弃"这种看来无伤大雅的，也有可能是"嫉妒、怨恨、愤怒"这种看起来比较激烈的。在辨识自己的情绪时，切不可对自己隐瞒，不要压抑自己的情绪。另一种方法是可以有意识地听取他人的意见，了解在别人的观察下的自己的不同情绪。例如，询问自己的亲戚朋友，一般自己高兴的时候是什么样的，有没有什么标志性动作或表情。对自己情绪表达方式的观察，有利于训练自己辨识他人的情绪。

在辨识对方情绪的时候，不妨将这种情绪的解读用一个恰当的形容词表达出来，往往解读正确的时候，对方能感觉情绪得到释放。即使说得不准确，也没有关系，只要让对方感受到你的努力和真诚就好了。

方法四：正确解读对方说话的含义。所谓正确解读对方说话的含义，就是指不但要解读对方说话的表面意思，更重要的是要理解所说的话背后的含义。例如，当你的朋友在你约会迟到的时候说"电影都开始了啊"，表面的意思是可能需要重新买票看下一场，而背后的含义是责怪你迟到，并表达了自己的不满，也许还有没看到电影的遗憾。因此，在对方诉说时，需要倾听故事背后其真正的情绪。有时候，表述人也许自己都不一定明白自己的情绪，或者真正在乎的地方。但是，作为一个有极强同理心的人，一定可以通过交谈体察到对方的感受，找准对方在乎或介意的地方，帮助对方找到其内心的真实感受。

练一练

　　训练一：选择日常情景进行实践练习，注意与家人、朋友、同事等的对话，可以用"你是在表达这个意思吗？"进行确认，看自己是否能真正把握表述人的意思。

　　训练二：小组成员之间进行互相练习，写下自己认为对方表达的含义，之后进行互换，并写下反馈，多次练习后，看自己是否能更加准确地把握表述人话中的含义。

3.1.3　识别伪需求

1. 什么是伪需求

　　伪需求是指当下的供给并不是用户真正的需求。伪需求并非不是用户的需求，只是当前它还不足以支撑一个商业模式。需求的真伪还取决于用户人群，某些人的伪需求可能是另外一群人的真需求；也取决于时间点，此时的伪需求也可能进化成未来的真需求。

　　伪需求对应着真需求，真需求俗称痛点，就是能让足够多的用户愿意改变习惯而频繁使用或购买某种产品或服务的需求，它是一种强需求。伪需求要么是不能满足足够多的用户，要么是用户不愿频繁使用或者买单，俗称痒点（弱需求）或者无痛点（没需求）。

　　伪需求通常是表面的需求点，最常表现的形态就是"用户给出的解决方案"。例如，一个小岛上的居民都住在海滩边，鞋子容易进沙子，沙子会使人在走路时很难受，于是居民们觉得赤脚更方便，所以"鞋子"在岛上大多数人看来是一种伪需求。但是经过分析，发现小岛居民的真实需求不是"赤脚"，而是"舒适"。于是凉鞋或者不容易积沙的鞋子，就很可能受到小岛市场的欢迎。在这里，"赤脚"是伪需求，而"舒适地步行"是真需求。

 想一想

　　观察你日常遇到的生活场景或商业场景，想一想你遇到的问题中有哪些是伪需求，哪些是真需求？

2. 伪需求的影响

　　如果不能在进行用户需求分析时洞察用户的真需求、剔除伪需求，甚至将伪需求当作真需求，那么在进行创新解决方案设计时就很容易被伪需求误导，花费大量的时间、人力、物力，最后设计出的产品或服务却不被用户和市场接受。不仅损失了成本，还可能由于同一时间市场上有人发现了真正的需求，导致错失创新良机，从而失去市场竞争力。

🎯 读一读

> 福特汽车的创始人曾有一句名言："如果我最初问消费者他们想要什么，他们会告诉我要一匹更快的马！""一匹更快的马"在当时看来可能并不是一个伪需求，但是将用户需求放在发展趋势中去理解就会出现不一样的结果。当面对日益膨胀的大众需求和技术革命时，产品改良只是杯水车薪。当出现具有革命性意义的汽车时，更快的马变成了一个伪需求。
>
> 同样的例子还出现在手机制造领域。在诺基亚时代，厂商认为人们需要的是一个更结实耐用、外壳颜色多样的移动电话。而乔布斯认为人们其实需要的是一个有尽可能大的屏幕，操作不需要键盘、手写笔，依靠手指点击屏幕就能使用的智能电话。事实也证明了苹果公司和乔布斯是真正理解了潜在的用户需求，并贡献了具有颠覆性创新价值的苹果手机。苹果公司正是以创新而闻名于世的。

3. 识别伪需求的能力

识别伪需求需要具有洞察力。洞察力也称预见力，是指一个人能从多方面观察事物并从多种问题中把握问题核心的能力。它迫使人们去抓住问题的实质，而不只是看到表面现象。缺乏洞察力的人会只见树木或只见森林，而不能二者俱见。缺乏洞察力的创新者，会浪费宝贵的资金和人力，因为他们无法抓住问题的根本，所以无法提出有效的解决方案。一个具有创造性洞察力的人，不论是创新还是创业，往往都能取得成功。

洞察力还与我们的日常生活息息相关。例如：在日常工作中，明明同事间掌握的信息是一样的，为什么有的人却能够拿出更受领导青睐的方案？在科研项目中，明明和同行掌握的知识是一样的，为什么有的人却能够突破传统实现创新？在销售竞争中，明明和对手掌握的情报是一样的，为什么有的人却能够轻松拿到客户订单？

优秀的创新者往往都具有较强的洞察力，能敏锐地发现别人尚未意识到的问题，能迅速而又准确地找到问题的本质。因此，强化洞察力，对于创新者运用创造性思维寻求解决方案相当重要。洞察力可以通过练习来进行提升，在日常生活中，提升个人的洞察力的方法有很多，对于创新者来说，主要可以采用以下两种训练方法。

方法一：感觉敏锐训练法。这种训练方法要求创新者善于清除大脑中各种无用的信息，使大脑中存储的信息条理化。因为只有排除杂念，才能使自己的思维变得开阔，把注意力均匀地分散到四面八方；才能使自己的思维如同雷达扫描一样，不放过任何一个进入视野的目标。

方法二：倾听抱怨逆向训练法。用"逆向思维"和"同理心"来倾听用户的抱怨。用户的抱怨中蕴含着需求的不满足，但也混杂着浅层次的伪需求。有时候可能用户自己也不知道自己想要什么，但他们知道自己不想要什么、不满意什么。逆向思考用户的抱怨，用同理心感受他们的感受，剔除伪需求，找到真需求。

3.2　挖掘用户需求的工具

对通过创新第一步搜集到的用户原始信息，创新者需要进行整理、分类，并加以抽象化分析，透过表面深入内部，以获得有价值的创新工作目标。从搜集到的纷繁复杂的信息中挖掘出用户的真实需求是创新第二步的核心。

通过访谈或观察获得的信息并不会直接告诉我们用户的痛点是什么、创新的机会在哪里，因此创新者需要综合运用不同的分析工具重新对用户需求加以分析，从中提取信息，选出有价值的部分，并进一步确立创新的方向。

3.2.1　用户要点聚焦表

用户要点聚焦表由 4 个部分组成：用户画像、用户故事、需求发现、洞察发掘。创新设计团队需要在深入调研过的许多用户中选择一到两个有代表性的用户进行着重分析，这一到两个典型用户可以是融合了多个用户共同特征的虚拟角色。然后列出访谈中听到的"特别"的故事，以及那些让你出乎意料或者觉得很有意思的用户经历，从这些故事中提炼出需求发现，以及背后的信息。

用户要点
聚焦表

用户要点聚焦表可以帮助创新团队通过架构问题和聚焦目标找到创新的方向，避免被无效信息干扰。清晰的用户要点聚焦表可以很自然地为创新者指明创意的范围，并在之后的头脑风暴阶段帮助辨别创意点子是否跑题。

1.　使用方法

逐步完成表 3-1 中的内容。

第一步：用户画像。列出典型用户的年龄、外貌、性别、文化程度、职业等特征描述，并给用户起一个名字。如果可以，尽量采用"可视化"的表达方式，用简笔画的形式画出用户画像，图画不一定要多精美，重要的是训练自己的图画表达能力。

第二步：用户故事。故事能使事物建立起联系，把零碎的信息有序地组织起来，可以有效反映用户的情绪和情感，容易让团队内的成员产生共鸣和同理心。列出故事时要注意记录用户在使用产品或服务过程中的正面反馈（兴奋点）和负面反馈（痛点），或被众多用户多次提及的事情。例如，在访谈父母带小孩出行打车的问题时，有一位家长说虽然家里有车，但她的女儿要求他们每周有一次打车出行。这是一个让人好奇的故事，可以被记录为一个兴奋点。

　　第三步：需求发现。需求反映用户的目标和期望，在访谈记录的信息里寻找动词或动宾词组形式的表述，这些表述常常反映了用户具体或抽象的动机。例如，一位双职工家庭的母亲想要为 8 岁的儿子找一个全天托管的暑假班。这里要注意的是，初学者容易从自己的偏好出发，给用户附加额外的需求，应尽量避免这种偏差。

　　第四步：洞察发掘。创新团队通过用户故事，在用户与场景和情景之间建立深层联系，为用户的特定行为和需求表现寻找背后潜藏的动因。例如，想要为 8 岁儿子找一个全天托管的暑期班的双职工家庭母亲，她这样做的动因是没有时间和精力照顾放暑假在家的小孩，需要有一个地方安置孩子，而不是真的想让小孩去学些什么。

2. 模板与案例

　　用户要点聚焦表的模板如表 3-1 所示。

表 3-1　用户要点聚焦表

用户画像	用户故事	需求发现	洞察发掘
王女士，40 岁左右，在互联网行业工作，有一个 8 岁的孩子。会经常加班，丈夫工作也很忙	刚放暑假就已经开始为孩子找各种兴趣班和夏令营了。其中一个夏令营的时间是从早上 9 点开始到晚上 6 点结束，她和丈夫都非常满意这个时间，但对夏令营的内容却不太清楚	暑假家里没人照看孩子，需要有一个地方安置小孩。小孩也可以顺便学点东西	时间和精力冲突

3.2.2　3 维度匹配表

　　3 维度匹配表是在分析一个事情或情境时，用于从用户的关键行动、用户期待、现实情况 3 个维度之间的匹配程度来洞察用户在行动中的需求，以及发现产品或服务提供的价值与用户需求之间的错位的一个工具。在这个"错位"的部分中，蕴藏着创新的机会。

1. 使用方法

　　第一步：确定一个要进行用户分析的具体事件、场景与情境。

　　第二步：对应 3 个维度，在匹配表模板上分别写出用户的几个关键行动，以及每个关键行动的用户期待与现实情况。

　　第三步：将用户对现实情况的反映填在对应的"用户评价"一行，可以用"☺、☹、😐"来表示用户满意、不满意、感觉一般等情绪。

　　第四步：在表格最底部，用"√"选出那些你认为可以通过更好的解决方案进行改善的关键行动。

2. 模板与案例

　　3 维度匹配表的模板如表 3-2 所示。

表 3-2　3 维度匹配表的模板

关键行动	行动 1	行动 2	行动 3	行动 4
用户期待				
现实情况				
用户评价				
可否改善				

某地政府想要建立一个创新的灾害救援信息综合平台，为了整合企业及社会机构的力量，对企业和机构进行了相关的参与救灾情况的调研，表 3-3 是整理出来的某公司参与某次救灾过程的 3 维度匹配表

表 3-3　某公司救灾过程的 3 维度匹配表

关键行动	某次较大台风灾害后，公司内部迅速成立应急小组，分别负责落实企业社会责任、与公众沟通、调控物流、与东南区等部门协同启动救灾行动	联系当地政府及慈善总会，了解物资、物流等需求	公司仓库统计内部物流与物品情况，召集在受灾当地的有时间的配送员	首批物资到达灾区，由当地工作人员分拣及发放
用户期待	高效信息协同、清晰专人对接	了解受灾当地真实的物资需求和道路信息	快速、准确	有效的信息反馈。例如，物资数量和种类是否符合灾民需求，物资是否及时准确地全部发放到灾民手中等
现实情况	相符	信息有限且零散，尤其对物资的切实需求了解比较困难	不需要层层汇报，直接由分公司事业部进行	信息零散
评价	☺	☹	☺	☹
可否改善		√		√

3.2.3　内外因分析法

1. 归因理论

归因理论最初是由海德（Fritz Heider）于 1958 年在他的著作《人际关系心理学》中，从通俗心理学的角度提出的理论。该理论主要解决的是日常生活中人们如何找出事件发生的原因。海德认为人的行为主要有两种强烈的动机：一是形成对周围环境一贯性理解的需要；二是控制环境的需要。为了满足这两种需要，普通人必须要对他人的行为进行归因，并且经过归因来预测他人的行为。他指出，人的行为的原因可分为内部原因和外部原因：内部原因是指存在于行为者本身的因素，如需要、情绪、兴趣、态度、信念、努力程度等；

外部原因是指行为者周围环境中的因素，如他人的期望、奖励、惩罚、指示、命令、天气的好坏、工作的难易程度等。

海德的"归因理论"是关于人的某种行为与其动机、目的和价值取向等属性之间的逻辑相结合的理论。借用海德的"归因理论"，我们可以从"内外因分析"的维度来对用户行为及其背后的动机进行洞察。

2. 内外因分析表

除了从"某人为什么会这样做"的角度来分析和挖掘用户需求，还可以从相反的角度，即"为什么某人不做某事"的角度来探求背后的原因。用户"内外因分析表"是帮助我们系统性地分析"这个问题中人们为什么不这样做"的工具。

了解用户行为选择的内因和外因（见图 3-3），可以帮助我们更有针对性地去明确哪些是可以通过创新的方式改善的问题，哪些是无法改变或暂时无法改变的客观事实与规律，以避免在进行创新实践时做"无用功"。

图 3-3 清晰地展示了对某一用户行为进行内外因分析的 3 个步骤：第一步，在"用户行为"中填入你观察到或你想要分析的某一用户"不做某事"行为的

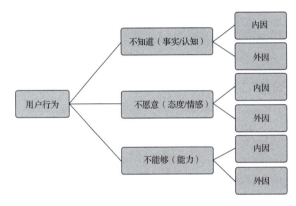

图 3-3　用户行为内外因分析

描述；第二步，结合用户调研的数据和信息，从"不知道（事实 / 认知）""不愿意（态度 / 情感）""不能够（能力）"3 个维度将有关用户行为的信息进行梳理、分解；第三步，分别挖掘每一个维度背后的内因和外因，并找出问题的关键点。

3.3　重新定义创新挑战

把学到的方法和工具学以致用，才能在确定创新议题时找到正确的方向。回顾在 2.4.2 小节中写下的创新挑战议题，结合本章所学知识，与团队成员一起讨论是否需要重新定义自己的创新挑战。与此同时，在进行深入的创新知识学习和实践的过程中，还需要搭建属于自己的创意生态圈，并以开放的心态积极面对自己的不足；使用灵感清单随时记录一闪而过的想法和思考；当天马行空的创意被激发出来之后，以开放的心态进行评估。

3.3.1　建立创意生态圈

1. 什么是创意生态圈

所谓创意生态圈，从字面上解释：首先，它是一个"圈"，也就是一个聚集人气的网络；

其次，它是一个"生态圈"，聚集人气的网络随着内容的增多，会多元化发展，会自由生长，形成生态；最后，它是滋生、滋养创意的生态圈，可以孵化创意并帮助其生长、发展。

2. 建立创意生态圈的意义

创意生态圈可以为进一步实现创新提供土壤和同伴支持。创新者有时被认为是孤独的天才，但其实很多好的点子来自团队的合作。团队成员文思泉涌，能够提供源源不断的创意。创新需要团队，需要更多有创意的人参与，才能创造出更多机会。有了自己的创意生态圈，可以帮助创新者增强信心，减轻自身的压力和孤独感，还可以帮助创新者发现更多机会，实现更多想法，让创意有可能落地实施，从而完成创新。

3. 如何建立创意生态圈

（1）承认自己不是无所不知

从创新者承认自己不是无所不知的那一刻开始，就给自己拥抱更多创意的机会打开了一扇门。唯有拥有谦虚的心态才能对任何看似"奇怪"的事物、想法、意见、建议有包容和捕捉的能力。很多时候，有价值的创意产生于一念之间，捕捉住它首先需要有谦虚、开放的心态，其次是训练有素的头脑。而谦虚开放的心态，也会吸引更多多元化的人才加入你的团队。

（2）通过网络接触创意社区

网络上有很多创意社区和创意论坛，那里聚集了很多对创新和创意有相似诉求的人。通过各种创意社区可以快速地接触和联络到相似人群，与他们建立连接或者伙伴关系，通过探讨彼此关心的话题加深对对方的了解，并逐步建立信任。

（3）组建自己的志愿者团队

接触创意人群并组建志愿者团队是建立伙伴关系很好的方式。可以定期或不定期地组织线下活动，例如主题分享、话题讨论、工作坊等，加深彼此的了解。即便非正式的活动，例如下班后的聚餐，都可以为建立伙伴关系提供帮助。

（4）建立自己的创意网络

创意网络是经过与其他创新创意人员的接触和相互了解，并主动发起各种行动后自然而然形成的互相连接。创意志愿者团队的组建基础比较单纯，吸引的人也不会有太多利益诉求，因此会对创意网络的衍生方向有正面的指引。这个创意网络需要包容越来越多的多元化人才，从而使其始终保持创意的活力。同时，这个网络也会成为创新者创意源泉的智囊团和创新自信的支持力量。

（5）孵化自己的创意生态圈

当创意网络吸引的多元化元素越来越多的时候，会激发生态效应，引发上下游的协调作用，从而激发更多的创意和创新机会，最终使创新成为可能。虽然不是每个创新者最后都能孵化出自己的创意生态圈，但是能有自己的创意网络也是很不错的。当创意网络形成的时候，创新者会感受到背后支持的力量。

3.3.2　运用灵感清单

1. 什么是灵感清单

灵感清单是用于随时随地记录在项目中或在生活、工作、学习中遇到的问题、灵感、想法的一个工具。以拥抱的心态捕捉并记录创新设计过程中任何可能改进的机会、灵光乍现的想法及同伴的一个提示。

运用灵感清单不但是为了将那些触动自己的好想法快速记录下来，也是为了随时随地发现问题、思考问题，训练自己的洞察力。灵感还有可能来自看似不相关的领域，用灵感清单将别人的好创意、好设计记录下来，在进行总结复盘时看看这样的创意角度是不是也可以迁移到自己正在研究的领域。总之，记录下每一次细小的"灵感"时刻，不要让它溜走。日积月累，形成一个"灵感库"，最终实现由量变到质变，走向创新的彼岸。

2. 创建灵感清单

图 3-4 是一个"灵感清单"的模板，它由 3 个部分组成，分别为灵感来源、对我的影响和定期回顾，它可以帮助创新者跟踪问题，定期更新思考。生活中随时随地受到触动获得启发的时候、项目实施过程中、学习工作中进行反思总结的时候都可以使用"灵感清单"这个工具，帮助自己及时记录下一闪而过的灵感，或者从别人有趣的创意中所受到的启发，并且进行定期地回顾与更新。

（1）以拥抱的态度面对

创新者要有一个随时拥抱问题的态度，不预设、不拒绝、不抗拒。把着眼点放在把握更多的机会和对事物加以完善上。只有有能力发现更多的机会，才可能拿出更完美的创意。而这些机会，可能是正面的启发，也可能是负面的问题。

（2）养成立刻记录当下发现的习惯

养成随身携带记录本的习惯，随时记录产生的灵感，用手机记录也是非常便捷的方法，捕捉每一个稍纵即逝的机会"提示"。机会来临时，往往以"问题"的面目呈现，要注意及时捕捉问题。能注意到问题，是拿出创意性的解决方案的前提。随手在本子上画几个格子，就记录下来了。

（3）问自己"是否能改进这种状况"

对于灵感清单，要随时进行整理。创新者需要随时问自己"是否能改进这种状况"，以积极探寻的态度去思考和行动，不断地完善产品的设计。在相关补充部分进行记录，作为给自己的提示。

（4）不断添加灵感清单的内容

灵感清单的内容不断增加，也许不能使所有项目都得到改进，但是不断添加的内容最终会让设计师遇到那个能用灵感清单上的内容帮助解决的问题。所以，以拥抱的心态维护这个灵感清单，不断地添加内容，不断地积累，为寻找下一个创意机会做好准备。

例如，在进行市场品牌创意灵感捕捉的时候，如图 3-5 所示，可以在笔记本上随手画一个灵感记录清单，把日常经历中自己认为有价值的触动之处记录下来，并进行后续的复盘跟踪，随时更新灵感清单。

图 3-4　灵感清单模板

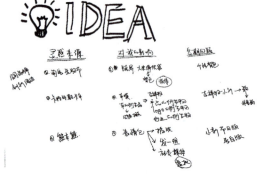

图 3-5　某市场品牌创意灵感清单

3.3.3　评估创新挑战议题

当你决定开始创新挑战之前，不妨来评估一下选择的挑战议题。然后再决定是否要沿着这个方向继续进行探讨和挑战。

第一步，问自己 3 个问题：这是要解决的问题吗？这真的是要解决的问题吗？换个角度解决有可能吗？

第二步，再问自己 3 个问题：这个方向是否显而易见？这个角度是否是惯性思维？换个角度解决有可能吗？

第三步，重新定义问题：按照本章前几节介绍的知识、工具和方法重新定义自己的创新挑战议题，看一看是否比最初的议题更清晰、更聚焦、更有价值。

 案例

　　某公益平台一直致力于帮助父母学习教育孩子的方法，但该平台组织的线下专家讲座参加率常常不到 25%。面对这种情况，组织者也是绞尽脑汁地寻找对策。后来，他们把问题重新定义为：家长不参加这类活动的主要困难是什么？经过分析，发现家长们往往面临工作忙碌、时间难以分配、交通不便、需要照顾子女等问题。当所有问题被逐条列出来后，就指向了各种可能的解决方案。例如，组织者不再强调活动是免费的，而是在活动宣传和现场交流时都传达出非常精准的信息——可以帮助家长解决哪些具体的问题，家长可以获得哪些宝贵的建议。针对家长群体也进行精准细分，让家长主动地为线下活动安排时间。

04 第4章
创新第三步：打破思维局限，提出解决方案

通过用户调研、需求收集、需求挖掘和重新定义问题，创新者获得了"为谁解决什么样的问题"的方向和目标。在第三步中，就需要开始思考"该怎么做"，即解决方案的创新构思，其目标是让创新团队成员投入其中，打破惯性思维的限制，探索新认识和新发现。

想要获得一个具有洞见力的创新性解决方案，需要打破已有的思维局限，运用想象力激发大脑的创造性思维。在创新的这一步中，鼓励发散的、迁移的、天马行空的大胆想象，同时在各种各样的奇思妙想中，加入对商业可行性和技术可行性的考虑，综合选择出最具有价值和实现可能的解决方案。

4.1 打破思维局限的 3 种方式

创新思维是创新实践的前提，也是发挥创造力的前提。创造力可以通过刻意练习获得提升。人们在日常生活和工作中通常习惯于依赖已经形成的思考模式，因此对于新挖掘出的需求问题，要想获得创新的解决方案，就需要打破思维的惯性与局限，有意识地激发"右脑思维"，来提升创新思考的能力和自信心。

4.1.1 思维可视化与图像化

思维可视化（Thinking Visualization）是指运用一系列图示技术把本来不可视的思维（思考方法和思考路径）呈现出来，使其清晰可见。被可视化的"思维"更有利于创新者理解和记忆，因此可以有效提高信息加工及信息传递的效能。

可视化的语言包括数字、文字和图画，人们通常用文字和数字表达头脑中的想法，但是只有图画才兼具直观表达思维的功能特征和情绪含义的功能。当数学计算公式无法描述和解决问题时，人们就不得不从图形和视觉的角度来考虑问题。根据心理学家和脑科学家对人脑的研究发现，图像比文字和数字记录的细节更为丰富。例如，当你看到一个苹果时，如果让你用一个词来表达你看到的，你可能只会用"苹果"这个词，但是这两个字无法描绘出苹果的颜色、形状，也无法描述你看到这个苹果的心理状态。如果是一个饥渴的人看到一个苹果，他的那种兴奋是无法用文字和数字来表达的。但是，图像却可以传递这些信息。如果你曾经认真地看过美术作品就会发现，同样的物品在不同的画家笔下可能会呈现

出不同的状态，光线、明暗、角度等要素都可以表达画家的心理状态。因此，在训练创造力的过程中，我们强调图像化的思维，用画面来记录头脑里的想法，因为它是最具体也是最能保留细节的方式。

1. 想象力

想象力是人类一种独特的能力，它一般是以已有形象和感性经验为基础，对表象的东西进行重新加工而产生新形象，或是在头脑中创造一个新念头、新思想、新画面。我们把前者称为"描述性想象力"，其主要作用是帮助人们从复杂的世界中发现并理解正在发生的事情，从而发现新的可能性与机会；后者被称为"创造性想象力"，它能让人们"看见"尚不存在的东西，创造出完全不同的新事物。

想象力和创造力有区别：想象力是人们感知看不见的事物的心理能力，而创造力是应用想象力的能力。例如，一家公司的员工想要找到提高客户满意度的方法，这时他们就在使用想象力。当他们确实因为应用了他们的想象力而改善了客户服务、提升了用户体验时，他们就是在进行创造性的活动。因此，想象力与创造力也有联系：想象力是人类创造力的源泉。

2. 用图画表达

图画是用可视化的语言，包括图形和文字，来记录大脑的思维过程并提炼知识点，从而更精准直观地表达观点的一种方式，它可以帮助我们梳理思路、增强记忆、提高思维能力和认知水平。

在童年时期，每个孩子都喜欢涂涂画画，而在长大成人的过程中，人们却慢慢忘记了这一基本技能。因此，用图画进行表达是人们与生俱来的一种能力，现在只需要重新熟悉并熟练运用它。当我们试着用图画的方式表达某个想法时，由于图画记录的信息更多，因此常常能够使我们得到与用文字表述不同的结果，而且通常会更快地得到直观的结果。人们对于图形化的信息比对于文字化的信息接收得更快，也更容易感受与理解。设想一下，你在向他人描述你新认识的一位朋友时，与其用很多词语、数字来描述这位朋友的样貌，例如你告诉他人这个朋友非常好看，甚至说其颜值是 9.5 分，还不如直接让人看一看这位朋友的照片。从另一个角度来说，由于图画包含的细节信息更丰富，因此也给予了我们更多想象的空间和改变的可能性。

3. 视觉笔记

（1）概念

视觉笔记也叫涂鸦笔记（见图 4-1），它是以图像为主、文字为辅，通过图文结合的形式，帮助调动大脑创建一幅幅直观示意图的一种工具。这种笔记方式有助于创新者集中注意力、整理逻辑、更直观地表达信息之间的逻辑关系，同时还能锻炼创新者的视觉语言表达能力，激发其右脑思维，是一件充满创意且有趣的事情。

记录视觉笔记通常是一个"输入→归纳总结→视觉化输出"的过程。输入的是通过聆听、阅读等途径接收到的知识和信息，在脑海中将信息进行归纳总结加以理解，输出为图像与文字结合的表达，而不只是单纯的图画。视觉笔记在记录知识的同时，还着重于记录当下的感悟。

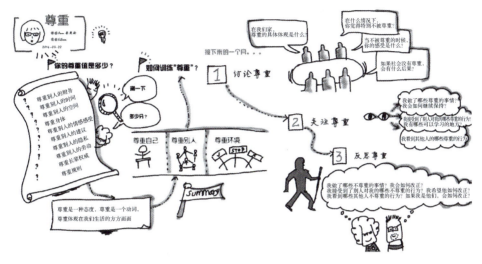

图 4-1　视觉笔记示例

（2）作用

视觉笔记的重点是思维能力训练。这种思维不仅仅是结构化的思维，还包括一部分创意性思维，它能将人们的左右脑同时运作起来。记录视觉笔记过程中的思考、创造、互动都源于想象力，图像不仅能表达人们的想法，还能激发思维使之迸发出更多创意想法。此外，当人们在回忆信息时，因为脑海中有画面，所以更不容易忘记这些信息。

视觉笔记不仅可以运用在个人的学习上，还可以运用在团队合作中。将团队的讨论内容与想法用视觉笔记的方式记录和展示出来，可以更好地帮助团队成员理解信息并进行创造性思考。

（3）使用

视觉笔记不是纯艺术形式的图画，它是一种帮助创新者学习和思考的工具。绘制视觉笔记只需将输入的信息进行整理提炼，再用视觉化的图形语言表达出来。视觉笔记的主要元素和要点有以下 5 个。

① 箭头的运用

箭头是视觉笔记中常用的一种元素，除了表示方向和位置，箭头在视觉笔记中还扮演着非常重要的角色——路径。

② 文字的处理

视觉笔记以图形为主，文字作为补充，所以想要简明扼要，可以用一些关键词。在一些需要较多文字记录的内容中，可以运用色彩不同和粗细不同的文字，形成"主标题→次

图 4-2　"创新"的图形转换

标题→次次标题"的层级关系，将思考的过程逐步推进。

③ 图形的转换

在表达某个概念的时候，需要展开联想，找到这个概念对应的图形，进行再加工。例如，"创新"这个概念，人们常联想到一个发光的灯泡，如图 4-2 所示。人物可以用简单的"大头火柴人"这样的形式去表现。当然你可以有自己的表达，只要遵循简单明了的原则即可，无须刻画太多细节。

④ 版式的设计

简洁清晰的版式有助于提升笔记的阅读效果，如图 4-3 所示。

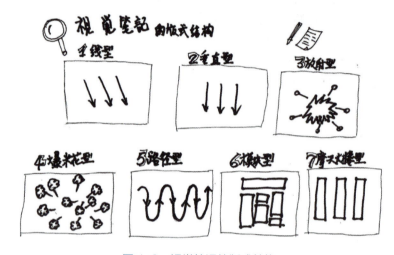

图 4-3　视觉笔记的版式结构

⑤ 色彩的搭配

可以用不同的颜色将重点内容进行标注突出，但一篇视觉笔记中的颜色一般不要超过 3 种，过多的色彩也会影响阅读的效果。

　练一练

用视觉笔记写一篇日记，将你的一天记录下来，并记录下你这一天的感受和收获。

4.1.2　头脑风暴

1. 什么是头脑风暴

在普通的群体讨论过程中，由于群体成员在心理上的相互作用和影响，很容易出现屈于权威或少数服从多数的现象，形成所谓的"群体思维"。群体思维削弱了群体的批判精神和创造力，降低了讨论的质量。为了增强团队讨论成果的创意性，提高讨论质量，管理学上产出了一系列改善群体决策的方法，头脑风暴法是其中较为典型的一个。

头脑风暴是创新过程中经常使用到的用于激发创意的会议形式。在头脑风暴的过程中，由若干成员组成的创新团队可以在融洽和不受任何限制的气氛中自由发表意见并进行讨论。头脑风暴的关键要点在于打破常规、没有限制、畅所欲言，让参与者充分发表自己的看法，最终实现产生新观念或激发创新设想的目的。

2. 组织头脑风暴

组织头脑风暴可以按照以下流程进行。

（1）前期准备

① 明确讨论的问题

头脑风暴是一个通过团队协作的方式进行思维发散的过程，但在发散思维前，组织者应当将问题聚焦。例如，团队想为城市公共厕所的优化提供一套解决方案，在头脑风暴环节，将题目设置为"如何优化公共厕所的使用体验"要比"如何优化厕所使用"这样的题目更加聚焦，而"如何优化公共厕所排队的问题"又比前两个更加聚焦。参与者在讨论时，也会围绕相对明确的关键词进行讨论。

② 找到一个合适的团队

多元化的团队组成能够丰富思考维度，碰撞出更多的火花。团队成员可以选择不同工作岗位的人员，例如财务方向、市场方向、创意方向、技术方向等，还可以在这个基础上加上小组成员自身特质，例如性别、年龄、婚育情况、地域属性等。背景尽可能分散的团队成员可以带来更加丰富的思维模式和发散方向，头脑风暴的效果会更好。

③ 花时间做好功课

不少团队对头脑风暴的使用存在一个误区，以为越天马行空越好，因此"让我们做一次头脑风暴"成了发现问题之后的第 1 个动作。但其实，真正有效的头脑风暴需要每一位参与成员提前做好功课，对要讨论的问题有基本的了解，对自己将要提出的解决方案进行初步的调研，只有提前做好功课才能高效地讨论。

（2）过程开展

① 放松的空间

放松的环境有利于创意的产生。可以选择色彩明快的空间，甚至可以坐在地上进行讨论。总之，不拘束的环境更能鼓励每个人大胆说出自己的想法。

② 将问题展示出来

头脑风暴是个思维发散的过程，为了避免讨论太过发散而跑题，不妨将明确的问题打印出来置于明显位置，提醒成员不要偏离题目。

③ 鼓励画图形式

大多数人的惯用脑为左脑，因此通过画图的形式，可以刺激右脑进行同步思考，进而产生更多不一样的思路。

④ 当思维卡住时

方法一，假设自己不用受资源限制，可以想象自己有足够的资金、足够大的权力，只关注现阶段的问题，当产生好的点子时，其他问题可以在之后进行平衡。

方法二，听听别人的想法，受他人启发后进行再次创作，产生新的思路。

⑤ 做好记录

讨论过程中千万别忘了安排专人进行记录，每一次头脑风暴的讨论成果都是团队成员的智慧结晶。

（3）总结复盘

并不是每次"头脑风暴"都能产出令人满意的成果。头脑风暴结束后，组织者（或少量的核心成员）应当根据讨论内容进行总结。如果已经讨论出成果，可以进行完善和优化。如果没有讨论出结果，那也需要进行评估，判断是否可以根据现有想法进行延伸，或者再次调整问题，重新进行"头脑风暴"。

3. 遵循的原则

在进行头脑风暴时，需要注意和遵循一些基本原则，这些原则能够帮助人们更好地展开讨论，从而得到启发和收获。

（1）暂缓批判

如果一个人分享自己的观点后马上被其他人否定，那么即使有了新的想法，他也会因为担心被人反驳而不太愿意提出。这种"反驳"成了一种限制，违背了头脑风暴的初衷。因此，在讨论中试着将"我不同意你的观点"或者"但是……"这种表达替换为"我理解你的考虑，与此同时还可以……"的补充式话术，会大大增加点子的产出数量。

（2）人人发言

头脑风暴注重点子的数量，所以要求每个人都贡献想法，以确保能够相互启发。观点并不需要看起来多么标新立异，有时候一段不经意的发言，也许会取得意想不到的效果。

（3）规定时间

一般头脑风暴应该控制在40分钟到1小时左右，这也是人可以较好集中精力思考的时间长度，时间过长可能导致讨论效率下降，时间太短有可能讨论不充分。如果讨论效果不理想，组织者可以将问题进一步拆解，聚焦到其中某个小问题，短时多次地进行讨论。

（4）重视数量

量变才能引起质变，产生的创意点子数量够多，才能为提炼良好的解决方案奠定坚实的基础，才能算得上是一次成功的头脑风暴。不少人参与头脑风暴时，会因为担心自己的点子不出众而不敢轻易发言，进而影响点子的数量。其实头脑风暴不是要找到一个完美、完整的解决方案，而是通过众人的脑力激荡产生无数个"创意分子"，为形成一个优质的创新解决方案做好准备。

4.1.3　分析与综合

在进行分析与综合时主要运用的是发散思维和聚合思维。在创新思维中，这两种思维模式是相辅相成的。二者配合形成一个"创新漏斗"：发散思维获取更多的点子，点子越多可选择的余地越大；聚合思维收拢这些点子，并寻找最适合的创意。

1. 发散思维

（1）发散思维的介绍

发散思维（Divergent Thinking），又称辐射思维、放射思维、扩散思维或求异思维，是指大脑在思考时呈现的一种扩散状态的思维模式。它表现为思维视野广阔，思维呈现出多维发散状。发散思维是以某一个问题为中心向四周发散的思维方式，即对中心问题从不同角度进行思考，从而找出不同的答案。不少心理学家认为，发散思维是创造性思维最主要的特点，是测定创造力的主要标志之一。发散思维的目的就是增大可能性以创造新选择。

"想出一个好点子最好的办法，就是想出很多的点子。"——莱纳斯·鲍林（Linus Pauling），1954 年诺贝尔化学奖和 1962 年诺贝尔和平奖得主。

（2）发散思维的特征

① 流畅性

流畅性指在尽可能短的时间内产生尽可能多的思维火花和尽可能多的方式和方法，表达出尽可能多的思想和观念。流畅性的重点是"量"，单位时间内想出的点子数量越多，思维越流畅。

练一练

> 提问：如果给你 500 万元，你可以干什么？
>
> A：周游世界、买房、买车。
>
> B：1/5 存银行，1/5 用于满足基本生活，包括买车、买房、买保险，1/5 周游世界，1/5 做公益，1/5 给父母养老。
>
> 点评：B 比 A 有更好的思维流畅性。

---

② 灵活性

灵活性指克服个体已有的思维框架和定势，并按照某种新视角、新观念、新途径来思索问题。灵活性的重点是"质"，单位时间内想到的点子角度越多，说明思维越灵活。

练一练

> 提问：面粉有什么用处？
>
> A：可以做面包、饺子、蛋糕、面条、馒头、花卷……
>
> B：做馒头、调糨糊，还可以用来洗水果、去油污。
>
> 点评：A 的点子数量多，但所有回答都与"食物"有关；B 的点子数量较少，流畅性相对较差，但灵活性比 A 好，因为 B 不仅利用了面粉的食用性，还利用了面粉的黏稠性和发散性功能。

③ 独创性

独创性指人们在思考过程中做出不同寻常的新奇反应的能力。在发散思维中产生不同寻常的新奇想法，是发散思维的最高目标，也是创新思维的标志。

练一练

> 提问：请说出毛巾的独特用途。
>
> 回答：洗脸、捆绑、做成睡衣、包扎、当头饰、遮阳、当围巾、当小孩的围脖、当餐巾、魔术（表演）道具、当礼物、当围裙、当枕巾、当塞子。
>
> 点评：除此之外，你还能想到什么？

2. 聚合思维

（1）聚合思维的介绍

聚合思维又称收敛思维、求同思维、集中思维。聚合思维以某个思考对象为中心，尽可能运用已有的经验和知识，将各种信息重新进行组织，从不同的方面和角度，将思维集中指向这个中心点，从而达到解决问题的目的。它是一种有方向、有范围、有条理的收敛性思维方式，与发散思维相对应。

聚合思维也是帮助人们从不同来源、不同材料、不同层次出发探求出一个正确答案的思维方法。因此，聚合思维对于从众多可能性的结果中迅速做出判断、得出结论是非常有用的。创新者通过各种访谈调研、信息挖掘获取大量用户需求的信息，对这些已知的信息进行头脑风暴、分析综合，并在考虑技术可行性和商业可行性之后将这些信息指向一个目标，即创新的解决方案，这一过程用到的就是聚合思维。

（2）聚合思维的特征

① 同一性

聚合思维是一种求同性的思维过程，即要通过求同找到解决问题的方法。例如，1960

年英国某农场为节约开支，购进一批发霉花生喂养农场的 10 万只火鸡和小鸭，结果这批火鸡和小鸭大都得癌症死了。不久，我国某研究单位和一些农民长期用发霉花生喂养鸡和猪等家畜，也产生了上述结果。1963 年澳大利亚又有人用发霉花生喂养大白鼠、鱼、雪貂等动物，结果被喂养的动物也大都患癌症死了。研究人员从收集到的这些资料中得出一个结论：在不同地区，对不同种类的动物喂养发霉花生，这些动物都患了癌症，因此发霉花生是致癌物。后来又经过化验发现：发霉花生内含有黄曲霉素，而黄曲霉素正是致癌物质。这就是聚合思维同一性的体现。

② 求实性

发散思维所产生的众多设想或方案，一般来说是不成熟的、不实际的，需要对发散思维的结果进行有效筛选。被选择出来的设想和方案是按照实用的标准来决定的，是切实可行的，这样，聚合思维就会表现出很强的求实性。之所以在创新思维的发散过程之后进行聚合思维，是因为创新思维的目的是进行创新实践，所以创新解决方案的可行性也是创新过程中需要考虑的一个重要维度。这里的"可行性"可以是当前可行，也可以是随着社会发展在未来可行。总之，创新不仅在于思维中，更要"能落地"。

3. 发散思维与聚合思维的结合

在创新探索的道路上人们总是在发散与聚合、分析与综合之间寻找能够将创新的想法落地实现的交汇地带。通过发散思维、头脑风暴等方法激发创新思维，进而得到无数个解决问题的好点子，运用综合和聚合思维的方法将这些点子进行梳理和归类。从这些点子中按照最有热情实现、最有实现价值、最容易实现的 3 个标准选出符合的，然后再进一步进行深度思考和头脑风暴，将符合这 3 个标准的创新点子形成一个完整的解决方案。

需要注意的是，在进行创新实践的过程中，为了使创新的想法能够得以有效执行并获得市场认可，还需要考虑创新方案在技术上和商业上的可行性。正如图 4-4 所示，一个可以用于创业的创新方案一定要同时满足以人为本（解决了用户的某一需求）、技术可行性（或在可预见的未来由于科学技术进步可实现的）、商业可行性（用合适的商业模式能够持续发展下去）3 个方面的要求。图 4-4 所示为理想的创新设计。

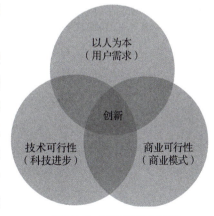

图 4-4　理想的创新设计

4.2　让思维更清晰的 4 个工具

在进行创意思维激发和头脑风暴的过程中，可以利用以下工具更好地进行灵感激荡和创意记录。

4.2.1 便利贴的妙用

1. 便利贴背后的故事

便利贴的发明，本身就是一个有关于创新思维和创新实践的有趣故事。

发明便利贴的3M公司最初是做胶水的。研发人员的目标是研发一种强力胶水，但是在一次实验中，他偶然在反应物中多放了一点使分子聚合的化学试剂，由此制成了一种弱性能的黏合剂——黏合剂的黏度很高，却非常容易被剥离，剥离之后，它还可以反复使用。公司老板认为这种"不黏的胶水"没有什么用处，也没有给予任何支持和鼓励。发明者自己也没有想好如何将这个产品市场化。但是，即使在这种未知的情况下，发明者也一直不遗余力地向周围的人推广宣传自己的产品。直到他的一个同事关注到这个产品，并在活动中发现大家都习惯在笔记本里夹一些纸片以方便查找和做些记录，但这些纸片很容易在翻书时滑落，很不方便。

于是这位同事就想到了那款"不黏的胶水"：将它涂在纸片上可以使纸片牢牢地贴在书上，不用的时候还可以轻易地撕掉。之后经过进一步的反复实验，形成了现在的便利贴产品。随着便利贴被人们广泛使用，这个小小的便利贴目前已经是价值10亿美元的产品，也是3M公司最有价值的资产。

2. 便利贴的使用

在介绍便利贴的使用方法之前，需要特别强调一下便利贴的撕法。通常人们使用便利贴的时候，都是从下往上撕，如图4-5所示。这样撕比较便利，但会使有胶的那一侧卷翘得很厉害。有的时候，如果撕的力度太大，便利贴背面的胶水会被撕掉，便利贴的黏度会降低，反复使用的次数会减少。

由于不正确的撕法会导致便利贴卷翘，当很多便利贴都发生卷翘时，会影响人们对便利贴上面的内容的读取，会对团队的内容整理和读取效率造成阻碍。

图 4-5　便利贴的错误撕法

正确的撕法如图4-6所示，从便利贴的一侧开始撕，不必太快，随着便利贴黏胶黏度的增加而增大撕开的力度，这样既可以使便利贴保持一定的黏度，又可以使其保持平整。

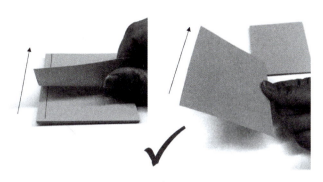

图 4-6 便利贴的正确撕法

对比一下两种撕法获得的便利贴，一个卷翘，另一个平整。可见在使用方法上进行轻微修正，就可以获得更平整的便利贴，从而为后续讨论的信息展示提供便利。

（1）一人一个颜色

便利贴有很多颜色，在头脑风暴等活动中尽量做到一人一个颜色。在总结观点的时候，可以非常清晰地根据颜色看出谁的贡献（点子）最多。同时在对内容有疑问时，也可以非常容易地找到对应的人来进行深度解释。一个团队使用便利贴的时候，每人单独"拥有"一个颜色，让每个人的"点子"呈现得更有"归属感"和"责任感"。

（2）一页一个点子

在使用便利贴写内容时，要求一页纸只写一个点子，不要把几条内容写在一页便利贴上，如图 4-7 所示。一页上写多条内容一方面会导致信息太多不容易解读，另一方面也不便于后续的内容归类。

（3）贡献点图像化

除了提倡简洁的语句表达，更提倡图像化表达。目的是使贡献者能在最短的时间抓住脑海中的想法，不拘泥于文字的描述，并且这样做更易让其他成员理解，印象更深刻。这里的图像化不需要贡献者有绘画功底，简单几笔涂鸦即可，如图 4-8 所示。

图 4-7 一页写一个点子

图 4-8 图像化表达

（4）跟帖归类标题

在头脑风暴中，贡献的点子呈现出来之后，可以进行跟帖和归类。"跟帖"是指在其他贡献者已有的"点子"的启发下继续想到更多新的点子，"归类"则是将内容近似的便利贴放到一组，表明大家的想法是"一致"的。这样做一方面可以了解有多少人有一致的看法，另一方面将同样看法的意见合并便于提高后期讨论的效率。

在这个过程中，因为要随时将贴在墙上的便利贴撕下，重新贴在新位置上，便利贴可反复使用的优势就发挥了作用。便利贴可以随意移动、随意组合，就像将创意进行碰撞一样，便利贴让这些发散的"点子"汇聚，呈现出不同的组合。因此，便利贴在这里是一个使人们的思维过程更清晰的好工具。

4.2.2 思维导图

1. 思维导图方法介绍

思维导图（Mind Map）又叫心智地图、脑力激荡图、灵感触发图，是一种有效地表现发散思维的图形思维工具。思维导图实质是一种可视化的图表，能够还原大脑思考和产生想法的过程。思维导图通过捕捉和表现发散思维，可以对大脑内部的进程进行外向化的呈现。

思维导图

思维导图运用图文并重的技巧，把各级主题的关系用相互隶属与相关的层级图表现出来，为主题关键词与图像、颜色等建立记忆链接。它是一种使用一个核心关键词或想法引发形象化的构造和分类的想法，用一个核心关键词或想法以辐射线形状连接所有的代表字词、想法、任务或其他关联项目的图解方式。

很多创新者都喜欢利用思维导图将自己的创意思维记录下来。思维导图不仅是一个进行发散创新思维训练的好工具，还是一个可以用来提高学习效率的好工具。

2. 思维导图的使用

（1）使用场景

思维导图可在以下场景下使用：当讨论任何主题或任务需要发散思维以获得尽可能多的想法和点子的时候；当需要收集各种联想，获得联想的整体视图的时候；当需要详细地组织与主题相关的内容，将孤立的信息相互连接起来的时候；当需要将散乱的点子归类的时候。

（2）使用方法

步骤一：前期准备。准备一张尽可能大的纸或一块白板。在纸的中心画一个空心圆，周围要留足够多的空白。将要讨论的主题写在便利贴上，贴到中心圆内。例如讨论的主题是"太阳"。

步骤二：子主题设置。围绕要讨论的主题，每个人将自己联想到的关联词（简短单词为佳）作为"子主题"写在便利贴上并贴到主题圆圈的周围。例如，关于"太阳"这个主题，可以想到的"子主题"有"向日葵""温暖""小孩子""月亮"等。将团队成员联想到的子主题进行聚合归类，将相近的聚到一起，相同的摘掉。子主题尽量聚焦，通常不超过 6 ~ 8 个。当子主题确定之后，用彩色笔将子主题与主题连接起来，如图 4-9 所示。

步骤三：第一轮头脑风暴。针对上一步骤归类总结的"子主题"，团队成员展开头脑风暴，将头脑中的"想法"写在便利贴上（这里的"想法"，可以是脑海里联想到的任何东西），贴到相关"子主题"的周围，形成思维导图。例如，由"向日葵"会想到"葵花籽""帽子""梵高"等；由"温暖"会想到"火堆""怀抱""热汤"等，如图 4-10 所示。

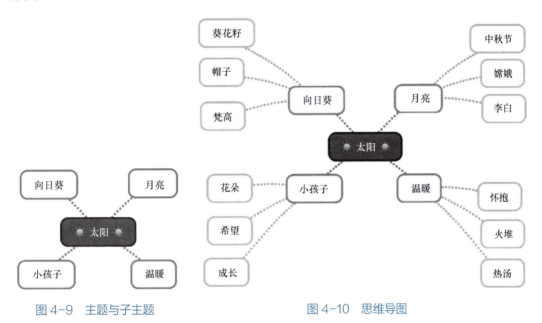

图 4-9 主题与子主题　　　　　图 4-10 思维导图

步骤四：聚合归类。把每一个写在便利贴上的想法进行聚合归类，然后用彩色笔将相关的想法用线连接起来。

步骤五：第二轮头脑风暴。继续对"主题"进行发散性联想，并把联想到的内容写在便利贴上，贴到墙上相应的位置，并进行分类，用彩色笔将相关内容连接起来，直到大家觉得足够了。这时会获得一个与"主题"相关的思维导图。

3. 案例学习

（1）案例背景

某教师团队撰写《大学生创新创业基础》，作者利用思维导图的方法将整个写作内容划分为"创新篇""创业篇""案例篇"3 大部分，并在每一个部分下列出所涉及的相关内容以及行文逻辑，形成了图 4-11 所示的写作思维导图。这也正是本书的逻辑框架和内容结构。

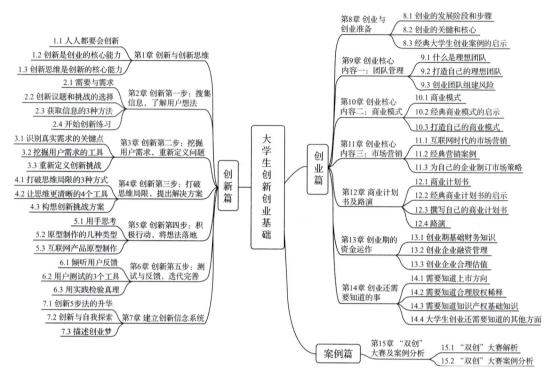

图 4-11 《大学生创新创业基础》的思维导图

（2）案例分析

主题：大学生创新创业基础。

子主题：创新篇、创业篇、案例篇。

我们还可以针对每一个子主题，再细分下一级子主题。例如，创新篇的 3 级子主题的主要方向有挖掘用户需求、重新定义问题、提出解决方案、将想法落地、反馈与完善等。

结论：处理类似的问题，团队成员都可以针对各个子主题开展头脑风暴，先用发散思维贡献想法，再用聚合思维进行归类，得出各个子主题的解决方案，最后形成有助于改进计划的思维导图。

4.2.3 HMW 提问法

1. 什么是 HMW 提问法

HMW 即英文 "How might we…？"（我们可以如何……？）的缩写。HMW 提问法是进行头脑风暴时经常使用的方法，也是一种思维习惯，它让人们在解决问题之前先对问题本身进行提问，将信息和痛点转化为机会，同时不至于过早地限制思维，或直接跳到解决方案。也就是说，它的重点在于思考问题的时候不要一上来就想解决办法，而是先尝试用各种各样的角度去找机会点。只有跳出常规的视角，才有可能创造性地解决问题。

HMW 提问法最早是由宝洁公司在进行产品创新时提出的，其后在 IDEO 等公司的创意团队中被广泛使用。HMW 提问法的使用被看作语言具有激发创意思考和促进协作的力量的有效证明。这种方式确保创新者能使用最佳的措辞提出正确的问题，带有非常强烈的正面心理暗示。

How might we（我们可以如何……），这 3 个简单的单词让人们在创新构思的过程中时刻保持一个正向、积极的心态。

How（如何）：引导人们相信答案就在不远处，提供了创新的自信。

Might（可以）：代表一种可能性，问题中的这个事情是一个"可以"被处理的事情，是一个"一定有方法"做好的事情，只是到目前为止，我们还不知道答案。

We（我们）：提醒大家这是一个团队工作，需要彼此启发和支持，创新构思和问题解决不能靠单枪匹马来完成，而是需要集合众人的智慧一起完成。

2．创建一个合适的 HMW 问题

创建一个合适的 HMW 问题并非易事。如果问题面太窄，有可能会阻碍创新构想，如果问题太宽泛，又有可能难以执行。因此，可以从问题陈述本身出发，把大的挑战拆分成一些可执行的小任务。寻找问题陈述的多个方面，来填充"我们可以如何……？"

（1）拆解方向

移除消极影响（否定）：如何让用户放弃这个想法。

发挥积极影响（积极）：如何让用户提升自己来解决问题。

逆向思维（转移）：如何让其他人解决这个问题，继而解决这个用户的问题。

质疑假设（脑洞大开）：想以前不敢想的方案。

把问题分成多个小任务（分解）：把很大的问题分成 2 ~ 3 个小问题。

（2）基本原则

为了鼓励更多"狂野"的想法的产生，我们在 HMW 的环节坚持一个原则：追求数量而非质量。在实际操作上有以下要求：不对这个阶段产生的创意想法进行判断，先不要考虑可行性；站在巨人的肩膀上，试着从别人的构想中获得灵感；提出具体而不是太过于抽象的问题。

3．使用 HMW 提问法进行创意构想

通过一个案例来体会 HMW 提问法如何通过将一个大的挑战拆解成小任务来进行有效的创意构想。面对每一个小任务，都用"我们可以如何……？"来向自己提问。

（1）案例背景

挑战：重新打造本地高铁站的地面体验。

问题：独自带着两个孩子的妈妈在人多拥挤的候车大厅里焦急地等待自己要搭乘的列车，检票还没有开始，列车因为恶劣天气而延误，她需要照顾两个淘气的小孩儿，因为如

果这两个"熊孩子"乱跑乱叫，会惹恼其他同样在焦虑等待的乘客。

（2）问题拆解方向

移除消极影响（否定）：我们可以如何将孩子和其他乘客隔离开？

发挥积极影响（积极）：我们可以如何利用孩子的热情让其他乘客开心？

逆向思维（转移）：我们可以如何把等待变为旅途中令人愉悦的一部分？

质疑假设（脑洞大开）：我们可以如何完全除去等候时间？

把问题分成多个小任务（分解）：我们可以如何让孩子舒适和开心？我们可以如何让带着孩子的妈妈放缓焦虑？我们可以如何安抚等待的乘客？

此外，还可以用以下方式进行问题拆解。

在形容词上下功夫：我们可以如何让火车站变得"轻松舒适"，而不是"人多拥挤"？

找到没有预想过的资源：我们可以如何利用同行乘客的空闲时间，减轻妈妈的负担？

从需求或环境中创造类似体验：我们可以如何让火车站变得像休闲健身中心，或者像游乐场？

改变现状：我们可以如何让淘气吵闹的"熊孩子"变得不那么烦人？

4.2.4　用户旅程图

1. 什么是用户旅程图

用户旅程图（Customer Journey Map）是以视觉化的方式呈现用户为达成某一目标所经历的过程的工具。通过创建用户旅程图，能够更好地理解目标用户在特定时间里的感受、想法和行为，认识到这个过程的演变，寻找用户的痛点。用户旅程图通过讲故事的方式描述用户的体验过程，采用视觉化的方式将信息高效、简单、明了地呈现出来，便于创新者记忆和分享。

（1）作用

用户旅程图是一个强大的工具，它既可以用来进行用户的行为和需求分析，寻找用户需求痛点，又可以帮助创新者在构思解决方案的过程中高效、明确地进行创新设计。由于用户旅程图是一种描述用户在使用产品或者服务过程中的体验、主观反应和感受的方法，这个方法在设计产品、市场营销、内部流程优化等方面都得到了广泛应用。

创新设计思维的核心是"以人为本"，因此用户旅程图是创新思维设计中经常用到的一个方法。用户旅程图从角色和场景两个维度来畅想与设计用户在使用产品或服务的整个过程中的需求痛点和解决方案。场景分析首先要从角色类型着手，同一角色在不同时间、地点、情境下会有不同层次的需求。举例来说，同样是打车出行，对于一个带孩子出行的妈妈用户和一个加班到深夜的年轻女性职员用户，其需求和解决方案就会有差异。再比如，对于同一个大学生用户，学习英语的需求在课堂上、寝室里、乘车途中或者晚上睡觉前，也都是有差异的。

（2）特点和优势

用户旅程图有以下 3 个特点和优势。

第一，它关注的是用户从最初访问到目标达成的全过程，而不仅仅是某一个环节。这样的设置，可以避免过分关注细节，消除"只见树木不见森林"的弊端，使创新设计者能够分析出产品和服务在各个环节的优势和劣势。

第二，它的分析是完完全全从用户的角度出发的，通过具体的场景和角色分析可以更好地帮助创新设计者同理到用户的角度和立场，进行创意构思。

第三，它的分析采用图表、故事的方式，直观地展示各个相关用户每一个阶段的痛点，以及用户在这个阶段想要什么。

2. 用户旅程图的基本要素

用户旅程图的呈现形式根据研究案例的不同而略有差异，但一个完整的用户旅程图一般包含以下 5 个基本要素。

（1）用户角色（Who）

用户角色又被称为用户的画像或原型，是一类用户的特征的集合，这些特征包含了这一类特定用户的需求、目标、想法、感觉、观点、预期和痛点等。举例来说，如果是基于打车软件的核心业务，那么打车出行的整个过程中的用户角色就可以划分为乘客、司机和打车软件平台 3 类（利益相关者分析）。用户角色可以是一个有代表性的个人用户，也可以是综合某一类用户的抽象特征的集合，如家和公司距离很远、加班到深夜的年轻女性职员用户。

（2）时间线（Timeline）

时间线又称为时间轴，主要是指用户完成一个用户体验闭环所经历的时间。例如，打车出行的用户在工作日晚上 9 点用软件打车，其等待、上车、乘坐、到达、结束行程、支付车费的全过程所历经的时间就是时间线。

（3）接触点（Touchpoint）

接触点是指用户与产品或服务接触的每一个环节、每一个瞬间。还是以打车出行为例，接触点包括用户使用打车软件打车、司机应答、用户乘车、结束行程后支付车费等环节。

（4）用户预期（Expectation）

用户预期是指用户在每一个接触点上，带着什么样的预期，期望获得什么样的信息、服务或体验。例如，舒适、快捷、安静、安全等。

（5）实际的用户体验（Experience）

用户体验是指用户在每一个接触点上建立起来的感受，包括用户的情绪和感觉。例如，喜悦、舒服、满意、一般、难过、糟糕等。

3. 用户旅程图的使用

用户旅程图在创新构思的过程中可以帮助人们更好地从用户的体验和角度出发，提出解决方案。依然以打车出行为例，来学习如何使用用户旅程图。

第一步，选定一个用户角色。打车出行的用户各式各样，假设已经经过前期的用户访谈，获得了用户画像和众多的用户故事，并进行了用户需求分析。现在创新者选出了一位25岁左右、在互联网公司工作、下班很晚、收入不高、极度缺乏安全感的女性用户，希望为这一类用户设计一些新的产品功能或服务，以提升她们的用户体验，从而增加这一类用户使用该软件的频率。

第二步，明确用户旅程的起点和终点。打车出行用户的旅程起点是通过手机应用软件叫车并发送订单，安全到达、结束行程并支付和评价是终点。

第三步，明确重要的接触点，并根据用户体验进行评价打分，如图 4-12 所示。

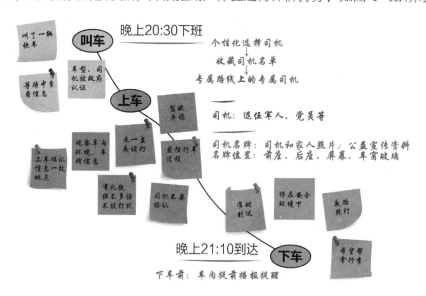

图 4-12　用户旅程图

第四步，找出让用户受到挫折或不满意的接触点，注意那些在实际用户体验与用户预期之间的错位和差距点，这里往往蕴藏着创新的机会。

第五步，针对第四步中的错位或差距点，进行头脑风暴，构思解决方案。构思时可以尽量多维度地进行思考创新，超越现实也没有关系。例如，假想你是世界上最有钱的人（资金足够充足）、最有权力的人（资源足够充足），或者最有创新魄力的人，你会如何解决这些问题？用彩笔将这些创新构思写下来，每个接触点用不同颜色的彩笔，或者写在不同颜色的便利贴上，每张便利贴写一个点子，并将想法相同或相近的便利贴贴在一起。

第六步，在所有这些充满热情和想象力的创新构思方案中，从最有实现价值、最有热情实现、最容易实现 3 个维度出发，挑选出 2～3 个构思方案进入下一步原型制作过程。为什么只选出 2～3 个，而不是越多越好呢？因为一个全能的产品必定是一个没有特色或无法实现的想象，而那些颠覆性的创新往往是集中力量解决了用户最主要、最重要的需求。

4.3 构想创新挑战方案

在开始构想自己的创新挑战方案之前，可以运用一些激发大脑活力的小游戏来帮助自己进入状态。此外，进行创意构思是一个"痛并快乐着"的过程，需要创新者和团队成员有足够的信心与信念，并且能够深刻理解和熟练使用创意构思的方法和工具，最终在个人与集体的智慧协作下，产生一个好的创新解决方案。

4.3.1 快速构思训练

很多人都会认为自己不是一个有创造力的人，这种不自信的表现恰恰影响了创新的学习和实践。在开始真正的创新构思前，可以用一些简单有效的小游戏来训练自己的创意思维，建立起创新的自信。

1. 小圆圈中的大创意

这个快速构思训练又叫作"30 个圆圈游戏"。这个创意构思小游戏可以帮助人们练习打破思维边界，让人们了解到只要有好的方法指导和工具协助，人人都可以具有创新思维。"30 个圆圈游戏"的练习可以帮助人们有效激发发散式、联想式、可视化的创意思维，同时它也是一个启发团队的有意思的游戏。

2. 练习步骤

第一步，给小组内每个人准备一张画满 30 个圈的 A4 纸，如图 4-13 所示。

第二步，每个人在这张纸上进行绘画创作，要求：一是要基于这些圆形画出可识别的物体，不能写文字；二是在 1 分钟之内尽可能多地画出你能想到的所有图案。

第三步，所有参与者举起自己的作品，相互展示，选出最有创意的作品。可以发现，对于同样的问题，每个人的理解不相同，创造的成果也不同。别人的创意可以启发自己打破思维边界。例如，大多数人画了苹果、太阳、篮球等常见的基于一个圆圈的图形，而有些人画了自行车、眼镜、糖葫芦等图案，突破了单个圆圈的思维。

图 4-13 画满 30 个圈的 A4 纸

　　第四步，所有人将自己的作品按顺时针方向传递给下一个人，用 1 分钟时间，每个人在其他人的作品上进行再创作，使最终的画面可以呈现出一个精彩的故事。

　　第五步，展示叠加之后的创意。关键启示：创意不一定都是从零开始的，也可以是在他人创意的基础上进一步发散产生的；创新需要团队合作。

4.3.2　进行创意构思

1.　相信自己

（1）决定做个有创意的人

　　不论是在学校内进行创新实践，还是真正创业后面临各种各样的挑战，利用创新的方式解决问题能够获得成就感和自信心。创新能力与自信心呈正相关，往往越是相信自己有创意的人，越容易产生更好的创意。因此，不妨给自己和团队多一些心理暗示，帮助自己和团队成员做个有创意的人。

（2）不要害怕和别人不一样

　　"真理往往掌握在少数人手中"，这句话在创新过程中体现得更加明显。在创意讨论的过程中，你可能会发现自己的想法和别人不一样，但恰恰是这些"不一样"的想法，才产生了创新突破点。不要怀疑自己，在团队中大胆提出自己的想法，一方面可以帮助其他人了解你的思考过程，激发大家进行新的思考；另一方面，也可以鼓励那些和你一样不敢说出自己想法的伙伴大胆提出自己的创意，也许只是因为你的一句话，一个伟大的创意就产生了。

　　需要注意的是，创新的过程是团队合作的过程。当团队中有完全不一样的想法出现时，其他成员应该意识到这可能是一个全新的突破口，要认真聆听并尊重这些想法，不能利用人数的优势"杀死不一样的声音"，否则就会陷入群体决策失效的泥潭中。

（3）创新可以无边界

　　在创新过程中，很多人都会产生天马行空的想法，但往往这些想法还没说出口就被自己否定了。"这个技术太难了，肯定无法实现""我们可没钱去实现这个想法""这些人不会给我们帮助的"……这些消极想法不自觉地就会在脑海中浮现。但实际上，是否真的存在这些困难，仅凭一个人的力量很难评判。就像《海底两万里》刚出版时，所有人都觉得这是一部脑洞大开的科幻作品，但如今人类潜入海底已经不是什么难题。

　　在创新过程中，最核心的目标是想出好的点子，至于如何实现是下一个阶段的事情。如果在创意构思环节就只想出了一些平庸的点子，那么实现这些点子的意义也就不复存在。因此，在创意构思环节，无须多想，不要给自己的思维设限，这样才能产生更多的好点子。

2.　活用工具

　　本章介绍的创新构思的方法和工具本身也可以创新使用，常见的方式是一个工具多用和多种工具组合使用。没有哪一个工具是固定使用的，工具就要灵活运用。例如，思维导图法，既可以是思维发散的工具，又可以是完成内容收敛的方法。用户旅程图既可以在构思解决方案时使用，又可以在每一个用户接触点上分析用户需求、挖掘信息时使用。

通过灵活进行工具的组合使用，可以更加充分地发挥这些思维工具的作用。例如，当讨论"如何优化公共厕所排队问题"时，不少团队都发现男女厕所排队情况不同，女性厕所排队情况更加明显，因此创意点很分散。于是，团队将头脑风暴工具和思维导图工具进行叠加，先运用思维导图将现有问题进行了多个维度的拆解，围绕拆解出的不同子问题再逐项进行多次头脑风暴。

创新的思维和设计过程就是要求在"发散—收敛—发散—收敛"的节奏中，把天马行空的点子聚焦到最后的创意。

3．张弛有度

不论使用多么好用的工具，最终产出创意的还是大脑。根据大脑的运作习惯，长时间高强度的思考效果反倒不好。因此，在构思的过程中要有意识地控制一下节奏，构思一段时间后不妨休息一下，喝杯咖啡，冥想一会儿，或者可以在紧张的创意构思过程中加入一些激发右脑的游戏，在团队讨论受阻或成员疲劳时让大家开怀大笑，放松心情，调整状态重新开始。

让大脑休息片刻之后，它又能精神百倍地产生灵感，让接下来的构思效率更高、效果更好。

4．体验心流

"心流"是一个心理学概念，是指一种将个人精神力量完全投入某种活动上的感觉。心流产生时同时会带来高度的兴奋感和充实感。在这种状态下，人们往往会忘了时间的流逝，专注于眼下，以极其高效和投入的状态进行现阶段面临的活动。比如艺术家在进行创作时，再比如读一本好书、长距离地慢跑、与志趣相投的朋友聊天等活动。

创新是一项充满挑战的活动，但也是充满乐趣的过程。当创新者专注于问题的发现与寻找创造性解决方案时，能够享受到心流状态带给自己的满足感与成就感。

4.3.3　选出创新方案

创新团队会构思出多种多样的方案，但很难每个都实现，也不是每一个方案都值得实现。综合考虑团队情况，可以从多个方案中选取一个或少数几个方案进行下一步的实现。

1．创意梳理

在无数个方案被提出后，团队可一起回顾所有点子，并按照某种分类方式进行梳理。

例如，同样针对公共厕所的使用问题，可按照改善厕所硬件设施、改善管理方式、通过技术手段优化排队体验等方式将创意点子进行划分，将同一类问题放在一起，剔除重复项。通过分析与综合的方法将发散开的思维进行汇聚，为选出一个最优方案做好准备。

2. 明确 3 个维度

当方案从几百个甚至几千个归类至十几个或几个时，对于团队而言还是太多了，这时团队需要"割爱"，再次剔除一些方案。团队可以从最容易实现、最有热情实现、最有实现价值 3 个维度对方案进行筛选。

3. 团队达成一致

当面临多种选择时，团队往往会在达成一致环节遇到阻碍。当团队在决策过程中发生僵持不下的情况时，完全可以运用适当的工具来推进进度。"圆点投票法"可以作为这个环节的参考工具。

圆点投票法属于凭直觉投票排序的方法，它可以帮助人们快速找到所有创意的集中点，以及大家心目中的最优选择。使用的工具是圆点贴，如图 4-14 所示。

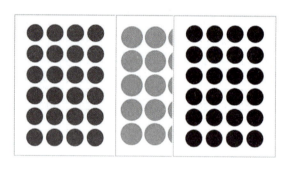

图 4-14　圆点贴

一个圆点贴算一票，一人可以有 3 票。在写满创意想法的便利贴墙上，团队成员按照最容易实现、最有热情实现、最有实现价值 3 个维度进行个人投票，如图 4-15 所示。投票结束后，得票数最高的 1 个或前 3 个想法便是接下来要通过原型制作来实现的解决方案。

最后，对讨论的内容、便利贴的内容进行拍照，留下记录，以便后续整理成完整的报告。

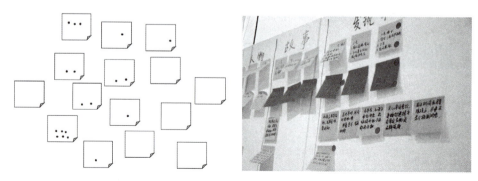

图 4-15　圆点投票

05 第5章
创新第四步：积极行动，将想法落地

创新不仅是有好想法就可以了，还需要迅速把想法付诸行动。一个具有创新价值的产品或服务，从产生想法到形成概念再到成为现实，这个过程并不容易。所以，如果想做好一个具有创新价值的产品或服务，就要尽快将其转化为现实。在将想法转化为现实的过程中，需要先将创新方案做成原型，通过征求他人的意见得到用户反馈，再将这些反馈的问题进行剖析、研究，并结合到已有的模型中，对已有的模型进行优化，进而完善创新解决方案。不断重复这个过程，就可以不断完善创新设计。

这种从具体（问题）到抽象（点子）再回到具体（原型）的过程，是人们探索未知事物、释放想象力并打开新的可能性的一个最根本的过程，也是一个不断构建、改进、验证和实物体验的创新过程。

5.1 用手思考

思考只能在大脑中进行吗？一些心理学家和组织行为学家通过实验研究提出了新的观点：当人们以物理的方式（即动手制作实物或者绘图）解决问题时，人的整个思考过程将变得更加高效、形象并且易于理解。通过动手来思考、用实物激发想象力、与要解决的问题在现实中进行互动等方式，人们能够找到新的、有创意的方法，制作创新原型就是用手思考的方法之一。制作原型的方式多种多样，可能是在纸上画出粗略草图，也可能是对最终产品进行交互式模拟，更多的或者说最主要的表现形式是用实物模型将想法模拟实现。

5.1.1 制作创新原型

原型（Prototype）是将概念和想象转化为现实的一座重要桥梁，它用视觉化的方式有效地呈现创新的思想，是介于创意与想法之间的一个过程。通过制作原型，人们可以创造新的讨论空间，让团队的讨论更有活力，把抽象概念变成一个又一个的实体演示，以便更有效地整合不同意见，最终将创新的想法和点子落地实现。在这里，设计和制作一个新产品或服务原型的目的不是做出功能完备的系统，而是以视觉化的方式，看一看呈现在用户面前的产品的样子，并为用户测试做准备。

1. 为什么要制作原型

（1）原型的价值

原型可以帮助创新者更好地获得用户反馈。许多想法之所以失败，并不是因为它们有缺陷，而是因为人们没有"理解"它们。人们很难仅仅根据文字描述来完整准确地想象和理解新的产品、服务或功能，只有亲眼看到、亲手使用、亲自体验过才能最真切、最直观地理解产品。

制作原型

制作原型体现了一种实验精神。无论是在自然科学研究领域还是商业社会实践中，实验精神都是任何创造性组织的生命力，它可以促进突破性创新的产生。通过动手搭建原型来尝试某事的意愿和行动，正是实验性活动最好的体现。然而受固有印象的影响，人们容易误以为原型就等于一个非常成熟的、可以排期生产的产品或者完美的解决方案。但事实并非如此，原型并不是最终的产品或服务样品。实际上，原型一开始可能是一个很原始的，甚至比较粗糙的表现形式。制作原型的目的不是制造一个能工作的模型，而是赋予想法具体的外形，这样就可以了解这个想法的优势和劣势，并找到新方向来搭建更准确、更精密的下一代原型。这个过程还可以让所有参与者对所要解决的问题有具体的视察目标，帮助参与者进行多角度的思考，从而激发他们更多的灵感。

（2）原型的作用

就功能而言，原型是将创新落地的重要道具。制作原型是为收集反馈、进行测试并为做出最佳选择奠定基础。创新者可以通过原型向用户展示创新设计，并激发利益相关者对产品的兴趣，最终使创意顺利转化为产品或服务。

就效率而言，原型制作的目的是让大家通过动手制作来厘清已提出的想法，还可以促使团队继续提问题、想出路、做选择。因此在制作原型时，细节并不是最重要的，重点是要通过这个原型展示出脑海中的创新思想，让用户和其他人都能够明白创新者所提出的解决方案到底是什么样的。一个优秀的原型，可以提高解决方案的质量，并通过这个过程加强不同方面的沟通，降低用户和市场排斥最终产品的风险。

就操作成本而言，原型制作并不需要花费大量金钱或资源，它主要使用简单的物料和工具，例如旧报纸、透明胶带、泡沫塑料、毛线、软铁丝、橡皮泥、乐高积木等一切可以方便获取和使用的物品。

总之，创新不只是拿出一个天才的点子那么简单，还需要经历几十次甚至上百次的实验和失败，才能找到最佳方案。就像人们都听过的爱迪生（Thomas Edison）改进电灯的故事一样。

读一读

作为家居用品企业，宜家家居颠覆了传统的家具销售模式，将目光放在顾客挑选家具过程中的感受和体验上，将旅游体验注入购物的过程，创造出全新的"宜家模式"的家具购买方式。宜家同时还是一家将原型的作用发挥到极致的企业。

在哥本哈根，宜家建立了一座创新实验室"Space 10"，如图 5-1 所示。Space 10 致力于为未来探寻和设计出创新且负责任的商业模式，从而为大众带来更有意义且更可持续的生活。Space 10 创意实验室占地 1 000 平方米，原先是一处拥有多个隔间的鱼市。Space 10 邀请了世界各地的艺术家、设计师和工艺师，共同开展各类研发项目，打造出一系列产品原型，同时还一起开办各种展览、活动和工作坊。在这里，人们可以充分利用想象力和高科技工具去进行创新实践。自 2015 年成立以来，这个创意实验室就已经推出了许多令人惊叹的新奇创意。例如，一款被称为"能量收集家具"的产品原型，它通过置于家具表面的设备来收集废弃的能量，然后将其转化为电能，为手机和平板电脑充电；还有用 3D 打印技术打印出的"未来肉丸"、采用二氧化碳感应器测量室内外空气质量的"自动窗户"等。

图 5-1 创新试验室 Space 10

2. 动手搭建

与想象力和创新力一样，动手能力也是人们与生俱来的技能，只不过随着年龄的增长，并由于长久不使用而退化。手是人的第二大脑，动手能力就是大脑进行创新思维后的实现过程。当手脑并用时，人们可以解决生活中和企业中绝大多数最复杂的问题。

模拟一个原型一般从关键部分开始，为了提高原型的制作效率、聚焦主要问题，需要界定原型的设计与制作范围：制作早期原型的目的是了解某个想法是否有功能上的价值，因此不必过分在意原型是否精致准确，能让他人理解即可。但最终，人们需要把原型拿到现实世界中，从最终产品的目标用户那里得到反馈，因此在这个阶段需要加入对原型表面质量的关注。这样，潜在的用户才不会因为粗糙的边角或没处理好的细节而忽视原型的功能。

（1）手与脑的关系

有大量的科学研究表明，手和脑是相互依存的关系。在人类心智形成的过程中，搭建模型和游戏为增强人们的创造力发挥了极其重要的作用。在用双手"创造"出实体事物的过程中，人们也在搭建自己脑海中的新想法以及它们之间的联系。

可以把动手搭建模型看成目标明确的"玩"。加利福尼亚州卡梅尔谷的美国玩耍研究所创始人兼主任斯图尔特·布朗（Stuart Brown）博士提出："玩是我们培养新技能的自然方式。我们通过玩来为不确定的情况做准备，让我们接受意外发现并抓住新机会。"因此，在紧张的头脑风暴之后，团队需要继续在一种充满热情和活力的氛围中前行，将头脑中的想法在现实世界中实现。这个时候，"玩"和游戏可以让大家紧张的情绪和身体状态稍微得到缓解，用轻松愉快的方式与团队成员保持沟通、汇总创意。在自己动手实践的过程中，学到的远比任何人告诉我们的都更深刻。

因此，将手和脑的优势配合起来，通过动手实践促进大脑思考，同时让大脑思考指导动手实践。将"创新"从脑海中抽象的概念"变成"现实中可被观察到、触碰到、感受到的实体原型，进而变成商业世界中可以被广泛生产和使用的新产品和服务。

（2）基本步骤

搭建原型不是简单地组装模型。借用物理学的概念，原型搭建的过程可以创造新的"势能"。当团队成员开始行动，将原型的成果真正应用到工作中去时，"势能"就成了"动能"，创新也得以真正实现。

制作原型的方式有很多种，无论是搭建模型还是绘制故事图，都需要尽快开始。不要反复犹豫应该搭建什么，要相信你的双手在行动中会慢慢找到方向。初学者可以参考下面的基本步骤来进行原型制作和搭建，当完全熟悉和掌握了原型搭建的核心要领之后，可以不按照这个步骤，只要能够快速地完成最初的原型搭建即可。

步骤一：设定目标和时间的限制。例如，在项目第一周甚至第一天结束时，就完成一个原型。这样做的目的是迫使团队成员从讨论中尽快抽离出来开始行动。一旦第一个原型被制作出来，后面大家制作原型就将越来越顺利。

步骤二：在早期的原型制作阶段，除了尽快开始，还要追求模型的数量。初期原型的数量很多，制成速度很快，但比较简陋。每个原型只是恰好能够表现出某个想法。

在整个原型制作的过程中，不会只制作一个原型或只进行一轮原型制作，而是一边测试一边迭代完善。随着项目的推进，可以从内部成员和外部少数用户那里得到越来越多的关于原型的反馈信息，原型的精度会提高，数量也相应减少。随着原型的精密度要求越来越高，越来越接近真正的产出成果，对原型的设计制作要求可能会超出现有团队的能力，这时可以寻求外界专家或专业人士的帮助。当原型趋于完备时，就可以进入市场定点测试环节了。

3．基本原则

制作原型需要遵循以下 3 个基本原则，它们可以帮助创新者在制作原型的过程中更加聚焦、更有效率。

（1）速度为王

随着技术和资本的发展，产品的创新周期和企业的创新周期都在大幅度缩短，这种变化是不以人的意志为转移的客观存在。这种新的变化对创新的效率和企业的效率要求越来越高，所以"速度为王、以快制胜"成为企业在进行创新活动时遵循的一个关键原则。同时，对市场上潜在需求的挖掘和满足，不仅仅只有一家企业或团队在寻找机会。因此，在创新产品和服务的研发设计中，更快推出的一方将提前占据市场先导位置。

强调速度的另一层意思在于，提高速度要求，能够避免团队无休止地陷于无意义的细节中。在原型制作的过程中，通过强调制作速度可以倒逼创意团队抓住主要矛盾、聚焦主要问题。

在"速度为王"的同时，还要求尽量确保原型展示的时间短，即尽量在最短的时间内将最重要的内容传达给用户。试想一下，如果花了 10 分钟还没有向用户讲清楚产品如何使用、特点是什么，用户就会失去耐心，从而也对你的产品失去兴趣。如果是一段视频介绍，如果超过 3 分钟，没耐心的观众可能就会关掉视频了。因此，一定要在最短的时间内吸引住用户。

（2）恰到好处

原型并不是真正投入市场上的最终产品或服务。它的作用是展示和验证想法，因此在原型上投入的时间、精力和资源只要能够获得有用的反馈，并推动想法前进就足够了。如果原型的复杂度和成本很高，看起来很像"已经完成了"的产品，那么它的制作者有可能受制于成本或心理因素，而舍不得修改任何一个自认为已经达到完美的细节，并拒绝倾听或接受反馈意见。另外，如果原型的质量太差，无法很好地展示其功能和作用，那么用户就无法体验或理解原型的用途，更谈不上提出有价值的建议和意见。

原型制作并不是一个一次性的工作。从最初展示想法的粗陋模型，到每一次收到用户反馈后修正的精度提升，再到最后能够以 1:1 的比例接近真实产品的高精度原型，设计者会经过多次完善迭代，每一个阶段的原型都应该是对当下阶段"恰到好处"的展示。如图 5-2 所示，某个手机 App 的原型图从左到右越来越精细。

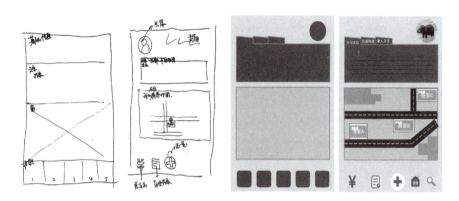

图 5-2　某手机 App 原型图演进

（3）多个模型

在原型制作的初期，团队可以制作多个简单、低成本的原型，用多种形式的原型来展示创意概念。多种备选方案能使他人对方案给予更有价值、更诚实的反馈。如果只制作一个模型，将限制人们的意见表达；而如果有多个模型，人们就会乐于坦率地与你讨论每个模型的优点与缺点，在创新者最终做选择时就有了更多可供参考的信息，成功的概率也就更大了。

4. 基本材料

原型制作可以选用成本低、容易获得的材料，尽量就地取材，不必因为制作原型特意采购昂贵的原材料或者特意学习使用一些较难的制作工具。例如，可以用海报纸、铅笔、胶带、剪刀、纸板、橡皮泥、扭扭棒等材料和工具来制作原型，如图 5-3 和图 5-4 所示。

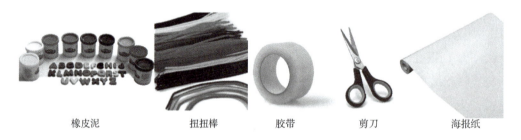

橡皮泥　　　　扭扭棒　　　　胶带　　　　剪刀　　　　海报纸

图 5-3　原型制作常用的材料和工具

图 5-4　用橡皮泥制作的手机原型

5.1.2　乐高积木与创新原型

除了前面提到的常用的原型制作材料和工具，乐高积木也是在原型制作中非常重要和经常使用的道具。乐高积木的多样性、灵活性、可重复使用性、模块性和便捷性让它成为制作原型重要的材料工具之一。乐高积木的发展演变过程本身也是一个以用户体验为核心的成功创新案例。

1.　乐高的创新

最初的乐高并不像我们现在看到的这样，而是和普通的木制玩具积木没有太大区别。为了让公司继续发展，乐高公司创始人奥勒的儿子哥德弗雷德经过长达 10 年的反复研发与试错，于 1958 年发明和推出了现代乐高积木原型。这款乐高积木解决了传统积木不能互相紧扣、容易倒塌、无法搭建倾斜的穹顶等困难。随后，乐高公司将其积木的互相紧扣功能称为"接合力"，并申请了专利。接合力让乐高成为可以无限扩展的玩具，让孩子们能够搭建他们所想象出来的一切。而乐高积木也成为寓教于乐哲学最生动的证明。

乐高积木为用户带来的综合体验快感，与其特殊材料及结构带来的拼插稳定性，是其第一次大的创新。正是这种"拼接的力量"让乐高有了区别于其他玩具的核心价值，同时也奠定了乐高品牌的核心价值，让乐高成为能让孩子发挥无限想象力的载体。同时，乐高所具有的丰富鲜艳的颜色、各种可以任意拼接组合的模块，以及轻便、可重复利用的特点，也使其成了在创新设计思维训练和实践中进行原型制作的最佳工具。这些标准化的零件可以进行无限创意和拓展兼容，搭建出人们能够想象出来的任何东西。

乐高公司一直以创新为驱动，几十年来经历了快速发展、繁荣扩张、衰减瓶颈、再创辉煌的过程。研究乐高的创新创业历史，可以发现乐高公司非常重视产品创新设计中的用户体验。在乐高的未来实验室，设计者们将对用户信息的研究作为乐高不断创新的源动力，并为未来的创新提供更好的方向和支持。包括前面提到的 3M 公司的便利贴，这些优秀的创新设计产品都有一个共同特征：以用户为核心，帮助用户解决问题、创造价值。

2.　使用乐高制作原型

使用乐高积木搭建原型时可以任意地发挥，让小积木发挥大作用，搭建出产品原型、使用场景，以及用户故事，如图 5-5 所示。为了更好地使用乐高积木搭建创新原型，还需要了解以下几个原则和应用方式。

（1）原则

一是保持专注，保证所有团队成员全程参与整个原型搭建的过程。

二是确保团队成员理解产品，并通过搭建原型形成用户故事。

三是不存在正确或错误的搭建方法，将自己的想法和点子用手中的乐高积木以具体的形象体现出来即可。

图 5-5　用乐高积木制作的原型

（2）应用方式

方式一：搭建个人模型和故事。将一个解决方案按照人物、场景、功能等类型拆分成若干个小单元，每一个人针对其中一个或几个单元，按照自己的想象进行原型搭建。确保在搭建完成后，能够通过原型展示出功能如何实现，或者能够讲出如何解决某个问题的故事。

方式二：搭建共同模型和故事。团队成员彼此之间倾听对方的原型和故事，给予积极反馈，然后再将各部分的原型一起组合成共同的模型和故事，并针对各自的原型进行信息的增减。

方式三：构建全景图。构建全景图的目的是分析、归类和寻找与个人模型之间的相似点和不同点，这可以帮助团队从更大、更全的视角来观察原型。

5.1.3　考虑时机

1. 想法落地需要时间

"想法落地"不仅是做出创新产品的原型，还要考虑其商业化的可能性。产品的商业化不只是针对第一个或者第一批产品的问世，更多的是指产品被大规模生产、投放市场并被用户广泛接受和应用的阶段。创新者从有了一个想法开始，到原型制作、产品成型，再到真正商业化，是一个漫长的过程，期间会经历方案的不断打磨、修正和迭代，甚至重大转型，才会最终形成可商业化的初级产品。每个阶段的打磨，都需要时间。

 读一读

　　Siri 是苹果手机上的一项智能语音控制功能，也可以说是一个语音智能机器人。它的创造者亚当·切耶尔（Adam Cheyer）曾介绍称，从 2010 年 Siri 产品的 App 上线到被苹果公司收购，只经历了 2.5 个月。这看似闪电般的"成功问市"，其背后却隐藏着漫长的成长期。据了解，从公司成立到 Siri 产品上线，中间花费了 2.5 年的时间。不仅如此，在公司成立之前，亚当·切耶尔就已经开始了 Siri 的技术研究，这段时间是整整 5 年。在这 5 年里，他一直在为 Siri 最终能成为产品并实现落地做早期的核心技术突破，而 Siri 相对比较成熟的原型的产生时间还要再往前推 3 年。

　　一个具有创新价值的成功产品的横空出世，往往会经历漫长的成长过程。既然每个想法落地都需要时间，那么有了想法，就更要抓紧开始，赶紧起跑。

2. 抓住时机需要洞见力

　　时机稍纵即逝，而时机又与时代的发展息息相关，我们需要顺势而为。Siri 经历了漫长的原型期、核心技术研究期，直到苹果智能手机的出现，才让曾经的创意有了得以实现的平台。似乎早一时还没有合适的应用平台，晚一时又错失了被苹果公司收购的良机。

　　时机不是等来的，一个具有创新意识的人要培养对未来发展情况最基本的预测能力。在对未来预测的评估中找到最有机会并最想为之奋斗的领域，投身其中。亚当·切耶尔在 2004 年对未来 10 年互联网的发展进行了预测，如图 5-6 所示。互联网时代已经轰轰烈烈地登场，而人工智能技术更是发展迅速，未来将是以互联网为基础的人工智能时代。在这样的环境下，要有意识地去洞察其中的细节。出生于互联网时代的当代大学生，有着天然的互联网思维模式和体验优势，在进行创新活动中应主动建立洞见性预测，在考虑创新原型的走向、选择和决策时将这些洞见性预测也考虑进来。

评分	预测内容	评分	预测内容
9/10	1. 媒体数字化	5/10	6. 个性化定制无处不在
5/10	2. 结构化：分离的信息→语义重组	7/10	7. 公共和私人信息→融合（云）
4/10	3. 非结构化：编辑→大协作	10/10	8. 可用的交互访问是关键（智能助手）
4/10	4. 非结构化数据&结构化→数据融合	3/10	9. 应用的标准化接口转换
10/10	5. 社交网络爆发增长	8/10	10. 智能学习软件重组信息，激发信息价值（大数据）

图 5-6　对未来 10 年互联网信息世界的 10 大预测（2004 年预测）

3．时机成熟依赖反馈

发现时机并找准目标依赖于背后数据的反馈。追踪数据的分布是洞见到某一个选择是否被用户接收或者符合大众需求的重要的手段之一。亚当·切耶尔创立的另一公司Change在建立之初只是瞄准了社交方向，但是并不确定具体的发展方向，他们只是将初创网站的访问量作为反馈追踪的依据，而后发现一个不起眼的模块的访问量比较高，随着模块移动到网站页面的核心部位，访问量逐步增加。最后，他们根据反馈的访问量聚焦到现在Change公司的雏形——"请愿"模块，并把"请愿"的社交功能放大成为直接面向用户的"请愿"社交平台，并最终大获成功。

5.2　原型制作的几种类型

制作原型的方式有很多，根据制作精度的不同会有不同的表现方式。最初制作的原型精度要求较低，主要是用来获得用户的快速反馈，随着对产品功能的要求增加，对原型的外观精度要求也在提高。通常使用较多的原型制作类型主要有故事板、角色扮演、制作视频等。

制作原型的材料和工具很丰富，除了前面提到的乐高积木，还有废旧的报纸、橡皮泥、胶水、剪刀、透明胶带、棉线、扣子、锡纸等。在多种材料中快速选出所需的材料，用实物将头脑中的创意展现出来，这也是原型制作阶段吸引人的乐趣之一。

5.2.1　故事板

1．什么是故事板

故事板是影片前期制作阶段所使用的方法。将镜头画成连续的草图，也就是一系列插画，每张插画像一张照片一样记录某个瞬间，所有的插画连起来可以还原一个故事。大体上讲，故事板就像连环画一样，里面的图片有序地排列在一起，用视觉化的方式讲述一个用户故事。将这种方式借用到创新设计的原型制作中，展示各个角色、场景、事件是如何串联在一起的，从而给人们带来一个完整的用户体验。

故事是信息最完整的表达工具，它具有以下3个特点和优势。

第一，图像化。一图胜千言，图像更容易让人理解概念或想法。通过添加额外的意义，图像表达比词语表达更有说服力，也更令人印象深刻。

第二，同理心。讲一个大家都有同感的故事，因为一般人们都会在意故事中跟自己有相似问题或面临相似挑战的角色。

第三，参与感。故事更容易吸引人们的注意力，好故事也容易引起强烈反响，从而吸引更多的人参与。

2．使用方法

当目标用户对产品或服务普遍缺乏使用经验时，或想在路演时增强投资人对产品的理解，又或是想要运用直观、有故事情节的设计来说服用户或投资人时，都可以使用故事板来制作原型。用户故事板一般应具备 3 个基本要素：一是形象，涉及故事中的具体用户形象，包括他们的外表特征、行为和期望等；二是场景，对产品或服务的购买或使用中的某一特定真实场景进行模拟；三是情节，设想用户在使用产品或服务时会发生的某一个或几个"特殊情况"及解决方法。

制作故事板，需要用到大白纸或 A4 纸、彩纸、签字笔、便利贴等工具。具体步骤如下。

步骤一：讨论故事线。团队里的组长组织大家进行讨论，将创意梳理出一个故事线，需要包含角色、场景、情节等关键要素。

步骤二：分配任务。按照故事环节或场景，为团队内每个成员或每两个成员分别分配不同部分的内容，绘制"分镜头"或"角色"的图画。

步骤三：草图绘制。为了便于组合，每个人或每个小组都要在便利贴上画出自己的那部分故事的主要角色和情节，一个便利贴体现一个故事要素，也可以用文字补充相关信息，帮助人们理解故事情节，如图 5-7 所示。

图 5-7　故事板图片

步骤四：拼接故事板。将各部分汇集在一起，形成一个完整的用户故事。这里的用户故事就是解决方案中预期的用户行为。

步骤五：陈述与记录。根据故事板的内容讲出用户故事，将整个过程用相机记录下来，作为资料留存，并作为进一步优化的基础。

3．案例

（1）案例背景

某款在线英语启蒙教育 App 想实现字母书写功能，让孩子只根据 App 的指导，不需要老师或家长参与就能完成字母的书写。

（2）案例工具

便利贴、笔、A4 纸。

（3）案例分析

运用故事板，将字母书写的功能演示部分、提示部分、书写指示部分、结果判定部分都清晰地展示出来，完成字母书写故事板的制作，如图 5-8 所示。同时，将 App 的功能以可视化的方式呈现出来，使其通俗易懂。

图 5-8　字母书写故事板

5.2.2　角色扮演

1．什么是角色扮演

角色扮演是指将头脑中形成的创意用情景再现的方式表演出来，尽量模拟真实的用户角色、使用场景和流程，把创意方案的细节表演出来，充分表达作品的实用性，让场景落地更真实。同时，角色扮演也可以尽量真实地帮助创新者切身体会用户的真实痛点与使用体验。它既是模拟产品实施的过程，又可以帮助创新者体会产品的适用性和流畅性，帮助创新者进行自我修正、自我改进。

角色扮演是制作原型中常用的方法之一，它是一个非常有趣的工具。尤其是当解决方案是一种服务或流程时，创新者可以通过扮演涉及的所有利益相关者，体验用户使用情境和步骤，具有非常强的代入感。

2．使用方法

当创意讨论聚焦在一个或几个场景的时候，或者当创新者想更深入地体验或打磨方案的时候，又或者当创新者想更真实生动地演示创意方案如何解决问题的时候，都可以采用角色扮演的方式来进行原型制作。

角色扮演可以因地制宜地选择可视化的道具，根据具体情景布置不同的场景，并根据人物选择服饰搭配。角色扮演的过程往往极具戏剧效果。通常，角色扮演有以下 6 个步骤。

步骤一：设计人物。选择产品的典型用户作为主要人物，并设计人物的痛点，选择要展示的关键痛点。

步骤二：设计场景。根据人物的关键痛点，设计产品的落地场景。

步骤三：设计道具。尽量用可视化的方式展现场景，包括人物的标识、展示的场景、场景的关键点等。

步骤四：设计情景。根据人物场景设计剧情，并配上角色的台词。其中，关键的情景或场景的切换，也可以用旁白、图板等方式呈现。

步骤五：情景排练。通过 5 ~ 10 分钟的小组排练，进行团队的分工和磨合，并对要展示的关键细节进行打磨。

步骤六：情景再现。小组进行展示，尽量用照片或视频记录这一展示过程，以便进行复盘。

3．案例

（1）案例背景

某艺术家的画作需要设计艺术作品衍生品的创意方案，需要考虑有哪些场景可以让艺术作品变成大众喜欢和消费得起的文化创意产品。

（2）案例运用

经过创意团队的调研与构思，将生活场景聚焦在亲子情景，聚焦在父母都关注的孩子的艺术修养和教育的问题上。将艺术作品的视觉美感带入亲子场所，孩子学习舞蹈的地方有高品质的艺术环境和视觉享受，这可以提升孩子的艺术修养。设计团队在进行情景再现时分别表演了选择艺术亲子机构的父母，以及他们带孩子体验艺术场所的情景等，充分地展示了艺术作品和环境对父母选择教育机构的影响。

5.2.3　制作视频

1．什么是制作视频

制作视频是一个非常好的表现创意的方式。相较于模型、故事板和角色扮演，录制一个小视频更便于进行多次重复和更大范围的传播，可以帮助创新者得到更广泛、更多的反馈意见。现在用手机录制小视频和进行简单的剪辑已经非常普遍和方便，人们常常将生活中有意思的场景或一些自编自导的视频录下来上传到视频网站上，获得大量关注和评论留言。创新团队也可以鼓励创新者将自己的创意方案拍成一段视频进行传播。

制作视频重要的还是视频内容本身，视频传递的内容比制作的方式更重要。

 读一读

　　"艾蒙的造妖机"（Elmo's Monster Maker）是苹果手机里的一款应用程序，儿童按照设计流程可以为自己制造虚拟朋友。在项目开发阶段过半的时候，设计者突发灵感，想要加一个舞蹈功能，即孩子们可以指导"艾蒙"伴随着简单的音乐完成不同的舞蹈动作。设计者对这个设计很有信心，但是团队其他成员对此并不看好，这个设想面临被否定的境地。设计者抓住与合作伙伴开会前1小时的时间，录制了一个视频原型。他用公司现成的绘图仪打印了一个尺寸超大的手机外形图，贴在泡沫塑料板上，在"手机屏幕"的位置划开一个长方形窗口，然后人站在"手机"后面，身体就出现在"屏幕"上。而另一个人操作笔记本的网络摄像头，切换到录像模式，模拟儿童与应用程序的交互。例如，点一下人的鼻子，人就开始跳舞。录下整个过程，并进行简单的剪辑，这就形成了功能展示的原型。从网络摄像头的角度看，纸板的苹果手机看上去和真机的比例相似。视频简单有趣又可爱，说服效果明显强于语言表述。这个原型的效果非常好，因此立即得到了大家的赞同。

2. 快速制作视频的小窍门

　　制作视频原型不宜花费过多时间，创新者可以采用就地取材、简单录像、快速剪辑的方式做出一个简短的视频，来表现创意解决方案中的核心功能，达到展示目的。这里介绍4个用1小时就能制作视频原型的小窍门。

　　（1）先写一个剧本

　　"凡事预则立，不预则废"。拍摄之前需要先想好故事展示的整体框架。一个精心编辑过的剧本会为拍摄节省时间，并能够确保将所有重要元素体现出来。

　　（2）善用画外音

　　画外音可以用来快速、简洁地介绍故事背景，并且能够让故事各部分的切换更加流畅。

　　（3）列出特写镜头

　　有一些想要向用户介绍的重要功能和使用步骤，需要提前设计好特写镜头，以便用户观看时能更加注意这些重点细节。

　　（4）注意时间和节奏

　　制作视频原型不是拍纪录片，而应该把这个视频当作"电梯游说"来拍摄制作。将整个视频的时间控制在 30 秒至 2 分钟之内。

 读一读

> 　　电梯游说是指销售人员乘电梯时用大约 30 秒到 2 分钟的时间对产品、服务、机构及其价值主张进行简短介绍，这一方法通常被用来向风险投资家和天使投资者推销自己的生意理念，以筹得资金。成功的电梯游说需要包含以下要素：有趣的引人注意的点子、150 ～ 225 个单词、激情、提出要求（比如索要名片、约时间详谈，或者让对方推荐一个可能对你的推介感兴趣的人）。

5.3　互联网产品原型制作

在互联网时代，很多需求的解决方案可以通过互联网产品或服务的形式呈现。当代大学生进行创意实践的作品多源于互联网产品，解决方案的原型可以用一个 App 的设计来实现，这种产品或服务的创意方案可以连接线上与线下的用户，体现出时代的特色。在制作 App 原型时除了可以用图画和文字来表示，还可以用一些操作简单的原型设计软件。

5.3.1　手机 App 原型制作

1．制作基本步骤

通过快速制作 App 原型的方式，用直观、形象、动态的形式将方案的关键功能、实现效果呈现出来，达到简单易懂、一目了然的效果。手机 App 原型的设计可以按照以下步骤进行，并逐步精细化，由低保真状态达到高保真状态。

步骤一：方案拆解。讨论创意解决方案，并对方案进行拆解，获得角色、流程、场景、故事、原型、草图。

步骤二：App 应用场景设计。将 App 应用场景进行定位，绘制 App 应用场景草图。

步骤三：App 故事线设计。深入理解和讨论原型的功能实现和展示要点，将 App 应用的界面、场景通过故事线串联起来，逐一获得脚本。

步骤四：App 原型实现。和原型软件制作人员进行讨论和沟通，互相理解彼此的想法，而后原型软件制作人员进行制作。

步骤五：App 原型验收。原型制作完成后，进行验收和讨论，针对呈现效果进行意见收集和改进，确保最后的完成品是大家都满意的作品。

步骤六：App 原型演示步骤录屏。演示最后的成品，并进行屏幕录制，形成流畅的功能操作步骤演示的视频。

2．案例

（1）案例背景

某针对 3 ～ 8 岁孩子的英语在线学习 App，通过游戏、动画、语音交互等功能对孩子进行英语学习的启蒙，以培养其逐级合格的英语听说读写能力。在给用户和投资人演示时，制作了一套功能演示原型。

（2）案例分析

某英语在线学习 App 原型如图 5-9 所示，运用原型制作软件把 App 的各个功能逐一展示出来，从字母学习、大小写辨别、音素意识、拼读测试、字母书写到字母歌谣，点击各个按钮，挑选一个字母演示的片段，就可以进行该功能的基础演示。演示效果形象生动，表达非常直观。在现场利用很短的时间，展示了软件功能实现的效果，获得了用户和投资人的青睐。

图 5-9　某英语在线学习 App 原型界面展示

5.3.2　常用的快速原型设计工具

1．Axure RP

Axure RP 是一款专业的快速原型设计工具，由美国 Axure Software Solution 公司开发生产。它可以帮助那些负责定义需求和规格、设计功能和界面的专业人士快速创建应用软件或 Web 网站的线框图、流程图、原型图以及规格说明文档。它的可视化工作环境可以让使用者轻松快捷地用鼠标创建带有注释的线框图。也就是说，不用进行编程，就可以在线框图上定义简单连接和高级交互，仅仅在线框图的基础上，就可以自动生成 HTML（超文本标记语言）原型和 Word 格式的规格文档。Axure 能快速、高效地创建原型，同时支持多人协作设计和版本控制管理。同时，Axure 拥有非常强大的交互设计功能，它的控件交互面板可以用于定义线框图中控件的行为，这个控件面板包含了定义简单的链接和复杂的富互联网应用系统（Rich Internet Application，RIA）行为，这使它定义的交互都可以在未来生成的原型中进行可执行的操作。另外，交互本身涉及了控件的交互、交互事件、场景和动作 4 个部分，当用户操作界面时就会触发事件，如鼠标的 OnClick、OnMouseEnter 和 OnMouseOut 等事件。而每个事件包含多个场景，这些场景也是事件触发的条件，每个场景可以完成多个动作，例如打开链接、显示面板、隐藏面板、移动面板等。

以某在线英语学习 App 的字母书写原型（见图 5-10）为例，可以非常轻松地展示字母的演示、说明、操作等步骤的手机界面原型。

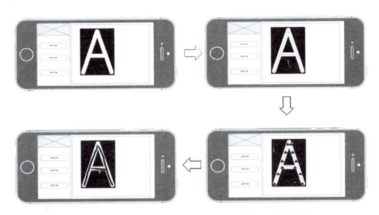

图 5-10　某在线英语学习 App 的字母书写原型

2. InVision

InVision 原本是一个非常便捷易用的产品原型生成工具，但是现在演变成了一个基于产品的沟通协作平台。但是用户仍然可以在这个平台上进行产品原型的设计，甚至还可以实现一些简单的页面跳转功能。用户使用 InVision 制作一个在线原型只需要 4 个步骤：第一步，创建一个项目；第二步，上传你制作的视觉设计稿；第三步，根据用户需求添加链接；第四步，通过平台功能生成在线原型。确切地说，InVision 提供的不是准确的线框图，而是一个快速制作原型的环境，可以把设计者设计的原型草图快速连接成一个类似于能够自己播放的演示文稿。数字型的线框图加上高保真的设计可以帮助用户测试 App 的工作情况，同时该工具还具备协作和分享功能，生成在线原型后，可以邀请朋友点评或者选择公开点评，任何用户都可以对产品原型的任何地方给予评论，这使设计师和用户或其他同行之间的交流更加便利。

3. 墨刀

墨刀作为一款专注于移动应用的原型工具，为了方便用户使用和体验，它将所有功能模块化，大部分操作都可通过拖曳来完成。墨刀的功能和 InVision 非常相似，同样拥有云端保存、在线评论等功能，但相比 InVision，它可以完成更多复杂的操作，比如手机实时预览等。墨刀原本面对的用户是创业者、产品经理及用户界面（User Interface, UI）/用户体验（User Experience, UX）设计师等，但是从 3.0 版本上市开始，墨刀从一个单纯的制作产品原型的工具，变成了一个覆盖整个产品设计和开发流程的、帮助整个产品团队最大限度地发挥协同效应的团队协同工具。它最突出的特点是全中文操作界面。

5.3.3　选用攻略

1. Axure

① 难度级别：高。

② 特点：Axure 最大的特点是拥有许多功能，可以满足客户各种各样的需求，一个软件中包含 10 种不同软件的功能，极大地减少了因为切换工具而导致的时间浪费；虽然 Axure 功能强大，但它最大的缺点却也是因为功能太过繁多，导致操作过于复杂，用户如果想制作拥有较为复杂功能的原型设计图时，必须要对 Axure 的功能拥有足够的了解；同样，因为拥有过多的功能，Axure 的一些功能的实现效果和易用性往往不如那些专业的软件，比如动画特效功能，Axure 虽然可以实现，但是实现的效果却不如专业的动画特效制作工具。

③ 适用人群：拥有一定基础使用知识的专业人群，例如，商业分析师、信息架构师、产品经理、IT 咨询师、用户体验设计师、交互设计师、UI 设计师等；另外，也有不少架构师、程序员也乐于使用它，如果在校学生有专业级别的需求，也可以选用。

2. InVision

① 难度级别：低。

② 特点：简单易用，通俗地讲它就是一个"会动的演示文稿"，用户只需要上传已完成的草图，就能够轻松实现一些简单的交互操作，并邀请其他人进行在线评论；InVision 最大的缺点就是无法完成一些过于复杂的操作。

③ 适用人群：它的使用者主要是 UI 设计师、平面设计师、产品设计师、教师和大学生等，尤其适合毫无基础的在校学生，如果是做一些原型设计的项目或者作业，应该足以满足其使用。

3. 墨刀

① 难度级别：中。

② 特点：根据用户对设计工具理解的程度，既可以完成较为复杂的原型设计，又可以进行一些简单的操作，其最大的特点就是可以进行手机实时预览，且所有界面、工具、元件都支持中文版本，对我国用户非常友好。

③ 适用人群：拥有一定简单使用知识的人群，如创业者、产品经理、UI/UX 设计师等，它的全中文界面让在校大学生使用起来也很容易。

06 第6章
创新第五步：测试与反馈，迭代完善

制作原型是为了进行用户测试、收集用户反馈，从而不断完善解决方案。通过用户测试让创新者及其团队在将最终产品推向市场前，有机会聆听到真实的用户声音，检验解决方案是否真的满足了用户的需求。测试能够向早期用户展示创新者的想法和原型方案，根据用户的反馈意见对解决方案加以验证、评价，并为下一步修改做好准备。原型制作、测试反馈、方案迭代，是一个可以循环演进的过程，也是一个新产品或服务在正式投入市场前的必经阶段，这些步骤可以使最终推出的新产品或服务尽量地接近用户的真实需求。

6.1 倾听用户反馈

创新是为了满足用户需求、实现用户价值而进行的行动。因此，创新者不能闭门造车、自我陶醉，在创新实践的一些关键节点中，应该让用户参与进来，倾听用户的反馈，及时发现和修整创新方案。用户的声音可能是积极的、赞美的，也可能是批评的、质疑的，不要害怕没有收到预期的肯定和掌声，越早发现构思和方案中的问题并进行及时修正，就越能帮助创新团队聚焦构思方向，提前阻止团队走错方向。不管测试的结果是成功还是失败，用户的反馈都是十分重要的。

6.1.1 用户测试

1. 什么是用户测试

用户测试是指创新者将产品交付用户之前，站在用户角度或者邀请用户参与的一系列使用体验，例如产品或服务的操作是否流畅、功能是否达到用户使用需求、界面或外观是否友好和吸引人等。通过观察用户使用情况、询问用户使用体验，记录产品或服务在使用过程中的问题，了解用户对产品或服务的意见和建议，为后续改进指明方向、积累数据。

用户测试

在进行产品创新设计的过程中，可以根据需要，按照不同程度、不同阶段进行不定期的多次测试，以达到识别方案中存在的问题的目的。不必等到产品完成之后再开始测试，在视觉稿阶段和原型初期阶段（低保真原型阶段）就可以开始引入测试。可以先邀请组内的成员或者其他小组的同学、老师，甚至亲朋好友进行内部测试，在产品或方案迭代之后再邀请真实用户进行一轮测试，甚至还可以在产品准备推向市场时，先投放一些产品到几个定点的真实市场环境中继续进行用户测试。每一轮测试都会获得有价值的用户反馈，帮助创新者不断地在实践中完善方案。

2. 用户测试的目的

进行用户测试的一个非常重要的目的是判定创新设计的产品或服务能否让用户快速接受和使用，也就是说，用户测试是为了验证产品或服务是否符合用户的习惯。因此，针对这一目的进行的用户测试，介入的时间越早越好，甚至可以在更早的原型设计环节就让用户参与进来。试想一下，如果在产品快要发布前才进行测试，很有可能由于在用户体验测试时发现某些功能不符合用户的操作习惯，或对于用户而言某些功能需要强化等情况，而不得不推迟产品发布时间，或仓促地进行修改和优化，这样无疑会增加产品失败的风险。

以开发一个 App 为例，较为合理的做法是当页面的原型定稿时就进行用户测试。由于此时的测试是静态的，还不足以确保用户实际的操作感受，因此还需要设计人员在完成主流程的功能测试之后，再次介入用户体验测试。此时的用户体验测试不必像功能测试那样关注细节的实现，更重要的是收集用户的操作习惯和使用感受。假使不说明使用方法，用户也能流畅地进行操作并且在操作过程中不会有过多的抱怨，那么就可以认为系统的交互、设计是合理的；反之，就需要考虑做出相应的修改和调整。

此外，在进行用户体验测试设计的时候，可以从最坏的情况入手。例如，参与测试的用户对于产品或服务一无所知，在刚开始使用的时候还时常受到干扰，这种"极端"的情况对于之后的产品设计有极其重要的意义和作用。通过观察这些用户的真实使用状况，能够帮助创新者快速识别产品设计上不直观、不易用的部分。

3. 用户测试的价值

在很多情况下，早期测试之后会产生更多新发现、新机会，有的创新者甚至会推翻原来的方案，产生更精彩的创意和想法。所以测试环节能够有效帮助创意团队提高创新设计方案投放市场后的成功率。测试环节还是了解用户的情感与动机的另一个好机会，创新者将再次面对产品或服务的最终使用对象——用户。通过对测试过程和结果的观察与总结提炼，创新者不仅可以通过原型测试获得用户反馈，还可以与用户产生更深厚的共情，获得一些新的想法和创意。无论是纠正最初的方案还是弥补原型的缺陷，对于整个创新活动来说都是新的机会。

在一个为老年人设计拖鞋的项目里，小组成员为拖鞋设计了夜光、防滑等功能，在将拖鞋原型交给老年人用户进行测试的时候，大家发现老年人经常会在夜晚起来上厕所，即使有夜光功能，要找准左右脚的拖鞋还是要费些工夫。于是小组成员们重新设计了"不分左右脚"的拖鞋，在再次测试中这项功能获得用户的极高评价。这个新的发现就是在用户测试中获得的。

用户测试环节还可以帮助创新者反思产品或服务的设计与实际用户体验是否一致，是否真实地解决了用户的某一个最迫切的需求，为用户创造了价值。

 读一读

　　我们总是认为用户怎么怎么样，似乎用户是一个陌生的我们不认识的人群，然后我们控制他们，施加他们。但是在微信，我们时刻提醒自己的是，我们自己就是用户，我们施加于用户身上的，最终也会施加到我们自己身上，有点像"己所不欲勿施于人"。所以到底施加到用户身上的应该是一个什么东西？这个确实值得我们反思。

——张小龙

6.1.2　测试方式

1. 测试原则

　　① 用户测试要尽早开始。在原型制作的初期阶段就可以开始测试，只要你能向用户解释明白你所提供的东西是什么，以及可以满足他们什么需求。

　　② 保持开放的心态。反馈信息是产品或服务迭代改进的基础和方向，只有如实、客观、不带任何情绪地记录反馈意见，才可以为后续的创新积累最原始的、最真实的材料。

　　③ 保持中立。在向测试用户介绍你的构思与原型时，使用客观中立的态度和语调，客观描述问题背景以及测试任务，不要向用户推销你的产品或服务，也不要在用户有批评质疑时进行辩解。如果无法保持客观而采用引导性的语言，很容易让用户的反馈失真。

　　④ 团队分工。测试的时候，需要团队成员分工协作：一位介绍者，向用户介绍原型以及说明测试任务；一位观察者，注意用户在使用产品或服务的过程中的任何一个细节，以及他们遇到的问题；一位记录者，将用户对产品或服务的意见、建议、体验感受等如实记录下来。通常情况下，观察者和记录者可以由同一人担任，但每 1 ~ 2 名用户需要至少一位观察者和记录者全程跟随。

　　⑤ 如果时间允许，或者原型制作比较容易，可以多做几个版本的原型让参与测试的用户进行对比，进而收获更多有价值的信息。

2. 招募测试用户

　　参加测试的用户应该是独立、无偏见、对产品或服务有潜在需求或利益相关的普通用户。例如，你想测试一款儿童在线英语学习软件，可以选择适龄的孩子及其父母，他们一个是最终用户，一个是付费者。测试可以分多轮进行，每一轮测试可以邀请 3 ~ 5 名用户参与，这样做的好处：一方面可以有效地观察到每一名用户使用产品或服务的情况，不会因为测试用户过多而导致观察不全面；另一方面可以有效获取每一名用户的使用反馈。如果一次参与测试的用户人数过多，无法保证每位用户都有一位观察和记录者全程跟随，那么，在测试过程中创新团队的成员就没有足够精力仔细观察用户使用产品或服务的情况，甚至没有更多的精力和用户好好聊聊使用后的感受。

如果没有现成的目标用户人选，可以先邀请自己的同学、老师、朋友等帮助进行测试。但是需要注意的是，由于这些"用户"都是和你有一定关系的，因此在倾听他们的反馈时，需要请他们不要顾及情面，真实地反馈体验产品或服务后的感受。当然，如果有机会，最好邀请一些对产品或服务感兴趣的陌生人来进行测试，并争取进行多轮测试。在不同的测试轮招募有差异的用户，从而有效地帮助你找到产品或服务在不同特征的人群中产生的不同反应。

需要注意的是，由于你的新想法和新产品还没有被正式投放到市场上，因此不要忘记让参与测试的用户签署保密协议。

3. 准备的测试内容

首先，要准备好记录工具，如纸、笔、摄像机或手机、测试表格等。表6-1和表6-2为测试者在准备阶段要填写的表格。

表6-1　测试前准备清单

类别	编号	内容	数量	是否完成
记录工具	1	笔	5	
	2	纸／笔记本	10/5	
	3	手机／摄像机／录音笔	5	
	4	手机支架／三脚架	2	
测试表格	5	测试记录表格	5	
	6	原型测试反馈表	5	
	7	用户测试指南针表	5	
人员分工	8			
	9			
	10			

表6-2　测试用户分配表

维度	类别	人数
性别	男	3
	女	2
用户	重度用户	2
	不常用用户	3
合计		5

其次，要和团队确定希望从测试中获得哪些反馈信息。例如：用户对产品原型或创意构思的第一印象；用户是否会参与你设计的新活动；随着时间的流逝，人们是否会因为你提出的新观点、新概念而改变自己的行为；等等。

最后，要通过细致的分工让每一个团队成员都承担一定的测试任务，例如，测试引导、行为观察、测试记录、结束之后的访谈等。每一个人都需要承担一定的任务，这样可以让整个团队都参与到用户测试环节中。即使是那些在后台负责研发的成员，也可以在测试中更好地与用户产生同理心，更加清楚用户的实际反馈，了解测试的重要性，从而在不同视角下探索解决方案。

4. 选择测试环境

根据创新设计议题和解决方案的不同，可以选择不同的测试环境。一般情况下，建议第一轮测试选在安静的办公区域开展，或者是在创新者熟悉的工作室里，这里也是团队进行头脑风暴和制作原型的地方。当然也可以选择其他地方，不管选在哪里，都要确保这些地方是不容易受到干扰的。但是，在特定的环境中可能会让用户无法自然地使用产品或者功能，他们可能更想表现得聪明一些，而这正是测试环节中需要避免的。因此，在内部测试之后，需要将产品或服务的方案原型带到真实的场景中进行用户测试，虽然只是原型，但是仍然可以通过演示和观察用户操作等方式来获得关键的信息反馈。

5. 展开对话与观察

无论原型是一个新产品或新服务，还是一个已有产品的新功能，原型测试都可以从以下 3 个方面来收集用户的反馈信息：价值（是否值得拥有？实现了什么价值？）、执行（是否可行？）、外观和感觉（它用起来感觉如何？）。

练一练

通常可以用下面的句型来快速简洁地介绍你的原型方案。

我们要为 ＿＿＿＿＿＿＿＿＿＿＿＿＿＿＿＿＿＿＿（谁？什么样的人群？）服务。

解决的问题是 ＿＿＿＿＿＿＿＿＿＿＿＿＿＿＿＿＿＿＿。

我们的方案是 ＿＿＿＿＿＿＿＿＿＿＿＿＿＿＿＿＿。

我们的方案有以下特点。

① ＿＿＿＿＿＿＿＿＿＿＿＿＿＿＿＿＿＿＿＿＿。

② ＿＿＿＿＿＿＿＿＿＿＿＿＿＿＿＿＿＿＿＿＿。

③ ＿＿＿＿＿＿＿＿＿＿＿＿＿＿＿＿＿＿＿＿＿。

然后，向用户提供符合真实使用场景的任务，一般情况下 3 个任务即可。用户分别执行这些任务，测试者观察并记录用户对问题的描述、感受、评价。在这个过程中应仔细观

察用户的反应，并用手机等设备将整个过程拍摄下来，必要时可以为用户回放视频记录，激发用户提供更多有趣的想法。如果无法拍摄视频，至少要用照片记录下现场的情景。

在真实环境下观察、记录用户的真实行为，并运用第 2 章介绍的访谈技巧对用户进行访谈，请用户谈谈自己的感受以及对原型的疑问或建议，而不是提出"你觉得哪个好"这样的问题。再次提醒测试者，在测试中只需要认真记录用户反馈的每一个信息，不推销、不引导、不反驳、不解释，让用户能够尽情地将全部的真实感受和想法表达出来。

6. 提炼重要发现

在收集完用户反馈信息之后，趁着记忆鲜活，应该立刻和团队一起进行讨论，分享在整个测试过程中获取的重要信息和意外发现。可以使用"原型测试反馈表"（详见 6.2.2 小节）和用户检测指南针（详见 6.2.3 小节）两个工具分别从原型的角度和用户的角度对反馈信息进行整理和提炼。信息包括：哪些功能是用户认为最有价值的；什么地方让用户感到兴奋；是什么地方获得了用户对产品或服务的认可和信任；用户觉得哪些地方可以继续改进；哪些地方没有发挥作用；哪些地方需要更深入地研究；等等。整理和提炼这些重要发现，能够对下一个版本的改进起到非常重要的作用。

7. 修改与迭代

用户反馈对于创意构思的发展具有很大的价值，但同时也可能会给创新者带来一些困惑，比如用户的反馈可能和最初设想的目标是背离的，或者有矛盾之处。因此，需要整理这些反馈信息并进行筛选，再对原型进行修正和改善。不断地进行修正和改善，就构成了一次又一次的迭代，当迭代次数足够多时，产品或服务就会足够完善，最终达到商业应用的水平。

6.1.3 快速迭代完善

成功不是一蹴而就的，创新的成功也不是一个线性的过程。产品或服务从孕育、诞生到真正投入市场获得认可并发挥作用，往往会经历一个往复迭代的过程。但是不要害怕失败，甚至应该希望失败早点发生，这样可以帮助创新者快速回到问题的某一环节重新开始、迅速完善。

1. 小步试错

想要一次解决所有的问题是不大可能的。相反，在不断的测试中让方案更加完善才是最佳的策略。收集反馈、小步试错、快速迭代、升级优化更符合一个产品或服务创新设计的流程。"小步试错，快速迭代"形象地描述了迭代的形态。小步试错，是指前进的步伐要小，频度要高，每一次的变更不求巨大，但求准确；快速迭代，是指用最快的速度、最低的成本发现并改正错误。为了实现单点突破就要允许不完美，通过快速迭代向完美逼近。

对于团队而言，有 3 种现象会阻碍创新：一是面面俱到、谋划布局；二是尽善尽美、力求完美；三是吝惜资源、不够主动。而在快速迭代理念的支持下，产品研发是"测试→反馈→修改→测试→反馈→修改→上线→继续测试→反馈→修改"这样反复更新的过程。这个过程鼓励的就是先完成再追求完美。

在当下的互联网时代，这种形式非常适合互联网产品或者移动端产品的设计，通过收集数据或用户反馈迅速了解改进的结果，用快速迭代的方式可以立即在用户之间找到平衡点。这样可以大大缩短产品设计周期，并能紧贴用户的需求痛点。在原型制作的过程中不必苛求完美，而应在快速迭代中逐步完善产品。另一方面，即使是进行快速迭代，也需要注意选择合适的时机，而不是无休止地测试下去。当在现有的资源条件下，原型的主要功能和外观已经达到了最佳状态，那么就应该将产品推向市场。发布之后，需要继续收集用户反馈，并根据收集的信息和新增的资源快速进行调整。

2. 最小可行性产品

最小可行性产品（Minimum Viable Product，MVP）是一种在创业团队中非常流行和实用的产品理念。它提倡以最快的速度先搭建一个基础的功能，再通过提供最小可行性产品获取用户反馈，并在这个最小可行性产品上持续快速迭代，直到产品达到一个相对稳定和理想的状态。例如，要设计和制作一个交通工具，最初并不知道它最终的样子，为了快速地制作出交通工具，可以先搭建出最基础的功能，比如滑板，这非常容易实现；经过完善，开始加上把手；接着把轮子变大；再加入助动力；最后加上外壳，成为一辆汽车，如图 6-1 所示。

滑板　　踏板车　　自行车　　摩托车　　汽车

图 6-1　MVP 流程

我们经常听说的"精益创业""敏捷开发""用户故事"，它们的本质都是希望通过一定的手段，尽快地从真实的用户那里获取反馈，搞清楚哪些假设是错的，进而快速采取下一步措施。只不过，这些概念站的角度不同，它们是分别从创业、开发和用户的角度去进行细化和演变的。MVP 就是精益创业里最常用的模型。

3. 案例

（1）7-11 便利店

7-11 便利店作为零售店的典型代表，不断迭代是它经营管理的"基因"。通常在 100 平方米的店面里可以摆下大约 2000 种商品，但它每年上新的产品数量就有 1300 多种，也就是说，它一年要更换 70% 的商品，平均每天要更新 3～4 种。这种迭代更新的速度，是由一定的机制保障的。7-11 便利店会设立高曝光的特设货架作为试验新品的地方，根据售卖的情况来迭代更新，如果该商品卖得好就会被升级为常规商品继续销售，如果卖得不好就马上打折促销清库存。利用这种小区域试点，迅速聚焦受欢迎的商品，这也许就是 7-11 便利店历久弥新的秘诀之一。

（2）微信小程序

微信小程序是在微信平台的基础上衍生出来的新产物。随着微信用户量的剧增，形成了新的流量入口，越来越多的微商也应运而生，服务于电商的小程序也就有了滋生的土壤。微信小程序，在微信的依托下，借助微信朋友圈，通过好友推荐、群分享、公众号内容推广、社群营销等形式引流。早期的微信小程序，拥有增加用户黏性的特点，它可以形成"分享→购物→沉淀→分享"的良性循环，同时也能进行自身的品牌塑造。小程序从 2017 年初上线至今，除了功能在不断迭代和更新，还不断通过精美模板、功能点吸引用户使用和关注，屡次出现行业内"现象级"的小程序。随着用户需求的不断增加，也促使很多小程序提供商发展壮大，激活了新的业态。

（3）今日头条

"今日头条"是一款移动资讯客户端产品，可根据用户的阅读习惯、用户所处的环境和阅读的文章内容等，向用户推荐个性化信息。该产品从 2012 年 8 月发布第一个版本以来，始终保持着快速迭代的习惯。"没有完美的产品，所有产品都是过渡产品"就成为其产品团队的核心理念。甚至在该公司的员工食堂，大屏幕都在滚动播放后台的问题反馈。因为用户的需求是在不断变化的，只有持续不断地倾听用户声音，短平快地处理好每一个小问题，让用户感觉到需求得到了反馈，才能让产品始终保持活力。

6.2　用户测试的 3 个工具

测试反馈是"创新 5 步法"中的最后一步，但这并不意味着我们要到最后一步才开始进行测试反馈。"测试"的意识和行动其实已经出现在之前的观察思考和创意构思的 4 个步骤中，只是没有明确指出这就是在进行测试并集中收集反馈信息而已。测试对于整个创新过程至关重要，是创新是否能够成功的预先检验。本节将介绍在测试环节中常用的工具。合理使用测试的工具可以更好地帮助创新者观察用户体验、收集反馈信息，并快速迭代完善产品原型。

6.2.1　"黄金 30 秒"练习

1．"黄金 30 秒"来历

"黄金 30 秒"来源于"麦肯锡 30 秒电梯理论"。麦肯锡公司曾经为一家重要的大客户做咨询。在咨询结束时，麦肯锡的项目负责人在电梯间里遇见了客户方的董事长，该董事长请项目负责人介绍一下现在的结果。但由于该项目负责人没有准备，而且即使有准备，也无法在电梯从 30 层到 1 层的 30 秒内把结果说清楚。最终，麦肯锡失去了这一重要客户。从那以后，麦肯锡便要求公司员工"凡事要在最短的时间内把结果表达清楚，凡事要直奔主题、直奔结果"。麦肯锡认为，一般情况下人们最多记得住一二三，记不住四五六，所以凡事要归纳在 3 条以内。这就是如今在商界流传甚广的"30 秒电梯法则"，也就是"黄金 30 秒"法则。

"黄金 30 秒"法则主要是告诉人们，任何计划都必须简单而有效。你的方案如果不能使本单位的员工听得懂，那么你的顾客也一定不懂，并且他们也不会买你的东西；此外，一个项目如果创业者在 30 秒内讲不清楚，说明产品有问题，并且项目不具有操作性；同样，一个员工如果在 30 秒内讲不清楚公司、所在部门以及他自己的任务分别是什么，那么这个员工就很难算是称职的员工。

"黄金 30 秒"的能力不仅是创新者向用户介绍自己新产品或新方案时需要具备的能力，还是创业者说服投资人的能力之一。在最短的时间，用最简练的语言，表达最关键的内容，吸引投资人的兴趣，是可以练习的。

2.　"黄金 30 秒"练习原则

要进行"黄金 30 秒"的练习，首先可以算出 30 秒内大概可以讲 80 ~ 90 个字，或是 8 ~ 10 句话。设计讲话内容的时候，需要掌握"黄金 30 秒"练习的 3 条基本原则。

（1）语出惊人

开头要有吸引力。良好的开端等于成功的一半，开口说出的话要让听众为之一振，并有想要听下去的想法。

（2）短小精悍

开口便要直达主题，化繁为简。演讲要抓住"快"（痛快）、"短"（简明扼要）、"命"（不要脱离主题）这几个要素，不能说得天花乱坠却离题万里。

（3）提炼观点

观点要响亮，归纳要紧凑，最好不要超过 3 条，做到一语击中要害。

3.　"黄金 30 秒"练习准备方法

（1）充分的前期准备

任何业务都要勤于积累，足够多的积累是巧妙应变的前提。俗话说，"不打无准备之仗"，对方做出决定的时间可能就是喝一杯咖啡的时间，而你实现目标的时间也只有喝一杯咖啡的时间，所以在做任何事情之前都要有充分的准备。

① 沟通对象

对沟通对象的经历、现状、周边、优势、接洽人的特点等进行详细的调查和分析，做到心中有数。

② 内容准备

精心设计开场要讲的内容和重点，并提醒自己注意以下 6 点。

- 这不是推销产品的时间。
- 简明描述产品或方案的使用方法。
- 用 3 句话讲清楚产品的特点（复习 6.1.2 小节的第 5 条）。
- 试图引起听者的兴趣。
- 留意让对方主动提问。
- 热情友善加上自信。

最后，最好将这些要点和准备的问题写在纸上作为备忘，以随时提醒自己。

③ 讲的训练

内容准备再充分，现场讲得不好也会打折扣。讲得好的标准有以下 4 点。

- 声音洪亮、口齿清楚。
- 语速适中，句子语调抑扬顿挫。
- 态度诚恳谦逊，说话娓娓道来。
- 不附带过多口头语或语气词，例如"就是说""这个""那个"等。

要想讲得好，需要进行充分的演练，可以自己对着镜子练，也可以找人练习，让他人给自己挑毛病，直到可以条件反射般地讲出来，这时内容已经深深地印在了脑海里。

（2）快速的分析能力

在实际的人与人之间的对话过程中，无论准备得多充分，实际情况都有可能和预料的不一样。遇到这种情况时，不必慌张，如果交流中对方提出的问题是自己没有准备过的，应当立即调动大脑进行全面的、立体的分析。这里最重要的是诚恳的思考、认真的态度、快速的分析，然后找出共同点和答复方案，同时力求给予有针对性的答复，而不是答非所问。直达要点、节省时间是不可撼动的原则，用有效时间表述最核心的内容是职业化的表现。

（3）果断地归纳提炼

在短时间的快速交流中，抱有双赢的心态很重要，这是交流的原则。要对答复的内容进行迅速归纳和提炼，总结出 3 个以内的重点，并将总结内容清晰地表述出来，果断自信地进行答复，把握交谈的主动权，这样容易抓住对方的心，最终达到双赢的目的。

① 归纳原则

归纳表述时，思路和条理性是很重要的，要做到让别人听完后就知道自己的思路和层次。最简单的方法就是按照"首先、其次、最后"或者"第一、第二、第三"的方式罗列总结。

② 归纳练习

归纳提炼是一种能力，可以依靠日常的训练来提高。归纳能力要求的是在对问题进行了分析的基础上，有条理地说明问题。例如，可以经常对自己需要讲的内容列出提纲，再按照提纲的结构去表述；也可以在倾听别人讲话的时候，有意识地提炼对方讲话的要点，这样也会让对方感受到你在认真聆听。在日常的练习中，即便是理解错了，通过归纳提炼，也可以有效地纠正自己的错误，从而加强归纳提炼的能力。

📁 **案例**

　　某母婴品牌限时特卖商城是由全职妈妈刘楠于 2011 年创立的。如今，该企业的现金储备已超过 10 亿元人民币，拥有 1 000 多名员工。而他们的快速发展离不开天使投资人、青年导师徐小平的帮助。

　　2013 年，有人想以高价收购刘楠的网店。卖还是不卖？刘楠有些迟疑，她想到了徐小平，希望能从他那里得到一些创业指导。可她又犯愁了：怎么才能联系上徐小平呢？联系上之后，怎么说才能引起他的注意呢？

　　刘楠有一次看电视剧，发现戏剧里总是不断地出现矛盾和冲突。她想了一下，明白了：矛盾冲突就是戏剧剧情发展的根本，没有矛盾冲突就没有剧情。

　　得益于此，刘楠想到了引起徐小平注意的方法。刘楠琢磨着，徐小平在北京大学工作过，肯定会认识北京大学的老师。于是她就给北京大学的老师挨个打电话，果然打到第三个电话的时候，就找到了徐小平的联系方式。

　　接下来，刘楠给徐小平发了一条充满矛盾、冲突的短信："您好！徐老师，我是一名北京大学的毕业生，目前正在淘宝开着一家母婴产品店。现在这家店的年销售额已经达到 3 000 万元了。但是，我陷入了迷茫。我知道您是一名创业导师，您能不能开导开导我？"

　　果然，徐小平在阅读这条短信的过程中产生了好几个疑问，看完短信不到 3 分钟，徐小平就给刘楠打了一个电话，约她详谈。见面之后，刘楠花了两个多小时的时间讲述自己是如何在淘宝上卖纸尿裤的。徐小平听完后特别激动，一个劲儿地劝刘楠："千万别卖！我给你钱，你去创业吧！"

　　就这样，在徐小平的帮助下，刘楠的企业很快做大做强。

✎ **案例分析**

　　这个案例中最吸引人的是那条短信，内容非常简短精练，刚好 90 个字。第一句"我是一名北京大学的毕业生，目前正在淘宝开着一家母婴产品店"。这句话呈现了一个相当有矛盾冲突的内容，会让人心里疑惑"北京大学的毕业生怎么开淘宝店？"非常有吸引力，让人愿意继续看下去，也达到了"语出惊人"的效果。第二句"现在这家店的年销售额已经达到 3 000 万元了"，会让人想"开淘宝店她怎么做出这样好的成绩？""人一定非常能干！"……最后一句又表示"但是，我陷入了迷茫。我知道您是一名创业导师，您能不能开导开导我？"对方会想"她遇到了什么样的大难题？"这一连串的疑问就使徐小平一个电话打过来，与刘楠继续沟通。

6.2.2　原型测试反馈表

1. 原型测试反馈的作用

从创新项目开启的第一天起，就要有意识地规划和考虑：用什么样的方式或手法能够第一时间拿到用户的反馈信息。惧怕用户测试只会让设计的方案达不到预计的效果，使团队畏首畏尾或者陷于"自嗨"情绪。只有早期获得这些客观真实的反馈，并及时修正构想的方向、聚焦目标，才能让团队少走弯路。

原型测试
反馈表

2. 原型测试反馈表的使用

原型测试反馈表如图6-2所示，分为4个象限，分别从4个方面收集用户对原型的感受和意见。这个工具可以帮助创新者在收集用户意见的时候有参考的方向，同时能够顾及用户各方面的真实感受，也能够让收集的意见更全面，不会因为创新者自身的因素而忽视用户某一方面的意见，导致信息失去平衡。

步骤一：记录用户体验信息。在用户使用体验的过程中，创新者应尽量全面地询问用户对原型的4个方面的感受。记录的方式可以是文字、语音、简笔画

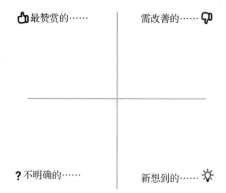

图6-2　原型测试反馈表

等，找到用户觉得能接受的方式，并以能够收集到全面的信息为宜。

步骤二：信息整理。将记录的用户反馈内容整理分类到4个象限中。可以用前面学到的便利贴方法，每一个便利贴上写一个内容，便于团队在讨论时随时撕取。

步骤三：分享信息。团队成员之间分享各自收集的信息，并描述用户的真实感受和反馈。每个成员都需要参与进来。

步骤四：详细讨论。团队成员之间进行分享和讨论，根据收集到的信息，讨论大家有什么感受、想法和意见，并总结一下有什么可以改善的地方，针对改善措施讨论下一步的实施计划。

6.2.3　用户检测指南针

1. 用户检测指南针的作用

用户检测指南针和原型测试反馈表是在进行原型测试时常用的两种工具，它们既有相似之处，又有各自的侧重，根据测试的需要，它们可以单独使用，也可以组合使用。用户检测指南针侧重于以用户为主体来进行多维度测评，收集对于原型的反馈信息。而原型测试反馈表侧重于以解决方案原型为主体来进行多维度测评，收集用户对于原型的感受和建议。可以说它们是对同一个事物从两个不同的角度进行了考察。

由于被邀请来参与测试的用户或相关人士并不是专业的评审，因此对于原型不一定能够进行准确的描述或给予有规律可循的信息。这时可以使用"用户检测指南针"这个工具来整理用户分散的反馈信息。不同的用户在使用同一个产品或服务时的感受不尽相同，尽可能掌握多数用户和极端用户在原型使用过程中的直观感受，这对于有效测试有积极的作用。

2．用户检测指南针的使用

用户检测指南针如图 6-3 所示，同样从 4 个不同维度来进行用户观察和反馈信息的收集与分类，这 4 个维度分别是感到兴奋的（Excited）、感到担忧的（Worrisome）、建议（Suggestions）、需要知道的（Need to know）。这 4 个维度的英文首字母正好与指南针的东（East，E）、西（West，W）、南（South，S）、北（North，N）4 个方向的首字母一样，非常便于记忆，因此取名"用户检测指南针"。在图 6-3 的工具模板上，可以在中间画上一个

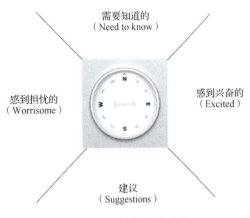

图 6-3　用户检测指南针

指南针图标，它所指向的 4 个方向即是想要从用户的感受与反馈中收集的 4 类信息。

步骤一：进入测试场景。如果是在初期内测阶段，需要向受测用户简明介绍测试的场景，帮助用户从现实世界切换到测试场景；如果是在现实实测阶段，则只需要简单地向用户介绍产品原型及需要完成的任务。

步骤二：用户亲自试用。创新者不必进行过多的描述和引导，只需要提供基本的信息，让用户亲自试用原型，在测试过程中不要干涉和打扰用户，在一旁用心观察和记录用户表现出的每一个让你出乎意料的细节和反应。

步骤三：反馈收集。在用户结束试用过程之后，根据"用户检测指南针"的 4 个维度，请用户将心中的直观感受分享出来。

步骤四：注意事项。在用户试用原型的过程中，也许会出现错误使用的情况，此时千万不要上前打断或纠正用户，仍旧需要保持一个安静观察者的角色，因为"错误"的出现正是问题暴露和机会诞生的重要信息。

6.3　用实践检验真理

通过正确的方法、巧妙的工具、合适的人群完成原型的相关测试与迭代后，就要进入实测的阶段。不论多么好的想法，最终都需要落地为产品或服务，而好产品或服务就必须

要经得起市场的考验。因此，在进行原型测试与产品落地的过程中，用户和市场才是最终的检验者，换句话说，实践才是检验真理的唯一标准。本节将介绍和梳理从原型方案测试到市场检测过程中的主要阶段和注意事项。

6.3.1　小范围内测试

1．基础测试

就像考试交卷前，老师都会提醒同学们仔细检查一遍一样，产品投入市场前，也要有自我基础测试这一步。这一步的目的是保证不出错，"会的都答对，争取能拿到最高分"。以互联网产品为例，这类技术导向型产品在上线到应用商店前，通常会有专业的技术团队对其进行测试，这一步测试的目的就是保证产品质量没有硬性错误。这一测试也被称作"白盒测试"。

白盒测试又称结构测试、透明盒测试、逻辑驱动测试，这是深入到代码的一种测试方法。换句话说，这种方式更多是考量技术层面的质量，在操作时通常由技术人员组建测试团队，通过测试代码进行代码的覆盖，通过测试程序，"跑"遍产品已有的所有功能，将有可能存在的"雷区"逐个攻破，把"雷"全部排干净。

需要注意的是，这里说的白盒测试，其实可以更广义地理解，因为不仅仅是互联网产品，制造业产品也需要进行这一步的测试。例如，汽车产品出厂前，需要进行安全检查，一方面要测试如电路系统等软件的代码功能是否能正常使用，另一方面要检查发动机、安全气囊等硬件设施，这种测试可以广义地理解为汽车生产过程中的"白盒测试"，侧重技术层面的测试。

2．功能测试

完成技术层面的基础测试还不够，程序代码没有错误、硬件设施没有隐患只是基础的一步，接下来需要确认这些可靠的技术能否流畅地实现预期的功能，在互联网产品中，这一步经常被称为"黑盒测试"。

黑盒测试也称功能测试，通过测试来检测每个功能是否都能正常使用。在测试中，把程序看作一个不能打开的"黑盒子"，在完全不考虑程序内部结构和内部特性的情况下，着眼于程序外部结构，不考虑内部逻辑，主要针对软件界面和软件功能进行测试。例如，一个"发送"按钮，如果在多次使用中能够保证几乎100%的发送成功率，那么这个功能就是合格的。至于按钮视觉是否友好、触感是否讨人喜欢，并不是这个环节的关键。

3．交互测试

要做出一个好的产品，用户的体验和感受非常重要。互联网产品中的用户体验很多都来自交互，所谓交互体验是指人们使用产品或服务的过程中所感受到的、所获得的交互内容的总和，是一种主观感觉。好学易用、准确高效、安全友好是人性化交互体验的基本要求。一个成型的产品一定是有用户交互的，比如清新明快的界面配色、触击按钮后的配乐或震动等，虽然这些交互不影响程序运作，但却会极大地影响用户体验。

在基础测试与功能测试修改完成后，交互设计师可针对产品再进行一轮交互测试，从最基础的用户体验角度对产品进行测试及微调。

6.3.2　真实环境中测试

1.　"天使用户"测试

新产品刚刚投入市场时，及早发现问题并进行快速、高频次的迭代更新是至关重要的，找到目标人群进行小范围测试是个好选择。找到与新产品或服务方案相关的用户类型，请他们作为重点用户进行产品调研，也就是"用户内测"。例如，某企业生产了一款新型饮料，在竞争激烈的饮料市场中，这款饮料主要面向 18 ~ 25 岁的年轻用户。这时候该公司可通过公司员工的同学、家人、朋友，或学校社团、美食俱乐部等社会组织，甚至专业的调研服务公司，找到目标"天使用户"，邀请他们试喝新产品并进行访谈，了解他们对于这款产品的感受及使用场景，如不符合预期，则需要尽快调整。

在"天使用户"的帮助下，团队往往会收获第一批来自用户的真实声音，而这也许会让团队成员因为认知的偏差产生小小的挫败感。但不得不承认的是，能获得成功的好产品，都是需要耐心与毅力持续打磨的，因此这个时候团队成员要积极调整心态，优化现有问题，为进一步扩大测试范围做好准备。

2.　扩大测试范围

完成"天使用户"测试阶段后，需要在更大的市场范围内进行测试，增加测试样本量，以获取更多测试数据。

不像"天使用户"测试可以采用定向邀请的方式，大范围测试面临的挑战之一是如何触及更多的目标人群。在这个阶段，负责市场营销及产品运营的成员需要参与进来，通过营销的方式，将产品在目标人群中进行充分展示，增加购买量（或是下载量），尽可能地丰富反馈数据来源。

需要注意的是，既然测试是为了收集反馈、优化产品，那么在产品的设计上就应该注意留有反馈收集的入口，并保证反馈收集通道足够通畅。例如，某 App 邀请用户注册，对于每天都打开 App 的用户进行电话回访，通过深度访谈的方法了解强黏性用户的核心诉求及建议。

需要注意的是，由于这个阶段的产品还没有完全达到成型产品的标准，因此可以通过控制发行量的方式，控制这一轮的测试范围，例如，控制下载量、控制产品投入量等。

6.3.3　测试之后

1. 评估反馈信息

随着测试范围的不断扩大，团队会收到很多反馈信息，甚至会有多种对立声音出现，这时团队的一项重要工作是评估反馈信息的价值，即哪些反馈是真实有价值的，哪些反馈是可以忽略的。同时团队需要考虑哪些问题是需要优先解决的，哪些问题可以稍后解决，因为只有有的放矢地推进，才能让团队更加合理地集中力量解决现阶段最核心的问题。

面对海量信息，最好的处理方式是回到创意原点、回归初心，想一想究竟为谁解决什么问题，为什么要做一款这样的产品。重新梳理这些根本问题后，在面对来自多方的反馈时才不会乱了阵脚。

2. 产品优化迭代

围绕需要解决的问题，团队要迅速梳理思路、处理问题，并实现产品的迭代。在大范围测试之后，团队不仅需要关注产品应用本身，还需要站在用户的角度，对产品本身、产品如何触及消费者、消费者满意度等方面进行优化迭代。

（1）产品本身功能优化。随着用户量增多，用户背景更加多元化，产品功能稳定性及流畅程度将会受到全新的挑战。例如，一条爆炸性的新闻导致大量用户在某社交 App 上同时登录搜索而使系统瘫痪，这就是用户量激增造成的系统崩溃。随着用户增多，不同功能本身可以进行优化。

（2）用户友好程度优化。任何产品，最核心的是需要用户的肯定。如今市场竞争激烈，用户也变得越来越挑剔，除了满足用户的实际需求，团队也应该考虑产品的用户友好程度。例如，某互联网坚果零食品牌，除了在产品包装上大做文章，用拟人化的动物形象让自己的品牌极具辨识度，每包产品中还会附赠一袋包含有开果器、果皮袋、湿纸巾的"贴心包"，成本上并没有增加很多，却为用户提供了非常周到的零食享受体验。

即使产品已经成功上线，也需要随时收集反馈、持续优化迭代，和用户时刻保持黏性。例如，某记账 App，在其功能页面设置有一个"悬赏"功能，用户可以领任务拿奖励，其中一项任务就是填写对于 App 的意见或建议，通过这种方式激励用户随时参与到产品测试和优化中来，也降低了人工访谈的成本。

3. 时刻关注市场

随着"测试＋优化"的循环变多，产品变得越来越好，这个时候也不能忽略大环境的变化。也许，一个新的技术可以将产品性能提升一个档次，一个新的应用场景可以使产品的商业价值又扩大到另一个领域。总之，低头做事的同时，也要抬头看路，这样才能让团队少走弯路、不走弯路甚至能"快速超车"。

07 第7章 建立创新信念系统

创新信念系统是每个人打造的自我学习、自我创新的一套自适应系统。只有将学到的方法内化、实践、修正、迭代，并形成适合自己的一套习惯，才能真正地掌握创新的方式、拥有创新自信，并不断更新创新思维。创新信念系统的建立有助于每个人充分立足自身优势，建立适合自己的思维模式、良好的人际网络和健康生活的模式，为应对未来的变化做充分的准备。

7.1 创新5步法的升华

创新的5个步骤向内观是步步相连、环环相扣，从外而观整体流程可以发现，各个步骤之间张弛有度、循环往复、承上启下。从微观到宏观，可以不断地演变和自我迭代，这是本书所介绍的创新5步骤的奥妙与升华。

创新5步法
的升华

7.1.1 从发散到聚焦，张弛有度

创新的5个步骤在运用的时候需要掌握一个节奏，张弛有度是创新的5个步骤的内在特点。如图7-1所示，从第一步的搜集信息并了解用户想法，到第二步的挖掘用户需求并重新定义问题，完成了第一次聚焦；从第三步开始，鼓励天马行空的创意、疯狂的想法，将发散思维进行到极致；到了第四步和第五步，又从发散逐步聚焦，将创意方案用原型落地，并经过测试与迭代，最终推向市场应用。

在发散阶段，创新团队要遵循延缓批评、不指责、鼓励数量等开放包容的原则，从数量足够多的创意中才能更好地提炼出高质量的创意。在聚焦阶段，创新团队需要结合实际，考量自身优势和现状，并将技术可行性和商业可行性考虑进来，将创新从天马行空的发散状态逐步收敛到最有可能推进和实现的方向。

在实际操作中，也鼓励团队成员的思考张弛有度，每次进行充分的发散思考之后，让大脑歇一歇，也让身体歇一歇，恢复能量之后再出发。如果遇到思维卡壳的时候，不要一味地钻牛角尖，有时候稍微放松一下，换个角度、跳出思维的边框，又能发现新的转机。放松大脑的方法有很多，做游戏、讲笑话、起身走一走，或者闭目养神一会儿，都是很好的放松方式。只有情绪放松了，身体得到了休息，大脑才会开始活跃。

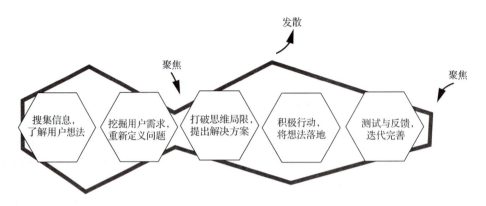

图 7-1　创新发散聚焦图

7.1.2　从起点到终点，循环往复

通过对各个步骤的学习和实践，可以发现创新的 5 个步骤之间是可以相互形成循环关系的独立系统，如图 7-2 所示。也就是说，创新的 5 个步骤并不是一个死板的、机械化的、按部就班的流程。在进行完第一轮创新 5 步骤后，若在测试中发现了新问题，需要进行迭代时，并不需要从第一步重新开始：也许测试之后发现是问题没有定义好，那么就回到第二步，重新定义问题；也许发现是思路还没有打开，解决方案还可以更多，那么就跳回第三步继续头脑风暴，进行创意构思；还可能解决方案是非常好的，只是原型上需要进一步完善修正，那么就只需要从第四步开始迭代即可。

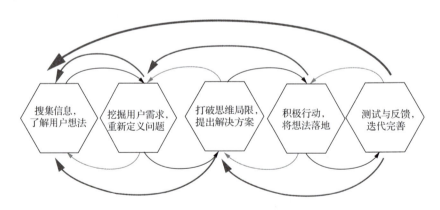

图 7-2　创新 5 步循环

具体来说，创新 5 步骤的循环如下。

从第一步到第五步，其中任何一步都可以与之前的步骤进行循环迭代。例如，在归纳需求的时候，可以反复观察用户和不断地调研、挖掘，不断深入探索用户的需求，不断发现前期尚未发现的甚至是用户自己都没有意识到的需求。

在第三步，进行创新提案的时候，有可能团队成员还没有充分发挥想象力，也有可能在再次挖掘用户需求后，又获得了创意和灵感的启发，想到了更有趣、更有针对性的解决方案。这时候大家仍然可以在原有模型的基础上，甚至推翻原有模型，将创新方案用新的原型展示出来。

在第四步，创新团队在进行原型制作的过程中，也许自己就可以发现一些方案中的缺陷或可以完善的地方，甚至发现创新方案中暂时无法用技术实现的地方，需要寻找替代材料或者等待整体技术的再发展。这时候就必须修改创新方案，又或者需要发明新的技术或材料使创新方案得以实现。

在第五步中，创新者在进行原型测试时可能会发现初期原型中一些设计的不足，或是在原型制作中未被考虑进去的地方，这也是对整个创新设计思维过程的检验。也许当初设计的原型未能充分地满足用户需求，也许原型只满足了用户的一部分需求，又或许在测试的过程中又发现了新的问题，还有可能用户觉得原型过于复杂、缺乏操作性，投资者觉得原型造价过高缺乏商业可行性，等等，这些问题都可能在原型测试阶段被发现——这是一件好事：越早发现问题并及时修正越好，以免让团队在"危急时刻"耗费大量的时间和经费。

在现实的创新活动中，创新团队就是按照这样的循环不断对创新方案进行迭代，不断优化和完善创新结果的。例如，某一共享单车，最开始是在大学校园内使用，为了杜绝车辆的盗失现象，采用了学生身份认证的方式进行识别。那时候，校园骑行范围有限，所以最初的共享单车没有安置定位装置。但是，随着学生的活动范围逐渐扩大，学生将共享单车骑出校园的情况越来越多。因此，运营共享单车的创业团队决定突破校园的限制，开始向社会公众投放单车。这时候，失去了学生身份认证的限制，车辆盗失现象开始增多。为了解决这个问题，也为了方便公众寻找单车，技术团队给共享单车加装了带有定位装置的车锁，并且取消了学生的身份认证机制，换成押金机制作为保障措施。这样，这种起源于校园的共享单车就顺利走出校园，走入了社会，进入了更大的市场，也走进了大众的视野。

从这个共享单车的创新创业的过程中可以看到，随着产品的不断迭代，会有新的问题不断产生、需要解决，也就不断有新的解决方案产生，从而刺激产品和方案不断优化，最终使产品越来越成熟，解决方案越来越完善。

7.1.3　从 5 步到 3 阶，跳出框框

如果对创新的 5 个步骤的循环再做一次归纳和提炼，跳出这套流程框架进行解读，可以发现，在创新的过程中，可以分为 3 个阶段，如图 7-3 所示，即目标群体的期望（观察思考）、可行性（构思实施）与价值型（应用推广）。创新的 3 个基本要素——以人为本、技术可行性、商业可行性，也都体现在这 3 个阶段中。

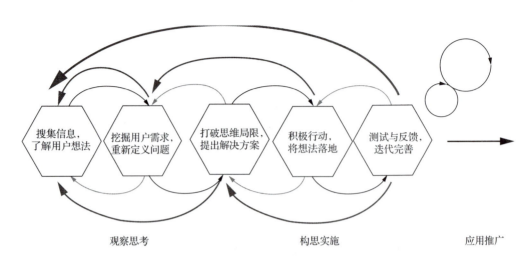

图 7-3　创新的 3 个阶段

第一阶段，观察思考，它包含第一步到第三步。创新者要站在最终用户的角度，观察具体的问题和现状，并了解各方面的信息。在这个阶段，创新者需要围绕主题再次仔细审视，定义清楚问题，以便接下来进行解决方案的构思。思考就是在获得的信息的基础上，进一步考量问题的来源、了解问题的真正内涵、发现问题的根源，并进行深层次的探索。第一阶段需要花时间思考问题的实质和潜在的用户需求，挖掘出用户痛点，从众多的问题表现中找到并定义清楚最核心、最需要被解决的问题。

第二阶段，构思实施，它包含第三步到第五步。在这个阶段创新者将调动全部的灵感和创意，充分打破思维的固有局限，想出数量尽可能多的、有创意的点子，点子达到一定数量时就会发生质变。同时，在创意落地时除了要考虑解决方案是否具有足够的创新性，还要逐步考虑技术上的可行性，以及商业价值上的可行性。这一阶段，创新团队的成员们会经历像过山车一样"从天上到地下"的过程，可能会不太适应，但必须要相信自己、相信这套创新思维和实践的方法。要知道，创新包含了思考和行动这两个重要部分，最终的目的是要将创新的思想和想法变成现实，被人使用。

第三阶段，应用推广，它是创新的 5 个步骤的延续。这个阶段，创新者已经完成了"创新孵化"的全部过程，并获得了一个可以推向市场的新产品或新服务。此时，创新者及团队需要观察和思考创新方案如何才能真正落地实施、进行推广，并获得市场和用户的认可，让这些为用户而设计的创新产品或服务被大众认识和接受，最终让越来越多的人从这些创新的产品或服务中获益。同时，在应用推广阶段，应继续从市场上收集更多新的用户需求，为下一个创新活动提供来源。

如果说创新的 5 个步骤是创新的内循环，那么这 3 个阶段就是创新的外循环。从创新的 5 个步骤到创新的 3 个阶段，跳出框框，将创新的思维模式和精神不断延展、迭代不止、循环前进，永远走在创新的道路上。

7.2　创新与自我探索

自我探索是指个人通过积累生活及工作经验，从而了解自己的兴趣、价值观、需求并提升各种帮助事业成功发展和获得幸福生活能力的过程。这同时也是一个寻找和了解自己的兴趣与优势，并将精力集中在某个方面寻求创新和创业机会的有效方式。

创新的 5 个步骤也可以迁移到对自我的探索中来。例如，很多大学生在求职的时候往往不知道自己想做什么，对自己的职业发展没有明确的规划，这时就可以试着用创新第一步里的方法去了解自己的"潜在用户需求"。再比如在求职过程中，当你在面试的时候，可以用到"同理心"来和面试官交流，并了解公司的企业文化、领导风格、对岗位的期望和要求等。

7.2.1　自我探索的创新方式

心理学家认为对个人的了解包含 4 个维度：第一，"公开的我"，即自己知道、别人也知道的部分，属于个人展现在外、无所隐藏的部分；第二，"隐私的我"，即自己知道、别人不知道的部分，属于个人内在的私有秘密部分；第三，"潜在的我"，即自己不知道、别人也不知道的部分，是有待开发的部分；第四，"背脊的我"，即自己不知道而别人知道的部分，犹如一个人的背部，自己看不到，别人却看得很清楚。

在自我探索中，每个人要试着去找到"潜在的我"和"背脊的我"，从而开发出尚未觉醒的潜能，创造出更多的人生可能性。就好像创新者通过收集和挖掘用户需求，能找到潜在的、真正的用户需求，并针对这些真正的痛点设计出具有创新价值的产品和服务，为用户提供更多的选择和价值。

1. 寻找更多心流体验

"心流"是指人们在做某些事情时，那种全神贯注、投入忘我的状态。在这种状态下，甚至感觉不到时间的流逝，而且在这件事情完成之后会有一种充满能量并且非常满足的感受。其实一般人们在做自己非常喜欢、有挑战并且擅长的事情的时候，比如爬山、游泳、打球、玩游戏、阅读、演奏乐器还有工作的时候，就很容易体验到心流。进入这种"心流"状态的人通常会有以下特征。

① 完全投入。

② 有极度兴奋或狂喜的感觉。

③ 内心清楚——知道做什么，以及如何做。

④ 出奇的镇定、冷静。

⑤ 感觉时间似乎静止了，或者觉得时间过得极快。

了解"心流"的概念，可以帮助我们更好地通过寻找"心流体验"去发现自己的兴趣和目标，解决人们普遍存在的"我不知道自己喜欢什么""我也不知道自己到底想干什么"这样的迷茫。用一个小本子，或者在手机的便签工具中，记录下自己符合以上5个特征的时刻都是在做什么，最好每天都记录一份，也可以隔几天记录一份，但时间间隔要尽可能短，以保证连续性。这样的记录要持续至少3周。

还可以采用"情绪日记"的方式（见图7-4），来记录和发现自己"心流能量"的变化。例如，一个人每天编写程序代码时会完全投入并享受于其中，这是"正心流"，而买菜做饭让其感到疲惫厌烦，这是"负心流"；另一个人每天核对数据感到无聊又厌倦，这是"负心流"，而当他周末去社区做志愿者时，为孩子们讲课让他获得巨大的成就感和幸福感，这就是"正心流"。把自己的这些"心流能量"诚实地记录下来，并尽可能给每个心流打分，从而帮助自己把这些心流时刻进行排序，如此可以帮助你更好地反思与厘清自己的兴趣与特长。

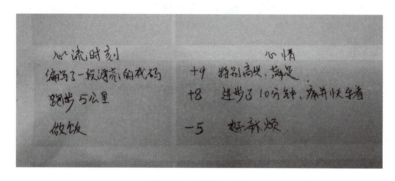

图7-4　情绪日记

2. 进行人生设计采访

创新第一步中的访谈不仅是了解用户信息和需求的一个非常重要的工具，还是一个可以用来进行自我探索的好方法。借用诗人李白的一句诗"不识庐山真面目，只缘身在此山中"，人们对于自己的认识和了解，有时候正如"身在此山中"的人，无法全面而清晰地看到自己的"庐山真面目"。这个时候，通过别人的眼睛和讲述来了解自己，是一个方便、快捷、有效的方式。

可以先从自己身边的人开始，例如父母、兄弟姐妹、朋友、同学、恋人等，这些人对自己比较熟悉和信任，因此比较容易畅所欲言。访谈之前，同样需要先想好问题。这些问题设计的原则与在第2章中介绍的一样，要尽量用开放式的问题，多问为什么，这样才能获得意想不到的故事。提问的时候也要保持客观，特别是让别人当面来评价一个人，大多数人会只讲好话，因此提问者一开始就要表明诚恳、谦逊的态度，不要让回答者有所顾忌，也不要因为对方说出了不好的评价而辩解或感到受伤，而应该全部如实记录下来，然后进行分析和反思。

可以向别人问以下问题。

① 在你的眼中我是一个什么样的人？

② 你觉得我特别擅长做什么事，特别不擅长做什么事？

③ 如果用一种颜色形容我，是什么颜色？为什么？

④ 如果用一种动物形容我，是什么动物？为什么？

⑤ 能讲一个你和我之间印象最深刻的事吗？

除了了解自己，还可以设计访谈问题去采访你身边那些"你想成为的人"。例如，就职于你梦想加入的公司的前辈、考上了你心仪学校或专业研究生的学长学姐，甚至是那些拥有令你好奇的职业经历或人生经历的人，从他们的故事中找到你想要的信息，挖掘出对你自己的人生规划有帮助的启发。面对一个诚恳、礼貌、好学的年轻人，大多数人都会非常愿意分享自己的经验来帮助他（她）。

采访他人的经历时，可以问他们以下问题。

① 你是如何开始从事现在这份工作的？

② 你是如何获得该专业的相关技能的？

③ 你最满意现在工作中的什么？最不满意什么？为什么？

④ 如果我从事你现在的职业，你有什么建议给我吗？

7.2.2　形成创新信念系统

从当下的方法理论的实践，到放远眼光提前布局，做到有备无患，形成创新信念系统，更多的是考量一个人对未来的预知和调研的能力与意识。

1. 构建未来两年的产品

这里的构建未来两年的产品不是真的要去建立一个项目，而是运用对未来市场产品的预测和畅想，来训练自己的创新能力。

假设有一个机会拿到一笔初始投资，目标是利用两年的时间研发一个新产品，并使其成功进入市场，那么从现在开始需要做什么呢？

首先，"两年"这个时间概念，对于一个创业公司来说，从初步创意到聚焦市场，从明确定位到初期产品成型，再到小规模进入市场、大规模拓宽销量，两年的时间已经是非常紧迫了。所以，以两年的时间来考量一个创意落地，时间绝对不算长。

其次，运用创新的 5 个步骤，可以模拟构建未来两年的产品。从启动市场开展用户需求调研，开启第一步创新的观察，到产出创新的产品原型，再到用户测试与方案迭代，创新者和团队观察思考的方法与前 6 章介绍和学习的完全一样，只是内容可以指向行业研究和趋势预测。创新者需要对市场的发展进行深入思考，在有必要的时候，需要请教一些行业内的专家学者，得到专业的建议和指导。有了这些基本的了解后，再根据所做的观察调研，对未来进行预测，充分了解这个时代的大趋势。在构建未来产品时，把这些预测都罗列出来，进行分类比较、深入挖掘、尽情畅想与构思。看到这里，不难发现，这些都是创新的 5 个步骤中的基本内容，在构建未来产品上，可以活学活用。

当开始尝试构建未来两年的产品时，创新的 5 个步骤又能反复循环地进行，不断训练创新者的思维模式和行动力，也会让创新者和团队尽早为最后真正找到有创新价值的聚焦点做好准备。

2. 让洞见未来成为习惯

洞见未来是指学习和思考的成长速度要比身体和年龄的物理成长速度至少快两年的一种能力。这种能力应该成为创新创业者的一种习惯和必备技能。要想拥有创新的思维模式，不断实践是必经之路。不断的实践会让创新创业者的已有思维和认知变得更深刻，同时还能使他们在实践中继续产生新的思考与认知，进行"思维和认知的升级"，慢慢地能够对未来发展趋势进行敏感捕获、提前洞见。当洞见未来成为一种思维习惯时，创新创业者才能真正拥有和保持领先时代的能力。

要想获得洞见未来的能力，刻意练习和专业反馈是非常重要和有效的两个手段。刻意练习的第一步是要寻找到需要刻意练习的思维模型，然后聚精会神、目标专一地进行反复练习。而反复练习的过程中，专业反馈显得尤为重要。就像有的人，制订了一套周密的健身计划，健身一段时间后，没有明显的效果，渐渐就放弃了。而如果健身过程中有个专业的健身教练给予正确指导，或者对健身计划给出建议，帮助健身者得到一定的反馈，使健身计划及时得到专业的验证或调整，健身者可能不只是少走弯路，而是很可能在短时间内获得明显的效果，并且还能继续进入下一个阶段，获得提高。所以，并非通过 1 万个小时无休止的练习就一定会得到想要的结果，过程中的评估和专业的指点会让刻意练习的每个步骤都更有意义。

如果锁定了刻意练习的目标，例如洞见未来，那么不妨进入刻意练习阶段，积极行动并开始规划更长远的项目。开始对锁定的领域进行预测和评估，选出前 10 个最有发展潜力的方向，建立一套自己的评分标准并进行排序，以便随时拥有对未来的敏锐感知和清晰了解。当然，如果能找到关注该领域的专业人士，及早对自己的"洞见未来练习"进行修正和反馈，同样会让这个过程变得更有效。重要的是，在自我创新信念系统的建立过程中，洞见未来是其重要的组成部分，如果能在反复的练习和实践中，拥有了洞见未来的思维习惯，是非常可贵的。

7.3　描述创业梦

人们学习到的创新的思维和实践方式可以运用到工作、学习、生活中的方方面面，更可以运用到创业的实践中，发挥巨大的作用。大学生是创新创业最多、最活跃的主力人群，国家一直以来对大学生创新创业提供各种优惠的扶持政策。因此，如果大学生有一个创业的梦想，那么创新的能力是其必须具备的。描述创业梦想，运用创新 5 步法指导大学生创业者培养随时随地捕捉创新机会的习惯，以及敢于把一个想法进行商业落地的勇气，是培养创新人才的重要目标。

7.3.1　活用创新 5 步法

在学习了创新方法之后，最重要的是要学以致用、举一反三。这些方法不仅可以用在产品设计、市场挖掘上，还可以用在个人职业规划甚至自我优势的发现中。

1.　创业梦想

在校的大学生是朝气蓬勃、充满活力的，无论是对新鲜事物的好奇心还是对陌生事物的理解力，都有着天然的优势。大学生创业者可以充分利用在学校的时光和各种国家支持，结合创新 5 步法，将前面学到的方法、聚焦的创意、试制的原型、收集的反馈进行商业落地的尝试，并通过各种渠道训练和验证自己对创新方法掌握和运用的熟练程度。下面列举 3 种途径和方式。

（1）校园社团

校园社团活动的经营就是一个小小的公司或者部门的经营。每一场活动的组织、运作和预算的合理分配，以及活动的最终效果等都与一个新产品或服务的运营非常相似，唯一不同的就是，与社会上真实的运营公司相比，少了一些市场上残酷的竞争。但实际上，社团之间类似的活动也存在竞争，只不过学生组织者的压力同真正的创业者相比要小很多。

另外，校园社团活动的组织同样需要一个团队来完成，团队成员的协作分工和创意激发，俨然就是一个小公司的规模和组织形式，这也是每一个参与者锻炼的大好机会。

（2）"双创"大赛

现在各个大学都有自己本校、本地组织，甚至全国性的大学生创新创业大赛。大学生通过不断参加创新创业大赛，可以让自己的创意得到更专业的提升和历练。通常大赛有一定的主题、要求、规格和范围的限制。在参赛过程中，为了符合参赛要求，可以对自己的想法进行不断优化，这个过程本身就是一个迭代和提升的机会。针对不同类别的比赛，大学生有机会将自己的创意实现商业化落地。大学生从来不缺少创意，缺少的往往是从创意到商业的转化经验，而通过大赛的专业通道，加上导师的指导，在大赛平台上不但可以和优秀的对手切磋，还有机会获得投资。更重要的是，经过赛事的历练和加持，大学生可以对创业的整个流程有更真切的体验。

（3）实习实践

在校期间，无论从专业考虑还是为了职业准备，大学生都要早早规划自己的职业发展，有目标地寻找机会进入心仪的公司进行实习实践,贴近职场。即使从来没有创业的打算,但是未来的职场也需要有创新能力的人,需要对世界充满好奇心的人,需要有持续学习能力的人。

虽然大学生的实习内容往往是做一些辅助工作,但是别小看这些辅助工作,虽然看似工作难度不大,但是如果能利用这段时间好好学习和了解公司的流程、规则、运作,以及如何在职场上与团队成员相处等,也会是非常宝贵的经验和收获。更重要的是,学习职场上优秀的同事和领导者的工作方式、工作态度、与人相处的方式等,对自己未来无论是带领团队还是与人协作,或是自己创业,都有最直接的帮助。

2. 设计人生

创新5步法对于个人学业设计、人生规划、职业生涯规划都同样适用。在人生的不同阶段,人们会遇到不同的问题。例如:在求学期间,迷茫自己的学科方向;在求职期间,迷茫自己的职业方向;在职场,迷茫自己的前途方向。其实归根结底,就是面对困难或困境,不知道核心问题在哪里,同时不知道如何解决问题。这些人生的问题、求职的问题,与用户需求问题殊途同归,因此,创新5步法中的思维方式和其他很多工具一样,是可以通用的。

(1)人生可能性——思维导图

大学生,正处在人生最青春且拥有无限可能的年龄。无论是走进职场还是自主创业,都要跳出现实的约束,解除自我的限制,打开思路,用头脑风暴的方式构思自己的未来。在人生设计上,也要有创新的思维和勇气。想法越多,好的想法也就越多,拓宽思路有助于提高构思能力、开拓更多创新思维,找到真正让你充满热情的事情的概率也越大。

思维导图在第4章介绍过,是一个既能发散又能收敛的工具,在人们想梳理自己的人生可能性时同样适用。图7-5所示为人生可能性思维导图。

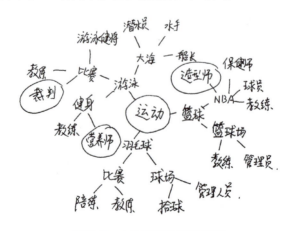

图7-5　人生可能性思维导图

步骤一:在白纸中间画一个圆圈。

步骤二:在圆圈中写出自己感兴趣的活动或者关键词,如运动。

步骤三：针对关键词，发散思维想出与"运动"相关的词，如羽毛球、篮球、游泳等。

步骤四：针对其中的某个关键词再进行发散，例如，"篮球"可以发散出球场、篮球教练、运动员、篮球设计等。

步骤五：根据第一个关键词到发散的第 3 ~ 4 层关键词，梳理整个思维导图，寻找其中的职业线索。

（2）面试求职——调研 + 用户访谈

求职和招聘是一个双向对等的过程。求职者需要考察应聘单位的情况，无论是借助网络、询问学长学姐、请教专家，还是用前面介绍过的调研方法进行调研都可以。在进行数据搜集、信息分析之后，聚焦自己的兴趣点，并带着问题去进行面试，做到准备充分、求职目标明确。

在面试的最后，往往面试官会问到一个问题："你还有什么问题要问我们？"这时候很多人都问不出问题，也失去了一个主动了解对方的机会。如果事先有充分的调研和考察，自然就能问出有价值的问题，不但帮助自己消除疑惑，也会在面试官心中给自己加分。

另外，在面试过程中，作为面试者，可以从访谈者的身份转换到被访者。面试官通常都会问开放性的问题，通过开放性的问题挖掘面试人员的经历，通过谈话体会面试者的心态，也对面试者的性格、能力、心理素质等方面逐步聚焦，为刻画面试者的画像做数据收集，对其与工作的匹配度、胜任度进行考察。经常做用户访谈的人会具有强烈的同理心，会在面试环节中同理面试官，让彼此的交谈顺畅舒适，这也同样会给面试者加分。

（3）初入职场——原型设计

对于初入职场的新人来说，选择什么职业、如何选择，都难免有些迷茫。人生不能复制，也不能重来，但是人生可以模拟。借助原型设计工具可以做一场小型的模拟人生试验。在能够控制影响的范围之内，尽可能地去尝试、去体验，从中积累经验、吸取教训，就像是做了一个小型的人生职场的原型试验。

方法一：人生访谈。进入职场之前，亲身去体验和了解职场的机会还是有限的。除了实习实践，做人生访谈是一种捷径。在西方，有的家庭会刻意帮助自己的孩子结识不同职业的人士，约上几个小时一起聊天，甚至还会让孩子与这样的家庭生活一段时间，主要目的是让孩子通过充分的访谈、咨询，观察、了解不同职业的人对自己职业的理解。人生访谈也可以叫作职业经历访谈，通过这种间接的方式可以快速了解某个职业的内涵和方向，帮助自己勾勒未知职场的轮廓，提前体验和了解职场的可能性。

方法二：头脑风暴。对未来职业有意义的思考和探讨同样能起到模拟人生的作用。头脑风暴在这里是最适合不过的工具了。选择一个好的问题，找三五个好友，或者有经验的专业人士，再或者人生导师、值得信任的长辈，在一顿饭或一壶茶的时间里，全情投入地就某个职业话题以及自己的职业规划进行一场头脑风暴。这个方法可以帮助人们在很短的时间内对现有的假设做出判断，甚至可能发现新的机会。

7.3.2　拥有创新自信力

再多的方法理论、再多的工具模板，如果不在真实的实践中历练，终究不会成为自己真正拥有的本领。唯有积极行动、不断尝试，才是硬道理。而大学生在实践中要坚定一个信念：创新的能力人人皆有，创新能力可以通过后天训练重新获得。激发创新能力的途径非常多，重点是让创新意识和创新自信成为生活中自然而然的一部分。

1. 尝试不同体验

在循规蹈矩的生活之外，可以试着走出自己的舒适圈，去尝试一些新鲜事物，保持眼界的开阔和思维的新鲜。例如：可以尝试亲自动手制作各种美食；去国外旅游、体验异国的文化，并收藏某类小物品；养个小宠物，体验照顾小动物的感觉；还可以选择参观各种有特色的博物馆，一个个打卡。

总之，尝试不同的事物，让自己对世界保持好奇心，让大脑保持活力。

2. 结识不同伙伴

多样化的人群拥有多样化的思维，尝试结识不同类型的伙伴可以激发多样的灵感，吸收多样的经历。例如：可以进入一些社群，在论坛上讨论感兴趣的话题；可以参加校园的社团，和志趣相投的小伙伴合作共事；还可以加入一些志愿者团体，贴近社会，服务不同的人群，增加生活经验。

人是创新活动中不可或缺的重要因素，多元化的思维加上以人为本的原则，会让创意和创新解决方案更有社会责任感。

3. 不断学习新知

时代的步伐从来没有放慢过，反而越来越快。即使是互联网时代，也已经迎来不断迭代升级的创新了。各种技术不断出现，人工智能（Artifical Intelligence，AI）、区块链（Blockchain）、云计算（Cloud）、大数据（Big Data）、5G 通信……都在加速产业周期的升级迭代。

技术是企业的核心竞争力，自主研发是企业拥有创新能力的源泉。企业的商业模式不仅仅是生产产品，更应该关注生产数据。产业链条中产生的数据可以反映更多消费实况，对生产趋势、市场导向给出可靠的指导。而在数据之下，以人为本依然是创新企业不变的关注核心。创新时代的人群更关注社群的力量，社群的跨界性和延展度都蕴藏着巨大的潜能，社群、朋友圈、人脉网络，这些是未来创新领域的新资源。

面对不断的变化和创新的挑战，唯一不变的应对方法就是不断学习新知识，并让学习新知识成为终身的习惯，让创新成为常态。总之，保持学习的热情并让学习成为终身习惯是最重要的。

08 第 8 章
创业与创业准备

创立企业之初，需要做的准备、掌握的知识、具备的能力，方方面面，不胜枚举。虽然并非人人都要创业，但是每个人都应该对创业有所了解。在校的大学生更应该早早地学习创业知识，不仅仅是学习和了解创业本身，更重要的是趁风华正茂时拥有创新精神、创新自信力，并在未来运用到工作、学习、生活中。初创者无论从哪个方面起步，都要先建立全局观，提前了解企业发展的生命历程，洞悉创业的核心内容，理解关键要素之间的关系，这样才能真正将创新、创意运用到创业中，并针对自身的特点和优势，进行战略部署以及资源任务优先级的排序和分配。大学生创业，在缺乏实际工作经验的前提下，更要从以往的案例中学习和提炼创业者的经验与教训。这样，即使未来不选择创业，这些经验和教训也会对将来的实际工作、创新创意活动有积极的帮助和借鉴意义。

8.1 创业的发展阶段和步骤

从宏观上来看，创业有 3 个发展阶段；从微观上来看，创业历程有 6 个关键步骤。无论是宏观还是微观，创业者如果能从全局来了解创业发展阶段的生命历程，就能把握初创企业的整个成长脉络。

8.1.1 创业的 3 个发展阶段

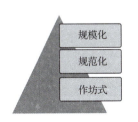

图 8-1 创业的 3 个发展阶段

初创企业的发展路径通常分为 3 个阶段，分别是作坊式阶段、规范化阶段和规模化阶段，如图 8-1 所示。经过了这 3 个阶段，企业会逐渐从发展壮大走向稳定成熟。

1. 作坊式阶段

这是企业的原始期。在原始期，初创企业需要完成"0 到 1"的原始积累。这个时期的企业需要凭借自身的优势，以产品、技术或者服务的形式占领市场。这个阶段的企业规模较小，类似于小作坊的工作方式，人员普遍少于百人。但同时拥有灵活的组织架构、高效的运营机制，正好符合企业发展初期需要多变方案和不断试错的特点。在作坊式阶段，需要企业有创新探索的精神和快速变现的营销能力。

创业的 3 个
发展阶段

2. 规范化阶段

这是企业的成长期。在这个阶段，企业凭借原始积累迅速成长，顺利的话，会经历"1 到 N"的转化过程。这个时期的企业需要将产品规范化、标准化，在保持自身优势的情况下，寻求新的增长点，并保持产品的稳定性。这个阶段的企业规模开始扩张，当人员开始过百的时候，不规范的流程和制度会成为企业发展的瓶颈，企业需要进行专业化转型，以便能应对业务扩展给企业带来的挑战。

3. 规模化阶段

这是企业的成熟期。在成熟期，企业已经经历了从原始到专业的转变，完成了从"N 到 $N+$"的升级。这个时期的企业已经形成了一套自己的运营机制，并从中摸索出了一套适合自己的生存法则，能够稳步地保持利润增长。这个阶段的企业规模又上了一个台阶，对规范、系统、平台管理都有更高的要求。这个阶段依然需要企业保持求新求变、日益创新的精神，不断将优势逐步规模化，进而形成生态。这里的生态可能是规模化效应产生的生态，也可能是与其他行业连接后形成的生态。总之，当规模化效应出现之后，会衍生出新的业态，带来新的机会并激发新的商业模式。

8.1.2　创业的6个关键步骤

企业从无到有，通常要经历 6 个关键步骤，如图 8-2 所示。这 6 个步骤分别是发现商业契机、制订商业计划、组建创业团队、寻找资金来源、组建初创公司、经营初创公司。

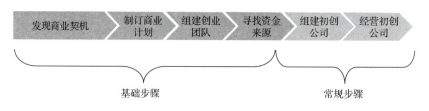

图 8-2　创业的 6 个关键步骤

其中，发现商业契机、制订商业计划、组建创业团队、寻找资金来源这 4 个步骤属于创业的基础步骤，完成了这 4 步，就做好了创业的准备。接下来要想真正创立一个企业，需要进入创业的常规步骤，即根据国家既定的政策法规进入企业注册流程，组建初创公司，组建成功后正式进入公司的运营期。截至这个阶段，创业的常规步骤完成，梦想才真正开始启航。

创建一个企业，发现商业契机是第一步，也是非常有挑战性的一步。创业者既要敢于创新，又不能盲目自信。为了确保商业契机的发现是慎重而合理的，在发掘商业契机的时候，宏观上需要遵循"顺势而为"的原则。

这里的"势"有两层含义：一是趋势，二是优势。趋势指的是外部因素，市场大环境的趋势；优势指的是内在因素，创业的核心优势和核心竞争力。而所谓"顺势而为"是指短期看"优势"，长期看"趋势"。创业的时候不能只看趋势，不能只要趋势好就不假思索地跳进去，否则不一定会有好的结果。例如，虽然互联网的发展趋势很好，但不一定适合所有初创团队，进入该领域之前还是要考量一下自身是否具备相应的优势。所以，短期能不能成功、快速地跑赢第一阶段，在某种程度上与趋势无关，而跟优势更相关，即应更关注是否具备核心优势和核心竞争力。但是，长期来看，趋势还是更重要。所以，为了长期发展，必须跟对趋势、用足优势。特别是当市场上产品的同质化较为严重的时候，团队必须要有核心竞争力才能脱颖而出。

因此，创业需要把握短期和长期的契机及势态，既要充分发挥核心竞争力，了解、认识和评估自身的优势，做到有自知之明，保证所谓的优势是真正的优势，又要顺应外界大的趋势，每一步的经营都符合大的环境，确保企业长期持续地发展。

把企业的第一步走对很重要。当企业循序渐进、步步为营，从基础步骤进展到常规步骤时，创业者创业的序幕才刚刚开启。

8.2 创业的关键和核心

创业不是一件某个人有了想法、有了项目或有了资金就可以开始干的那么简单的事情。创业在任何时代都不是新生事物，它有自身自然朴素的内在规律。很多时候，不管多么高深的事物，都离不开简单而朴素的真理。有的时候，往往背后的道理对了，做的事情也就对了。在深入学习新领域的知识之前，先了解事物背后的规律及方法论，并树立正确的价值观，这比立刻执行来得重要得多。

8.2.1 企业的 9 字诀

企业的 9 字诀指的是价值观、方法论和执行力，如图 8-3 所示。

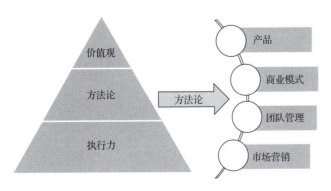

图 8-3 企业的 9 字诀

价值观决定着企业经营的方向。

方法论是思维模式，是企业操作执行的专业依据。企业经营之道虽然随着时代的变迁会呈现不同的样貌，但是有很多基本法则是不会被颠覆的。遵循一定的方法论，在某种程度上可以帮助创业者少走弯路。

执行力是企业从探索运营到成功的必经之路，积极地执行、勇敢地试错往往比空洞的想象要实际得多。

企业建立之初，不妨多花点时间思考企业应建立起怎样的价值观。在正确的价值观的指导下，运用一定的方法论，在强大的执行力的推动下，企业将迅速步入正轨。

8.2.2 创业的 3 大核心内容

企业的 9 字诀中，除了价值观和执行力以外，最关键的就是方法论。它主要涉及 4 个内容，分别是产品、商业模式、团队管理和市场营销。其中，商业模式、团队管理和市场营销是创业的 3 大核心内容，简称 3M。在创新篇中，大部分的笔墨都在强调一件事情，那就是创意想法。而产品就是创意想法落地后形成的实体，创业的 3 大核心内容就是让产品实体能商业化落地的方法论。方法论不但能提供专业的思维模型、方法工具，而且可以帮助创业者建立专业的思维模式。在众多方法论中，创业者需要特别关注这 3 大核心内容，这 3 大核心内容相互关联、互相影响，是创业者可以遵循的方法。

1. 3 个核心的相互关系

这三者的每一项都有成熟的方法论，甚至都可以成为单独的一门学科。对于创业者而言，了解商业模式是创业的第一步思考，团队管理是创业的人员组织实施，市场营销是创业的商业实施。创业的产品从实体到商业化落地，需要这三驾马车齐头并进，缺一不可。它们彼此之间相互关联，又相互影响。产品的创意实现需要有明确的价值主张、准确对应的目标用户、明确的自身资源优势、客观的现状分析、有针对性的市场营销策略等。这里的价值主张决定着后续商业模式的方向、人员的选择和管理、市场推进的方式，三者相互牵连、相辅相成，形成了商业落地计划，促成了最终商业化落地的实现。因此，充分地了解三者的内容和关系，对运用这些方法论指导商业落地有切实的帮助。

2. 3 个核心的投资者视角

在团队管理、商业模式和市场营销这 3 个核心内容中，如果要分优先级的话，投资者较看重的是团队管理和商业模式。

投资一个项目首先关注团队，包括团队的激情、创始人的眼界和志向及其组织实施能力。这些都是衡量团队的重点。有了团队之后，再看商业模式。

投资圈有句名言："投资就是投人。"创业的过程就是验证一个假设的商业模式的过程，这种假设可能成立，但大多数时候不成立，因此商业模式的变化是很正常的事情。很多优秀的投资者选择项目时，首要考虑的往往不是商业模式，而是创始团队，尤其是创始人的综合能力。与充满变数的商业模式相比，创始团队的能力反而是容易衡量的，他们也是商业模式的设计者和执行者。特别是在多变的商业动态中，各种变化层出不穷，创始人及其团队应对挑战的能力反而是众多未知因素中相对可知、可控的因素。他们对商业模式的设计懂得适时调整，同时在执行的过程中也懂得灵活机变。

8.3　经典大学生创业案例的启示

大学生创业的例子很多，有的成功，有的失败，有的饱受争议。通过大学生亲身经历的真实案例，了解企业客观发展的不同阶段、创业者真实的创业经历，特别是作为创始人把握企业战略方向、推动企业逐步走向规模化成熟化的过程，读者可以对照自己在校阶段的历练和选择，把这些案例作为未来创业的有益参考。

8.3.1　从作坊到集团——奥数网到好未来

1. 案例概况

大学生张邦鑫本科毕业后，考上了北京大学的硕博连读。张邦鑫在北京大学读研究生的第一年，做了 7 份兼职，当时生命科学院硕博连读的基础课程都集中在第一年，因此他的时间非常紧张。7 份兼职里，有 3 份是家教，2 份是带辅导班，还有一个是做网站，另外一个是在网校答题。后来，一个小学 6 年级学生在他的辅导下数学连续 3 次考了 100 分。因为这个孩子进步神速，这个孩子的父亲就把张邦鑫介绍给其他孩子的家长，周围的孩子也想一起来学习。于是，张邦鑫和他的朋友曹允东便在礼堂里贴了个广告，并招到了 20 个人。这 20 个学生就组成了两个家教班，这也正是他们创业的起点。

① 2003 年 8 月，两个没有任何创业经验的在校生，在"亲友团"的赞助下东拼西凑了 10 万块钱注册了公司，开始筹划开办学校和"奥数网"。

② 2005 年，他们正式将机构取名为"学而思"，专门从事中小学生课外辅导培训。

③ 2010 年 10 月，学而思在纽约证券交易所上市。

④ 2013 年 8 月 19 日，学而思更名为"好未来"，定位为"一个用科技与互联网来推动教育进步的公司"。

⑤ 2018 年，好未来作为一家中国领先的教育公司，它的市值已经超过了 150 亿美元。

2. 案例分析

从辅导班、"奥数网"到上市公司"学而思"，再到以科技与互联网推动进步的"好未来"集团，张邦鑫作为创始人完成了企业 3 个阶段的完美升级。

① 作坊式阶段。创业者利用自身的教学优势，开办数学辅导班，完成了原始产品的打

磨，并借助外部资金成立公司，正式开始创业。

② 规范化阶段。公司从成立到壮大，形成了以学前教育至高中教育（Kindergarten Through Twelfth Grade，K12）核心产品为主的产品服务体系，并在此期间完成了公司内部从管理到服务、从研发到销售的体系健全和规范，为未来进入规模化扩张奠定了基础。

③ 规模化阶段。公司规模逐渐扩张，从 K12 领域逐步扩展到其他领域，如投资学龄前领域的"宝宝树"，全额收购外语领域的"励步英语"等。规模效应持续，旗下形成了多个子品牌，如学而思培优、智康 1 对 1、摩比思维馆、学而思网校、家长帮、乐外教、考研网和励步英语。截至 2017 年，全国的分校扩展到 26 家，约 150 万学员进入好未来的线下课堂，另有 160 万学员通过线上课堂获取优质的教育资源。

3. 总结启发

如果说，在作坊式阶段和规范化阶段，企业凭借自身的教学优势以及市场对培训补习班的巨大刚性需求，可以获得一定的经济收益的话，那么到了规模化阶段，创始人张邦鑫就开始带领团队研究对学生学习真正有效的解决方案。他们用了大半年的时间，打磨了一套教育理念——"激发兴趣、培养习惯、塑造品格"，这才是让企业真正拥有持续创新和增长能力的核心。

通过教育理念在公司的落地，这套理念开始指导内部的研发，指导师资的选聘、师训、日常服务，指导跟家长的沟通和对学科的宣讲。这套内在的核心理念，是企业日积月累形成的宝贵认知和总结。企业特别是创始人只有不断提升认知，才能让企业保持活力、持续增长。

8.3.2　从价值观到方法论——校内网到美团网

1. 案例概况

王兴是从福建龙岩一中被保送至清华大学的，他毕业后获得奖学金前往美国读书，随后归国创业。在前一两次不成功的创业项目之后，王兴创立了校内网。

① 2006 年 10 月，校内网被千橡互动集团 CEO 陈一舟收购，后者继而获得软银投资，并将校内网改为人人网，于 2011 年上市。

② 2007 年 5 月 12 日，王兴创办"饭否"。

③ 2010 年 3 月上线新项目"美团网"，并在"千团大战"之中脱颖而出。

④ 2015 年并购大众点评网。

⑤ 2018 年，美团上市，在这期间还涉足酒店、商旅、出行、电影等领域，王兴成为连续创业者。

2. 案例分析

（1）价值观从未改变

有人觉得看不懂美团，怎么美团什么领域都涉足，从团购到外卖，再到酒店、电影、美团出行，摊子是不是铺得太大了？创业不是应该专注于一个领域，然后做深做精吗？带着这样的疑问，我们需要了解一下这个企业的价值主张。美团的价值主张是"Eat Better，Live Better"，即"让人们吃得更好，生活得更好"，围绕用户的本地生活开展服务，包括衣、食、住、行、娱乐，所有这些都是人们生活中每天息息相关的需求。从这个价值主张可以看出，美团的业务范围和发展方向从来没有偏离过它最初的价值观。价值观一再指引着企业前进的方向。

（2）方法论一直在起作用

美团相比其竞争对手而言，进入外卖市场比较晚，属于后来居上者。在整个竞争过程中，可以说方法论一直在起作用。

① 团队管理。发挥地面推广人员（简称"地推"）团队优势，美团利用有团购地推经验的团队的管理经验，开辟二三线城市的校园作为"新战场"，"攻陷"以学生为主体的用户。随后以"农村包围城市"的方式，"俘获"一二线城市的"白领"人群，洞察用户的差异化需求，用"美团外卖"专业骑手来满足白领用户对及时性的需求。

② 市场营销。运用"后来进入市场比首次进入市场获客成本高 3 ~ 5 倍"的原理，迅速提高市场占有率，抬高竞争对手的获客成本，加大对手的竞争难度，从而获得市场控制的主动权。

③ 商业模式。在线上到线下（Online To Offline，O2O）的外卖模式不断稳定的前提下，充分发挥移动互联网的作用，不断在原有外卖用户的基础上衍生出相关联的服务，例如酒店、出行、电影等，形成了相同用户、多重消费的局面。

3. 总结启发

王兴可以说是典型的连续创业者，从创业失败的校内网到饭否网，再到美团上市，每一次创业经历都帮助他不断积累创业的经验和认知。美团外卖的对手"饿了么"恰好也是大学生创业项目，创始人张旭豪说："我们是一家大学生创业公司，在体系化的管理、科学的管理、组织能力上还是有一些不足的。"但是，实际上创业者之间除了比拼这些，还要比拼对价值观的把握、在不同市场形势下战略的定位，以及针对不同产品的方法论的运用等。

美团凭借强大的商业洞察力，从一开始的学习别人，然后进行研究、琢磨，选对新赛道，直到最后超越对手，其不但学得快、挖得深，而且执行力更强，能选对关键战略。正是因为美团很早就拥有自己的价值观，能够独立对业务进行判断，迅速捕捉到业务的破局点，形成了组织的共识，并且建立了组织能力，所以无论是团购、外卖还是电影、酒店等领域，美团都能够实现赶超，而所有这些都是围绕企业 9 字诀展开的。

8.3.3　从成名到沉默——互联网产品

1. 案例概况

在互联网兴盛的当下，越来越多的大学生的创业始于互联网，特别是很多大学生和自己的同学、好友一起利用互联网创业。

某互联网品牌成功开发了新颖的 App 产品，并建立了新型的互联网商业模式，吸引了众多的用户。

由于互联网产品的资金投入很大，年轻的 CEO 在关键时刻出现了决策性失误，伴随着竞争公司大量挖人，该公司也未能开发出好的产品，导致公司走向歧途。团队其他人将产品卖给了其他互联网公司，并将 CEO 逐出公司，最终公司倒闭。

2. 案例分析

某互联网新型产品从一开始的如日中天到最后的销声匿迹，的确可以算是一个典型的互联网创业失败的案例，其失败的主要原因在于转型失败和创始人的管理能力不足。

（1）转型失败，融资不力

产品方面，在没有放弃主营业务的同时，想向热门方向转型，但因为实力有限，使自己的产品战线拉得过长，无法集中有限的资金和资源进行专项进攻。在市场上同类产品发展迅猛的时期，因其主营业务不能迅速纵深发展，其实已经是把市场让给了对手，很快在国内市场失去绝对优势。而其欲转战的热门领域，竞争要比原有的主营业务领域更激烈，短期内很难崭露头角。

资金方面，在花完 A 轮资金后进行 B 轮融资。原本他们的打算是借助某种商业模式来吸引新的风险投资（简称"风投"），A 轮融资也许可以靠一些新颖的理念吸引投资者，但是到了 B 轮融资就现实得多，没有数字和业绩说话，转型的决策在严酷的资本面前几乎没有任何说服力。

（2）创始人管理能力不足

企业转型失败的另一个主要原因是创始人的管理能力不足。公司的创始人都是大学生，他们没有工作经验，而融资的成功也一度冲昏了他们的头脑。特别是创始人对产品核心方向的把控、对公司团队管理的能力，都无法应对一个迅速成长的企业。最后，优秀团队中的成员不断流失，公司转型失败也是意料之中。

3. 总结启发

（1）大学生创业动机多样

纵观大学生创业的各种案例，创业的动机多种多样，很多人会把创业想当然：有的人是崇拜偶像；有的人有想当老板的心态；也有的人的确是想实现自我价值；还有的人觉得创业自由，可以不受约束。但不管是怎样的契机，动机决定结果，没有深思熟虑的谋划和实现创业的内在积极动力，成功的可能性都是渺茫的。

（2）大学生创业失败的原因多样

大学生创业失败的案例不胜枚举，有很多人即便是眼下成功了，也是在多次失败后再创业才取得了一点成绩。大学生创业普遍存在的问题集中在以下几个方面。

① 团队管理方面：低标准用人，没耐心找到真正合适的人选；招聘人才时没胸怀，以

自我为中心；不重视员工培训，员工的素质难以应对企业新的增长和发展；选错合作伙伴，或合作伙伴内部产生矛盾；团队内部沟通不畅，团队执行力低下；股权利益分配不明，强调员工的忠诚，而不重视员工的利益。

② 商业模式方面：创业项目选择失误，项目立项缺乏充分的调研论证；创业项目资金不足，资金管理不严谨；管理经验不足，朝令夕改，无法建立合理、弹性、有效的制度；缺乏战略思维，缺乏持之以恒的精神。

③ 市场营销方面：只重视眼前利益，忽略长期发展，缺乏长远计划；错误或无效的经营管理、销售策略，以及对竞争者的错误估计。

归纳这些原因的时候不难发现，失败的原因涉及创业的 3 个核心方面，即团队管理、市场营销、商业模式。因此，创业的 3 大核心内容需要引起创业者足够的重视。

（3）适合大学生创业的领域

大学生创业的领域五花八门，以往大学生创业的经历和范围可以作为未来创业者选择创业领域的参考。适合大学生创业的领域如表 8-1 所示，综合来看可以从两个维度进行分类。

① 以大学生为主要服务者、从业者的业务。

② 以大学生为首批用户、主要用户或客户的产品。

适合大学生创业的领域有自己天然的特点，它们往往贴近大学生的日常生活，是与大学生的社交、学习、娱乐息息相关的领域，是大学生更容易入手的地带。

表 8-1　适合大学生创业的领域

类别	创业项目	领域
软件	Discuz!、PHPWind、Teambition、网络软件外包	以大学生为主要服务者、从业者的业务
咨询	泡泡网	
餐饮	饿了么、火锅店	以大学生为首批用户、主要用户或客户的产品
课程表	超级课程表	
招聘	应届生求职网	
社交	人人网、微博	

从过往的案例中可以发现，大学生就业的方向主要集中在高科技、智力服务、连锁加盟、开店 4 个方向。

① 高科技：软件开发、网页设计制作、移动应用开发、游戏开发等。

② 智力服务：家教、家教中介、设计工作室、翻译事务所等。

③ 连锁加盟：快餐店、家政服务、小型超市、数码冲印等。

④ 开店：咖啡厅、餐馆、美发屋、文具店、书店、网店等。

当然，适合大学生创业的领域绝对不局限于这些。随着互联网的发展，越来越多的新型业态产生，也催生了更多的新型商业需求和商业模式，新生事物的不断衍生在不同程度上鼓励着有创新、创意能力的人去积极思考、大胆想象、勇于尝试、拥抱创新。

09 第9章
创业核心内容一：团队管理

创业团队是指在创业初期（包括企业成立前和成立早期）由一群理念相同、才能互补、责任共担、有共同目标的人所组成的特殊群体。打造一支优秀的团队，对于创业者来说是至关重要的工作之一。

9.1 什么是理想团队

所谓理想团队，并不仅仅是团队成员关系好或者能赚钱，理想的团队应该是稳健的、抗风险能力强的、可持续的。一个团队最核心的要素就是人，与人相关的管理工作都不会容易，但精良的团队就像车辆的发动机，能让公司快速发展。

9.1.1 团队构成

1. 创业团队的特点

创业团队不同于一般的工作团队。创业团队是在企业初创时期建立的，目的在于成功创办新企业，而一般团队的组建只是为了解决某类或者某个特定问题。因此，创业团队具备以下特点。

（1）心态更加开放

创业团队的目的是开发新的产品、拓展新的市场、开创新的局面，这往往意味着这个团队要运用新的管理思想、创立新的组织形式。这种"新"往往意味着新的机会，因此需要团队用更加开放的心态去接受新兴事物，也需要以更加开放的心态来包容不同。

（2）节奏更加紧张

合格的创业团队有强烈的目标导向，在初期更多以解决问题、创办企业为核心目标，对其他问题关注很少，因此对规章制度、流程方面的要求会相对较低，这也使创业团队的架构较为扁平，成员间沟通比较直接，整个团队运转起来更加紧凑、高效。

（3）工作更不稳定

创业团队由于受到金钱、技术、市场环境等因素的限制，往往在初期比较艰苦。不少如今的互联网公司的高层管理者、优秀创业者，在创业初期只能在租来的小房间里努力坚持编写代码、迭代产品。团队成员甚至无法保证稳定的收入和工作节奏，加之市场环境的变化与威胁，战略可能不断调整，经常出现今天做出的决策明天就会因为某个原因而不得不进行调整的情况。这种不稳定性也是创业团队的特点之一。

2. 贝尔宾团队角色理论

对于团队而言，最重要的就是人，人的构成会影响组织的成败。英国团队管理专家贝尔宾（Belbin）观察成功团队时发现，当一个团队具备以下 9 种不同角色时，通常能够良好地运营。

（1）智多星

典型特征：有个性、思想深刻、不拘一格。

积极特性：才华横溢、富有想象力、智慧、知识面广。

能容忍的弱点：高高在上、不重细节、不拘礼节。

在团队中的作用：提供建议、提出批评并有助于引出相反意见，对已经形成的行动方案提出新的看法。

（2）审议员

典型特征：清醒、理智、谨慎。

积极特性：判断力强、分辨力强、讲求实际。

能容忍的弱点：最先看到消极的一面，缺乏鼓励和激发他人的能力，自己也不容易被别人鼓励和激发。

在团队中的作用：对繁杂的材料予以简化，并澄清模糊不清的问题，评价他人的判断和作用。

（3）专业师

典型特征：诚实、从自我做起、专注、能在急需时带来知识和技能。

积极特性：能够提供不易掌握的专门知识和技能。

能容忍的弱点：专业领域比较单一，只懂自己擅长的特殊专业领域，对其他事情兴趣不大。

在团队中的作用：解决与其专业领域相关的问题，并借由其专业领域资源进一步扩展公司资源；这种角色可以是员工形式，也可以是外聘顾问形式。

（4）外交家

典型特征：性格外向、好奇心重、联系广泛、消息灵通。

积极特性：有广泛联系人的能力，不断探索新的事物，勇于迎接新的挑战。

能容忍的弱点：兴趣转移快。

在团队中的作用：提出建议，并引入外部信息；接触持有其他观点的个体或群体；参加磋商性质的活动。

（5）协调者

典型特征：沉着、自信、有控制局面的能力。

积极特性：对各种有价值的意见不带偏见地兼容并蓄，看问题比较客观。

能容忍的弱点：在创造力方面稍显不足。

在团队中的作用：明确团队的目标和方向，选择需要决策的问题，并排出它们的先后顺序，帮助确定团队中的角色分工、责任和工作界限。

（6）凝聚者

典型特征：擅长人际交往、温和、敏感。

积极特性：有较强的适应周围环境以及人的能力，能促进团队的合作。

能容忍的弱点：或多或少会有"讨好型人格"，在危急时刻有可能会优柔寡断。

在团队中的作用：打破讨论中的沉默，采取行动扭转措施或克服团队中的分歧。

（7）鞭策者

典型特征：思维敏捷、开朗、会主动探索。

积极特性：有干劲，随时准备向传统、低效率、自满自足挑战。

能容忍的弱点：好激起争端、易冲动、易急躁。

在团队中的作用：寻找和发现团队讨论中可行的方案，使团队内的任务和目标成型，推动团队达成一致，并朝向决策行动。

（8）执行者

典型特征：保守、顺从、务实可靠。

积极特性：有组织能力、有实践经验、工作勤奋、有自我约束力。

能容忍的弱点：缺乏灵活性，对没有把握的主意不感兴趣。

在团队中的作用：把谈话与建议转换为实际步骤，考虑什么是行得通的、什么是行不通的。

（9）完成者

典型特征：勤奋有序、认真、有紧迫感。

积极特性：理想主义者、追求完美、持之以恒。

能容忍的弱点：常常拘泥于细节，容易焦虑，不洒脱。

在团队中的作用：强调任务的目标要求和活动日程安排，在方案中寻找并指出错误、遗漏和被忽视的内容，促使团队成员产生时间紧迫的感觉。

这9种角色与团队的规模无关，并非一个团队必须有这9个成员，有时多个成员承担一种角色，有时一个成员承担多种角色。例如，在《西游记》中，唐僧师徒4人就是一个典型的完整团队——唐僧是凝聚者、完成者，孙悟空是鞭策者、智多星、专业师，猪八戒是外交家、审议员，沙和尚是协调者、执行者。

对于每个职场人来说，工作中通常会有两种角色，即职能角色和团队角色。职能角色是指与工作直接相关的个人特质，是由个体的专业知识和专业技能所决定的；团队角色与个人性格关联更大，比如个人价值观、脾气秉性等。因为团队工作中大部分时间需要与其他成员沟通交流，团队角色或者说个人性格决定了团队成员之间的相处模式。团队成员身上这两种角色叠加的效果会影响到每个人在团队中的定位。

9.1.2　优质团队的 5 个特征

创业团队不同于成熟的团队，会更加频繁地面临新挑战和新的机遇，在初期摸索阶段需要不断根据目标进行调整。一个优质的团队，在面对挑战时能够很好地合力直面挑战、化解危机；面对机遇与短期利益时，也能够秉承初心，踏实地打磨自己的产品。

1. 愿景统一，价值认同

相比多数传统成熟行业按部就班的工作，创业团队需要在不断探索中对组织结构和创业产品不断进行优化，这就意味着每个人都需要有很强的自我驱动力才能推进组织的集体进步，而这种自我驱动力多数情况下来自个人的价值认同。

团队为何组建？创业项目希望解决什么问题？满足哪一类消费者的哪些需求？当团队成员从心底认同这样的商业模式或创业逻辑，认为这样的事业能够收获自我价值时，才能有足够的自我驱动力不断进行优化和创新。这正是优质创业团队需要的特质。

2. 沟通无阻，相互信任

创业团队面临的一个重要挑战就是与时间赛跑。面对每天都有新变化的市场环境，除非是绝对的"蓝海"市场，否则很容易被竞争对手超越甚至替代。基于这样的客观条件，提升效率成为创业团队首先要解决的问题。而在团队合作的过程中，沟通占据了很大比例，能够高效沟通的团队往往能够更快解决问题、产出成果。

沟通无阻，
相互信任

没有意义的会议、花费大量时间美化的演示文稿、冗长的汇报机制等，都会成为增加团队内耗的罪魁祸首，也会成为团队高效沟通的阻力。

培养高效沟通的习惯，不论对创业还是就业，都是一项重要的软技能。优质的创业团队在沟通上普遍有这样几个特点：平等沟通、善于沟通、及时反馈、选择合适的方式和渠道。这些都是高效沟通的基本原则。

3. 接受不同，敢于试错

创业者组建团队时，会不由自主地选择和自己经历类似的伙伴，这种"类己"偏好是人的正常心理。但对于创业团队而言，越能融合多种特质的成员、接受不同特质的伙伴，长期来看这个组织就越稳定，也越有利于组织创新。

另外，创新是个不断试错的过程，再伟大的想法不去执行也只是纸上谈兵。而试错过程有成功也有失败，一个成熟的团队，应当有能力接受一些非原则性的错误，这样才能最大程度地保留成员的创新精神。但管理者更应该关注组织的抗风险能力，在试错前合理评估风险。

4. 拥抱变化，追求完美

变化是唯一不变的事情，对于创业团队更是如此。由于多数团队初期都是摸着石头过河，很多时候可能为了完成工作而连续通宵奋战，而大环境的突然变化却使辛苦付之东流；刚刚摸索出的营销模式，一投入市场就遭到了否定等不可预料的情况经常发生。这时候最重要的是要有拥抱变化的正向心态，接受变化，让自己也随着变化而调整。与此同时，不能因为潜在的变化和风险就敷衍了事，应秉承每一次都是第一次的创业者精神，将每一项工作做到极致，这样的团队才有能力去应对多变的市场环境。

5. 多想一步，主人翁精神

初创团队不像成熟团队已经有了相对清晰、明确的工作分工，很多时候每位成员都需要担负超出本岗位的工作与责任。而在这样的压力与挑战下，一个优秀、成熟的创业团队中的成员，会体现出非常好的主人翁精神：积极主动地承担更多工作，具有奉献精神、责任意识、集体观念，以解决问题为核心目标。具备这种精神的创业团队，能够很快超越其他创业团队。

9.1.3　投资者青睐的团队特点

创业团队在发展过程中，离不开的就是投资者的投资，只有有了持续的投资和稳定的收入，项目才能正常推进，团队才能不断壮大。而投资者在投资时，首先要考虑的就是团队成员的素质。因为很多创业项目对于市场而言是全新的，通常不太容易预料其实现效果，与其说投资者在投资项目，不如说投资者是在投资人，毕竟，创新和改善问题的核心都在人。因此，如何打造一个满足投资者要求、让投资者信赖的团队，是每个创业者要思考的问题。

投资者青睐的团队特点

1. 已获得一定的认可

就像病人生病时去看医生一样，年老的专家医师的诊断结果通常会比年轻医师的诊断结果让人感到更加可信，对于刚刚接触到项目的投资者而言，如果团队有相对可靠的相关条件，会更容易让投资者产生信任。

创业团队获得认可的潜在条件通常包括以下两个方面。

（1）团队成员的个人背景

这方面包括团队核心成员的技术背景、毕业院校及专业、与创业项目相关的经历等，尤其是与技术相关的创业项目。如果在团队中有一位技术能力很强的"大牛"，会让投资者感觉放心不少。

投资者眼中的团队成员背景考量维度如图 9-1 所示。团队成员的背景特质可以粗略地概括为专业基础、创业经历及行业 / 产品经验 3 个维度，这些都是投资者关注的重点。从图 9-1 可以看出，背景处在第一象限的团队成员往往更容易获得投资者的青睐。

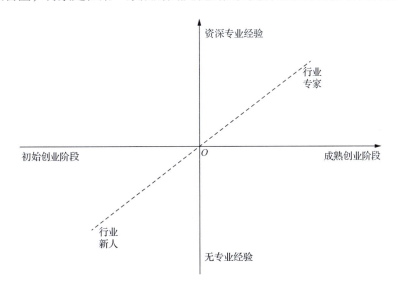

图 9-1　团队成员背景考量维度

（2）项目进展

项目进展包括融资进展、核心技术是否获得过专利、团队是否已完成天使轮融资甚至 A 轮融资、产品迭代次数等。

2. 核心创业者对于市场的敏感度

如果说创业团队是一艘船，那么核心创业者就是航海士，他可以基于自己的航海技巧，根据市场这片大海的动向，选择最便捷、最安全的航线抵达目的地。核心创业者展现出的对于市场大环境的敏锐度，可以让他把握住关键的决策时机，最大限度地确保创业项目的顺利推进和实施。

3. 令人感到信任

投资者考量团队水平时，除了一些硬性指标，团队呈现出来的精神面貌也是投资者要考量的维度之一。尤其是在风险投资阶段，对于不明朗的市场前景，即使再卓越的创意，也需要靠谱的团队来执行。在与投资者接触的每一个环节，每个言行细节都是一次向投资者展示靠谱特质的机会。另外，根据不同的创业方向，投资者也希望能从团队成员身上看到与之相匹配的性格特点。例如，一个技术团队需要具备钻研精神，做设计的团队首先能从着装及演示文稿中展示其独特品位，等等。这些无声的信息可以从方方面面传达：语言、动作、往来沟通的邮件或微信留言，甚至是朋友圈，无处不体现着核心创业者的个人特点。

只有将这些个人特点打造得令人信任，才能更好地获得投资者的青睐。

9.2 打造自己的理想团队

企业的规模越大，需要协调与决策的事情也随之不断增加，管理范围就会越大。但是，管理者的时间和精力是有限的。这一矛盾将促使企业增加管理层级并进行更多的分权。因此，企业规模的扩大将会使组织的层级结构、部门结构与职能结构都发生相应的变化。打造符合发展规划的理想团队成为迫在眉睫的事情。

值得注意的是，企业规模的扩大会相应地增加组织运作的刚性，降低其灵活性。人员与部门不断增多，要求企业进行规范管理。规范化、标准化、可执行的团队架构，能够为企业未来的发展奠定良好的制度基础。

9.2.1 常见的创业团队类型

基于不同的商业模式和产品特点，创业团队有很多种类型，每家公司又会根据自身情况进行具体的调整。这些团队类型并没有好坏之分，甚至团队类型也是在动态调整中来适应不断变化的团队组合及时下需求的。

1. 星型团队（Star Team）

这一类型的团队架构就像一个"*"号——团队中以核心人物为主，辐射自己周边的人脉资源。核心人物选择团队成员并组建团队。

比如，大学生小刘在校期间看中了一个紧靠大学城的店铺，用从家人那儿借来的资金开了一家小商店，专门面向大学城的学生群体出售一些日常用品。为了保证良好经营，他又雇用了两位同学：一位是自己的同班同学小李，善于做新媒体，负责小店日常的推广传播；另一位同学小王，是看到小刘的生意后主动提出加入的，他在本地的资源渠道较多，负责小店的货源对接。在这个项目中，小刘作为核心人物，掌握着重要事件的决定权，小王和小李更多的是扮演支持的角色。

这种创业团队有 4 个明显的特点。

① 团队的各个角色基本以核心人物为主。

② 组织决策程序相对简单，"老大"说了算，运作效率较高。

③ 核心人物会导致权力过分集中，从而加大决策失误的风险。

④ 核心人物的特殊权威，使团队其他成员在与其发生冲突时往往处于被动地位；在冲突较严重时，会导致团队分散甚至团队成员离职，因而对组织的影响较大。

2. 网型团队（Net Team）

这种类型的团队成员关系比较平等。通常是同学、亲友、同事、朋友等，在彼此的交往或合作过程中，因为某种契机或者共同认同的想法，达成了共识以后，开始共同进行创业。在这样的创业团队中，没有特别的核心人物，每个人都根据各自的能力和特点进行了组织的角色定位。这样，就形成了早期创业团队的各司其职的协作、伙伴关系。

例如，2018 年有一家"网红"创业餐厅，是由几位医学院的学生合作创立的，他们都是某个学校的同学，共同投资、共同选址、共同研究产品及营销方式。基于这样的创业背景，遇到关于项目发展的关键问题时，需要大家一同探讨和商议。

这种创业团队有以下 4 个明显的特点。

① 团队成员各司其职，整体结构较为松散（这只是一种团队组建方式，松散不一定代表不完善，这种组建方式反而对创新有很积极的作用）。

② 组织决策时，通过沟通和讨论达成一致意见，以集体决策为主。

③ 团队组织架构扁平且权力相似，扩张后有可能形成多意见、多标准的局面。

④ 民主平等的协商和沟通，可以充分听取各方意见，避免冲突，保持团队稳定。但当团队成员间的冲突升级而有成员撤出时，容易导致整个团队的涣散。

3. 树型团队（Tree Team）

这种团队结构较为常见，更接近成熟公司的架构。当公司发展到一定规模，无法像星型结构一样一个人决定所有的事情，也无法像网型结构一样事事全体商议，这时候就产生了树型结构。树型结构的特征是有明显的汇报线，每个层级有决策人，就像树的主干和枝干；按照公司规模及业务方向，可以划为不同业务线及结构分支，如图 9-2 所示。

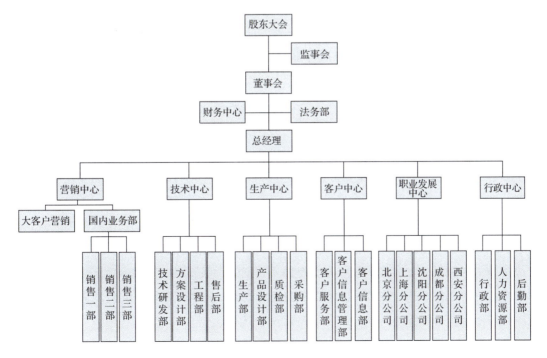

图 9-2　树型公司结构示意

创业公司的结构通常会更加简单，层级更少。随着公司的发展壮大、不断扩张，职能部门也会不断增加。

人力资源架构的搭建是创业之初非常重要的一环，搭建的过程可以解决和明确很多问题。在此过程中需要考虑的内容有公司战略和目标、岗位职责权力、人数分配、激励体制、薪资制度等。组织架构是公司的骨架，但不能为了架构影响到组织的高速迭代和创新发展，否则会本末倒置，失去组织架构的意义。

9.2.2　创业团队组建

创业项目能否成功，核心决定因素还是在人。世界上没有完美的人，却有完美的团队，如何在团队组建时找对人，对项目后期的发展起着至关重要的作用。

1. 组建原则

对于初创团队，价值认同是非常重要的原则。如果一个团队愿景不同、价值观不一致，那么在做事时容易出现重大的决策失误，更容易导致团队在发展过程中摇摆不定。

另外，在组建团队时也需要差异化。没有人能完成所有工作，较为理想的状态是，一个团队成员所缺少的东西可以由其他成员弥补，那么整体就大于各部分之和。创业团队要想获得成功，就必须掌握非常全面的信息、能力甚至思维方式，成员如果具备不同的背景，那么这对于团队进行决策大有裨益。然而，"类己"偏好，即人们往往倾向于选择与自己经历相似的人作为伙伴，容易导致所有成员在各个重要方面都具有较高的相似性。这样的好处是做决策很容易，因为多数人做决策时是基于自身的过往经验，如果团队成员的既往经验或经历类似，自然会做出类似的决策；但与此相对应的是，突破性产出就会减少，成功的可能性也会降低。在创业过程中，有价值的创新性突破往往不是某一个人的贡献，而是一个团队的贡献，真正的创新者不是"我"，而是"我们"。

这个原则看似矛盾，但却在很大程度上影响了后续团队及创业项目的发展。因此，"和而不同"是创业团队最重要的组建原则。

2. 组建渠道

① 校园渠道。对于大学生而言，社会关系与人脉资源相对比较简单，同学是很重要的寻找伙伴的渠道。除了同学，校友甚至老师都可以成为项目的合伙人。

② 兴趣社团渠道。在社会团体、俱乐部、相关公益组织中都能找到志同道合的人，并且大家的背景相对比较多元，能够满足"和而不同"的团队组建原则。

③ 专业技术圈。如果你的创业方向是技术导向的，而团队中又缺少满足要求的专业技术人才，那可以多参与一些专业技术圈的交流活动，一方面了解现在的技术进展，另一方面可以与相应技术圈保持良好沟通，以积累人才资源。

④ 投资者。对于大学生创业者来说，投资者是打开人脉的重要渠道。通常，投资者在

投资创业项目时，会专注于某一个或某几个领域，对这一领域的人员情况也相对比较熟悉。如果能够取得投资者的信任，从他手中获得联合创始人的资源，也是个不错的选择。

9.2.3　创业团队管理

1.　核心创业者自我管理

创业团队组建完成，如何进行管理也是对创业者的重要挑战。这不仅仅是创业者管理团队的挑战，也是创业者通过管理团队自我管理的过程。一个创业团队中，核心人物的言行在很大程度上对全体成员都有影响。

创业是一个充满挑战与机遇的过程，这就要求核心创业者有非常强的自我管理能力，包括但不限于目标管理、时间管理、人员管理、财务管理、项目管理等能力。只有不断自我学习，不断进行顺应变化的思考，才能实现团队的整体管理。

2.　实现团队激励

前文提到，创业团队中的每个成员都要有很强的自我驱动力。这种能力有的来自对创业目标的认同，有的来自自己的职业习惯，但不管哪一种，都很难时刻保持高水平的自我驱动力。因此在工作中，激励是很重要的。

创业团队的激励不是指"画大饼""灌鸡汤"或是花重金，这些激励方式持续性较差，且下一次的激励效果会显著降低。有效的激励可以参考以下 3 种方式。

① 单独沟通。每个人都不一样，与每位成员充分交流，才能有的放矢，了解他们的想法，抓住矛盾的源头。

② 价值肯定。一位优秀的领导者，必须善于奖励团队成员。物质的奖励是每位成员都应当享受的，当成员的个人价值得到认可与肯定时，才能起到精神激励的作用。在肯定成员价值时，最忌讳的就是"为了表扬而表扬"，这样的肯定没有价值，也会让成员更失望。有效的价值肯定，是基于成员所做的事情，在其他人面前用客观的语气阐释他的贡献，让成员知道自己确实是因为做了正确的事情，对团队有贡献，才被认可和表扬的。

③ 充分授权。初任管理者，最容易犯的错误就是工作抓得太紧，不能充分授权。管理者太过于控制工作内容，会给成员造成自己不被信任的感觉，进而影响团队的团结。因此，学会授权，充分信任，会让成员更容易产生主人翁意识，自主产生更多智慧。

3.　承受管理压力

相对于做事，更难的是管理人，对于新晋管理者而言，这种感觉会异常强烈。因此，这个时候承受的管理压力，甚至可能会高出做事的压力。一旦出现这种情况，核心创业者要积极面对这些压力，因为这是团队发展过程中必须承受的。同时积极寻求帮助，包括成熟的职业经理人、其他创业团队的负责人等。

9.3　创业团队组建风险

如果说合理的商业模式和完美的团队组成可以使一个创业项目走得更快，那么高度的风险意识就能使团队走得更远。对于创业团队，需要尽可能规避涉及利益、团队管理以及法律和道德方面的风险。

9.3.1　利益风险

1．股权分配

在创业团队发展过程中，不少团队会出现"能共苦，不能同甘"的尴尬局面，究其原因，是因为在一开始的时候没有确认股权分配机制。有的人觉得这样是创始人彼此之间不信任的表现，所以拒绝分配，以致到了后期出现问题。但是这其实是通过法律的手段，公平公正地设立了一套创业团队的利益划分机制。另外，在做出重大决策时，用股权机制决定话语权的大小，是能够将问题合理化解决的重要方式。

对于早期股权难以划分的问题，可以由创始人一个人代持，但要约定在一定时间后重新分配股权。这是一个磨合期，经过这一段时间的经营，看看谁更擅长什么，谁的贡献更大，并以此作为评估的基础。

2．权力分配

就像前面提到的，当团队发展到一定规模时，各个核心成员有了大致的工作分工，核心创业者需要将权力下放给每个成员。这个过程不是一蹴而就的，而是基于对每个人的了解，有的放矢地授权，并赋予相应权力。权力的分配与成员本人的工作能力、性格特点等有较强关联，在分配前需要对该成员进行全面客观的测评或考量。

3．职责分配

对于每位团队成员，尤其是团队发展到一定阶段后的核心管理层成员，必须要明确的是，不仅仅要赋予他权力，还应让他承担相应的职责，即这个岗位需要达到什么样的工作目标，产出什么样的成果等。只有在人才管理系统中明确各岗位及业务线的标准，才能更加有效、规范地进行工作的推进。

9.3.2　团队管理风险

1．团队情绪管理风险

创业团队由于压力大、转型快等原因，不可避免地会经常面对个人情绪管理问题。这些情绪的出现是正常的，管理者要做的是引导大家缓解这种情绪，并把对团队造成的损耗降到最低。

面对情绪问题，管理者首先要识别出负面情绪，比如部分成员的工作行为与以往相比发生了变化，出现沉默、抱怨、推诿的表现等。接下来，要接受这种情绪而不是强迫大家放弃消极情绪，毕竟没有人喜欢压力。这之后，需要管理者搞清楚每个人的情绪来源，决策失误、分配不公等都有可能造成情绪的波动。通过真诚有效的沟通，平衡好成员的深度需求，在改善个人情绪的同时，团队的管理质量也将是一次质的飞跃。

2. 团队成员流失风险

不管是出于组织原因还是个人原因，团队中的人员变动是创业过程中的常见情况。如何将团队成员流失的风险降到最低，尽最大可能保证组织平稳过渡，是管理者必须要考虑的问题。如果管理者将团队成员的各种情况提前掌握，并能够提前准备和规划，就能有效避免各种突发状况的发生。

3. 团队成长停滞风险

真正优秀的管理者一定会把员工视为企业最为宝贵且实现企业价值增值的第一资源，并把带队伍、育员工视为自己的首要任务。在企业发展的各个阶段，对于每个成员的要求不尽相同，每个成员只有不断提升自我，才能不断地变化、进步。这时，管理者需要对成员的个人成长进行有意识的引导，并积极提供各种资源帮助成员步伐一致、共同发展，不要因为成员个人成长的停滞，导致团队能力不能与企业的发展状况相匹配。

9.3.3　法律及道德风险

1. 基本法律意识

大学生法律意识的缺失主要体现在两个方面：一是缺少法律意识，在企业管理和商业活动中无意识地触犯了法律红线；二是因为缺乏对法律常识的了解，不懂得利用法律武器保护自己，进而影响了企业的发展。

创业者只有具备基本的法律风险的识别能力，才能更好地对企业进行适应市场规则的运营与管理，有效地对各类法律风险进行预先防范，提高企业的抗风险能力，从而适应现代企业运营的法制需求。

2. 基本道德意识

良好的道德品质永远是一个人或一个集体最宝贵的财富。能力决定一栋大楼能否建成，而创业者及团队的道德意识决定这栋大楼能否建得牢固。一个诚实守信的企业，一定能收获更多的客户；一个专业靠谱的团队，一定能够提升投资者的信心。而作为创业团队的管理者，更需要以身作则，对有悖道德的行为和想法进行坚定的否决。伟大的企业可以改变世界，但更重要的是，通过创业者的创造力，让世界变得更好。

10 第10章
创业核心内容二：商业模式

创业之初，创业者最需要重点设计和思考的核心内容就是商业模式，这同时也是整个创业过程的难点之一。成功的商业模式，往往充满创新创意的"基因"，同时又符合当下消费时代的市场规律。天马行空的点子和可落地实施的方案需要完美结合，才能达到预期效果。

借助商业模式设计工具——商业画布，完成商业模式的设计，可以帮助创业者梳理思考过程、完善创业思路，在不断的迭代中不迷失方向。同时，配合头脑风暴、可视化思维等工具和方法，可以激发更多创意，以解决和应对创业过程中不断出现的挑战和困难。所谓好的商业模式，其实就是最适合的商业模式，而这是创业者在不断的试错、打磨、验证中寻找和摸索出来的。

10.1 商业模式

随着互联网时代的来临，很多传统的商业模式被颠覆，很多新业态下的新型商业模式登上舞台，并崭露头角。突破传统模式、创建新的生活方式、创造新的商业场景，已经成为新经济形势下初创企业勇于探索的方式。寻找并打磨出适应当下、适合自身优势的商业模式，是初创企业首先需要思考的问题。

10.1.1 商业模式和商业画布

1. 什么是商业模式

商业模式是企业围绕客户价值最大化构造价值链的方式。

所谓商业模式就是企业围绕客户价值而开展的各项价值活动的总称，是企业各种战略运用的结合体和组合表现形态，它关注的是如何通过有效的战略组合进行价值创新和系统运营，从而构建企业的核心竞争力。

商业模式的内在范围涵盖了企业的整个运营流程，也就是我们通常所说的价值链。它是一个整体的、系统的概念，而不仅仅是一个单一的组成因素，是由融资、研发、生产、营销等相关联的价值活动所构成的，是企业构造价值链的方式。

2. 什么是商业画布

在研究分析商业模式时，目前普遍采用的工具是商业画布，如图 10-1 所示。运用商业画布，可以逐一梳理产品、产业、服务涉及的方方面面。这个工具可以确保创业者在企业创立之初不遗漏关键点，不偏离价值观。商业画布一共包含 9 个核心模块，每个模块的内容和含义逐一介绍如下。

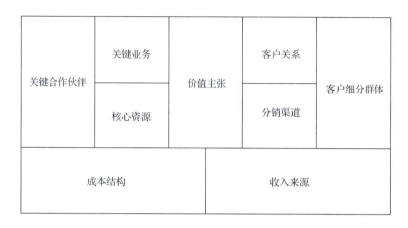

图 10-1 商业画布

① 价值主张：指企业通过其产品和服务所能向客户提供的价值。价值服务确认了企业对客户的实用意义。价值主张的简要要素如图 10-2 所示。

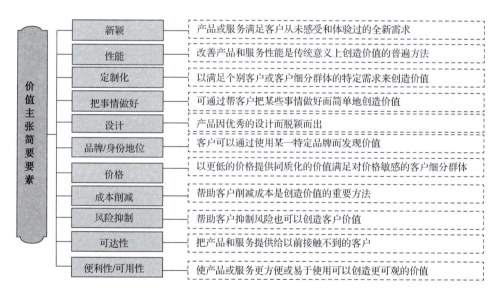

图 10-2 价值主张的简要要素

② 客户细分群体：指企业所瞄准的客户群体。这些群体具有某些共性，从而使企业能够针对这些共性创造价值。定义客户群体的过程也被称为市场划分。客户细分群体类型如图 10-3 所示。

③ 分销渠道：指企业用来接触客户的各种途径。它阐述了企业如何开拓市场，还涉及企业的市场和分销策略渠道的类型和阶段，分销渠道如表 10-1 所示。

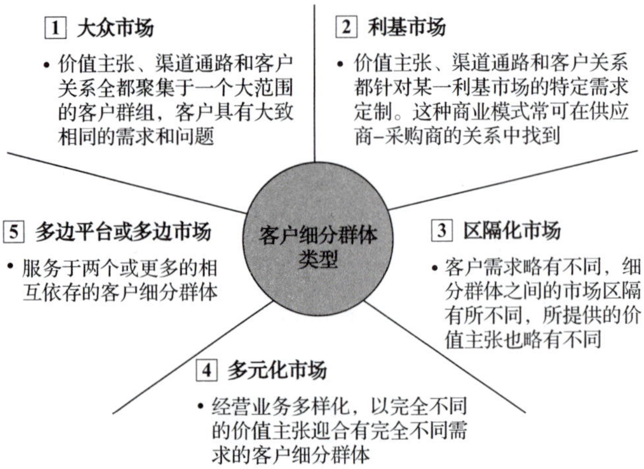

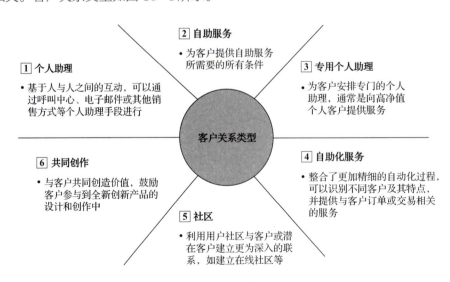

图 10-3　客户细分群体类型

表 10-1　分销渠道

渠道类型			渠道阶段				
自有渠道	直接渠道	销售队伍	1. 认知 我们如何提升客户对企业产品和服务的认知	2. 评估 我们如何帮助客户评估企业的价值主张	3. 购买 我们如何协助客户购买特定的产品和服务	4. 传递 我们如何把价值主张传递给客户	5. 售后 我们如何提供售后支持
		在线销售					
合作伙伴渠道	非直接渠道	自有店铺					
		合作伙伴店铺					
		批发商					

④ 客户关系：指企业和它的客户群体之间所建立的联系。我们所说的客户关系管理即与此相关。客户关系类型如图 10-4 所示。

图 10-4　客户关系类型

⑤ 关键合作伙伴：指企业同其他企业为有效地提供价值并实现商业化而形成的合作伙伴网络，这也描述了企业的商业联盟范围。合作伙伴网络如图 10-5 所示。

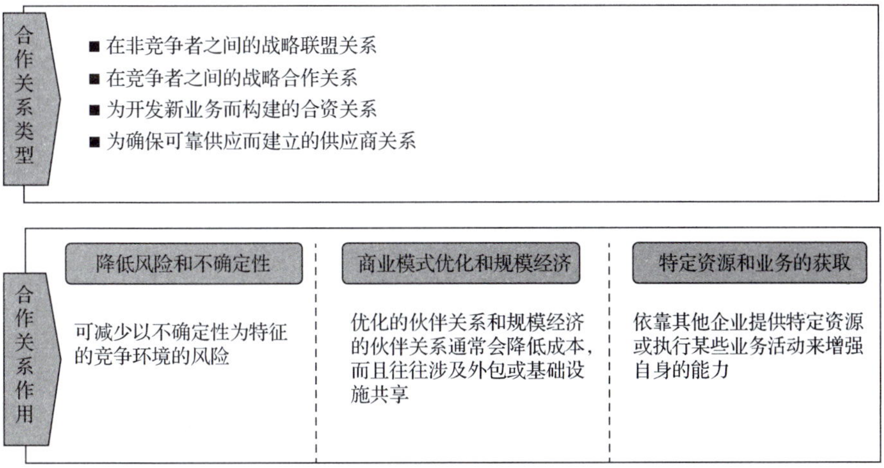

图 10-5 合作伙伴网络

⑥ 核心资源：指企业所控制的、能够使企业设计好的战略得到实施，从而提高企业经营效果和效率的资源。它包括全部的财产、能力、竞争力、组织程序、企业特性、数据、信息、知识等。企业的核心资源分类如表 10-2 所示。

表 10-2 企业的核心资源分类

金融资源	来自各利益相关者的货币资源或可交换为货币的资源。如权益所有者、债券持有者、银行的金融资产等，企业留存收益也是一种重要的金融资源
实物资源	包括实物技术（如企业的计算机软硬件技术）、厂房设备、地理位置等
人力资源	企业中的培训、经验、判断能力、智力、关系以及管理人员和员工的洞察力、专业技能和知识、交流和相互影响的能力、动机等
信息资源	丰富的相关产品信息、系统和软件、专业知识、宽广的市场渠道（通过此渠道可以获取有价值的信息等）
无形资源	技术、商誉、文化、品牌、知识产权、专利等
客户关系	在客户中建立的威信，客户接触面和接触途径，能与客户互动、参与客户需求的产生，以及忠实的客户群
企业网络	企业拥有的广泛的关系网络
战略不动产	相对于后来者或位置靠后的竞争者来说，战略不动产能够使企业进入新市场时获得成本优势，以便更快增长。如已有的设备规模、方便进入相关业务的位置等

⑦ 关键业务：企业通过执行一些关键业务活动来运转商业模式，关键业务类型如图 10-6 所示。

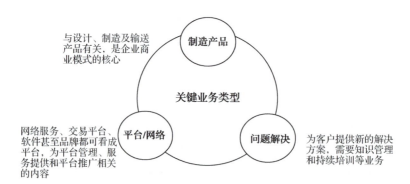

图 10-6　关键业务类型

⑧ 成本结构：它是企业所使用的工具和方法的货币描述。

受成本驱动的商业模式——侧重于在每个地方都尽可能地降低成本。例如某些航空公司提供廉价机票（不提供非必要服务）。

受价值驱动的商业模式——专注于创造价值，比如高度个性化服务、豪华酒店等。

两种商业模式如图 10-7 所示。

图 10-7　两种商业模式

⑨ 收入来源：指企业通过各种收入流来创造财富的途径。不同的收入来源，有固定定价及动态定价两种方式，详细的收入模型如图 10-8 所示。

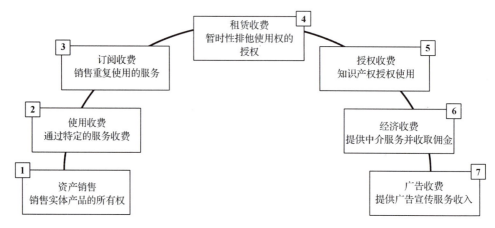

图 10-8　收入模型

3．商业画布的分析顺序

9 个模块分析的顺序如下：价值主张→客户细分群体→分销渠道→客户关系→收入来源→核心资源→关键业务→关键合作伙伴→成本结构，如图 10-9 所示。分析的顺序并不是绝对固定的，只要能把各个模块分析清楚，并把各个模块之间的关系理顺即可。

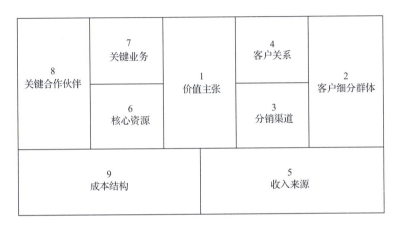

图 10-9　模块分析的顺序

4．商业画布案例分析——食品安全溯源项目

为了加强对商业画布这个工具的理解，以 IBM 发布的食品安全溯源项目 Food Trust 为例，对照商业画布 9 大核心模块分别进行分析，来理解一下商业画布的含义和各模块之间的关系。

IBM 的食品安全溯源项目 Food Trust 是企业对企业（Business to Business，B2B）的商业模式。要解读 9 个模块的含义，可以先从 9 个模块分别对应的 9 个问题进行理解，然后进行商业画布案例分析，如图 10-10 所示。

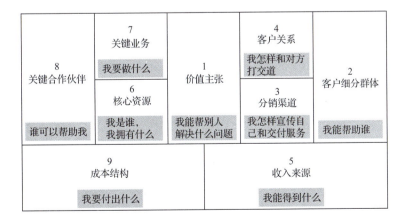

图 10-10　商业画布案例分析

价值主张：我能帮别人解决什么问题？

客户细分群体：我能帮助谁？

关键业务：我要做什么？

分销渠道：我怎样宣传自己和交付服务？

客户关系：我怎样和对方打交道？

核心资源：我是谁，我拥有什么？

关键合作伙伴：谁可以帮助我？

成本结构：我要付出什么？

收入来源：我能得到什么？

参照商业画布的9个核心模块，对食品安全溯源项目进行分析，一一对应商业画布9大模块如下。

（1）价值主张

在众多IBM针对企业实施的项目中，这个运用新技术实现的食品溯源项目主要的价值主张为确保食品安全、提高供应链效率、增强流通信息的透明度。

（2）客户细分群体

① 核心客户：拥有丰富上下游合作伙伴的大型超市企业，例如家乐福、沃尔玛等。

② 上下游客户：以大型超市为核心的上下游合作伙伴，它们同时也是客户。从端到端看，都是细分的客户群体，其中包括农民和产品制造者、食品制造厂或加工厂、仓储库房或经销商、食品物流、食品零售商、消费者、认证机构、食品服务商、食品监管部门等。目前，IBM拥有50个会员公司、300多个零售企业合作伙伴及众多供应商。

（3）分销渠道

在交付方面完全依赖已经形成的传统的渠道进行，但是在推广宣传的渠道方面，这个项目除了常规的宣传渠道，还有自己特有的渠道，那就是利用早期被开发的核心企业已经拥有的上下游关系，进行内增长，以达到自发影响、自我营销的效果。例如，进入项目平台的某品牌大型超市有自己丰富的上下游合作伙伴资源，包括供应商、分销商、制造商等，当超市作为核心企业进入项目平台后，它所连带的上下游企业都会成为这个项目链条中的营销环节。而那些其他品牌的大型超市，作为核心企业的同类产品，依赖的仍然是传统营销渠道。

（4）客户关系

针对B2B的项目，主要以大客户管理的方式处理客户关系。根据行业类别、区域分布，设立专属的大客户管理方式，确保为项目服务范围内的企业提供专门、及时、个性化的服务。

（5）收入来源

① 项目直接收入：为核心企业，也就是巨头超市进行平台搭建的直接项目的开发、实施、维护等方面的收入。

② 会员平台使用收入：以会员身份加入平台后，由巨头强势引入的上下游企业加入平台的会员的使用费用。

③ 成员定制化服务收入：进行个体的定制化服务所得的收入，如平台上的成员对节点需求提出新的要求（增加界面需求、数据需求等）所得的收入。

（6）核心资源

① 供应链理解：自身拥有强大的供应链系统，并且对供应链体系管理的理解深刻，对供应链类的平台系统的搭建有充分的理解和丰富的实践经验。

② 信息化能力：在对线上客户的利益分配、关键技术整合、隐私保护等方面有自己的特色。利益分配方面能够针对不同客户的利益点进行信息化处理，确保利益数据信息跟踪准确、齐备。关键技术包括物联网、人工智能、云计算，这些一直是公司发展的关键技术方向和内容，与供应链系统搭接有天然的资源优势。在隐私保护方面，信息技术的应用如区块链技术可以实现。

③ 端到端管理：多年项目系统搭建的经验，在系统规划方面具有全方位的实力，包括开发、实施、部署、服务整个链条的每个功能环节，各功能环节可以独立覆盖。

④ 开源平台发起方：对于新技术的开源平台，作为主要发起方，具有发言权和主控权。

（7）关键业务

项目提供平台实现溯源模块、认证模块、数据输入和访问模块。

① 溯源模块为食品生态系统的成员更安全地追踪产品，从端到端进行追踪，能轻松捕获交叉污染。

② 认证模块将有机认证或公平交易认证的数据电子化、可信化，提高了查询效率。

③ 数据输入和访问模块便于平台上的实体随时进行数据管理和查询，并确保安全加密。项目提供的服务包括实体所需要的定制化服务，如开发、部署、维护等。

（8）关键合作伙伴

① 技术联盟：依赖非竞争性质的企业联盟，在技术上进行行业特性互补，促进开源平台生态的演进；利用活跃成熟的社区，推进完善的底层技术。

② 核心超市：作为食品供应链的超市巨头，成为 IBM 撬动供应链体系的最好支点，利用巨头自身的上下游资源，带动周边的平台需求，直接实现跨领域、跨行业合作。

（9）成本结构

从项目的角度来看，成本包括研发、生产、市场、运营、服务等方面。

10.1.2 商业模式设计 5 步法

根据商业画布的 9 个核心模块来设计商业模式。这 9 个模块需要了然于心，牢牢记住并熟练掌握。商业模式设计的流程可以总结为 5 步，分动员、理解、设计、实施、管理 5

个步骤，在此我们简单称之为商业模式设计 5 步法。设计流程走完，设计内容需要符合 9 个核心模块的要求。

1. 第一步——动员

（1）内容：动员阶段属于前期准备阶段，参与商业模式设计的人需要在一起了解商业模式的内涵和元素，以及元素之间的关系，并且整理出一套共同的语言来交流如何设计商业模式。

（2）关键：要识别跨学科、跨领域的利益相关者，选择合适的人进入设计团队。

（3）风险：可能会高估初始创意的价值，这在创业公司中很常见。

（4）工具：利用便利贴、马克笔等方式绘制商业画布，运用讲故事的方法来进行动员。

2. 第二步——理解

（1）内容：理解商业环境，勾勒出要研究的问题，理解阶段重在钻研。在此阶段，创业团队要按照商业模式要素的要求，完全沉浸在相关的知识领域里，这里的知识主要涉及客户、技术和环境 3 个方面。搜集信息、访谈专家、研究潜在客户，还要识别需求和痛点。

（2）关键：要对潜在市场进行深入的调研，而不是仅仅对传统市场进行观察。

（3）风险：设计者受到初始创意高估的影响，可能歪曲了对市场的理解，夸大或者缩小了某些因素的影响。

（4）工具：商业画布、商业模式类型、客户洞察、思维可视化、场景假设、商业模式环境、评估商业模式等。

3. 第三步——设计

（1）内容：设计阶段重在探究。将前一阶段的信息和创意转化为可被开发和验证的商业模式模型。在深度探究商业模式后，选择最满意的商业模式进行设计。要挣脱现实的束缚，以头脑风暴的形式参与设计，鼓励团队成员提出天马行空的点子，之后再回到现实，进行选择和决策。

（2）关键：要求不同类型和不同部门的人一起基于之前的调研进行探讨。

（3）风险：没有深入探讨，过早得出结论，忽略了一些好的想法，或忽略现实操作的可行性，难以执行。

（4）工具：在设计阶段不仅会将第二步理解阶段的工具进行实践运用，同时还会用到构思、圆点投票法、原型制作等多种工具。

4. 第四步——实施

（1）内容：实施阶段就是执行，即实施所选的商业模式设计。

（2）关键：团队要有好的执行力和沟通力。

（3）风险：管理人员有可能会认为商业模式已经设计好了，出现积极性降低的现象，不如早期推进的速度快，导致错失迅速抢占市场的良机。

（4）工具：除了前面提到的很多工具外，思维可视化、故事板等工具都能使实施过程更便于理解，使实践过程更简单。

5．第五步——管理

（1）内容：管理阶段就是进行商业模式演进，建立管理组织架构来持续地监控、评估、调整或改变商业模式。具体工作包括规划项目及工作量，提取实施计划，概述后续关键指标，选择衡量标准，选择合适的团队和成员，赋予责任，确保持续改善。

（2）关键：团队要保持主动积极的态度，尽量向前看。

（3）风险：当发现商业模式可以赚钱后，误以为自己完全成功了，从而放弃思考。

（4）工具：运用思维可视化、场景假设进行不断改进，通过改变商业模式环境、评估商业模式，做好最新情况下的商业模式监控，对商业模式进行评估、调整或改变。

10.2 经典商业模式的启示

从新零售到知识付费，从知识付费再到跨界创新，越来越多新型的商业模式崭露头角，无不处处透着创新创意。从这些新颖的商业模式中，依然可以在商业画布的 9 个核心模块中，一一找到对应。参照这些新型商业模型的案例，进一步解读商业画布，并更好地理解这个工具，达到通过启示来完成自己创意项目的目的。

10.2.1 新零售模式——某生鲜商城

1．案例概况

（1）某生鲜商城商业模式

依照商业画布的思路，解读一下某生鲜商城的商业模式。

① 用户信息

目标用户：25 ～ 35 岁的以家庭为中心的互联网用户，女性为主要用户群体。其中"80后""90后"用户约占 80%。

用户特点：首要关注点是商品的新鲜度和品质，特别关注服务质量，价格敏感度不高。

② 核心资源优势

一是新鲜度高。海鲜产品非常新鲜，可以确保送到用户手中依然保持高新鲜度。一方面产品包装运用高科技手段，另一方面从优化供应链入手，从货源直接采购，减少中间环节，确保货品新鲜。

二是配送快。以超市为中心向周边辐射 3 000 米为物流配送范围，全国 13 家实体店，线上与线下结合，运用共享的仓储，缩短配送距离，给用户良好体验。

③ 盈利模式

商品批发和零售直接的销售溢价以及通过预售集中批量订货，减少供应链的浪费，降低运营成本。

④ 业务系统

线上电商与线下实体店销售相结合，销售产品包括半成品、成品、食品代加工等。

（2）新零售商城与传统超市的区别

① 场景定位

传统超市不以场景定位，而是以场地的地理位置、店面的规模、周边的辐射人群来定位，主要满足人们物质方面的需求，衣食用度样样俱全。

新零售商城以"吃"的场景定位，注重用户体验，将"吃"的场景细分，从吃的新鲜度到吃的内容，包括吃的半成品、成品、烹饪食品的周边材料，再到吃的份量，分独立包装、小包装、套装等，还有就是吃得容易、便捷，如现场"一条龙"烹制服务、快递到手。将原来服务到店的商业场景，升级为服务到家的商业场景。

② 营销定位

传统超市营销重线下营销，运用更多传统地推、广告等手段。

新零售商城将线上线下的营销手段融合。线下店面扩张为线上导流，线上互动为线下用户增加黏度，独立的新媒体、互联网运营手段配合线下营销，形成立体的营销模式和营销业态。

③ 消费者定位

传统超市服务周边用户，消费者是全范围覆盖。

新零售商城精准定位于乐于体验新生活模式的年轻用户，该人群生活节奏快，对生活质量有高要求，对价格敏感度不高。

（3）新零售商城与传统生鲜电商的区别

① 传统生鲜电商

轻实体重线上：专注低成本的线上运营，较少采用高成本的实体店运营；线上用传统的"烧钱"拼价格的方式增加流量，忽略产品质量，使用户黏度降低。

传统用户体验：不以生鲜为用户体验的主要关注点，依赖传统配送渠道，供应链冗长、反应慢；一味用低价吸引用户，产品质量参差不齐，最终的用户复购率低。

② 新零售商城

数据驱动：线上线下销售数据结合，运用数据挖掘技术，预测用户需求，形成智能供应链，提高供应链效率，并精准匹配用户需求。

用户经营：实体店产品现场烹制增加线下用户黏性，线下实体店扩张为线上用户导流，线上营销及时互动，带动更多流量。

用户体验为先：实体店前置仓配送及时，满足当下年轻用户的快节奏生活需求；独立小包装考虑用户一顿餐饮用量，节约成本不浪费；高度新鲜，线上线下价格统一，即吃即买即送，满足年轻人的消费新观念。

2. 案例分析

（1）独立小包装产品

新零售商城的产品都采用独立小包装。例如，香蕉三四根一包，蔬菜350 ~ 400克一袋，牛奶750毫升一盒，所有的产品体量刚好满足一个两口或三口之家一餐的用量。对于用户而言，既确保了食品的新鲜，又避免了食物的浪费。

（2）应急生活用品

在以"吃"为核心场景的产品中，还提供了一些外延产品。例如，燃气灶常用的2号电池，爱美女性外出必备的丝袜，有孩子的家庭急需的孩子退烧药品。所有这些都是辐射3 000米以内快速配送的场景重叠产品，使用频次虽然不高，但是及时性很强。这样一来，距离近就成为优势，将产品配送内容叠加，复用了配送产能，同时，也给用户极高的心理舒适感。

（3）只用支付宝结账

将线下到线上的引流通道限制到指定的 App 上，成为大数据分析的基础，利用数据分析和数据驱动进行智能化梳理，预测用户的消费能力及消费习惯，进而在满足需求的基础上，可以引导需求，从被动提供服务到主动定制服务，更充分地满足用户的需求。

3. 总结启发

① 通过场景设计，形成新型生活消费体验，强调食品的新鲜度和高质量，弱化价格敏感度。

② 通过设计合理的产品组合，为用户提供便利，复用配送产能，增加线上用户流量，提高用户黏性。

③ 通过服务的细节设计，配合年轻用户快速的生活节奏，从"速度"和"便利"的维度进行消费升级，重新定义时间，改善用户体验。

④ 通过互联网新媒体等手段，将线上线下和物流多渠道融合，将线上用户量扩张到线下用户的5 ~ 10倍，线上线下贯通，成为新零售模式的代表。

10.2.2　知识付费——得到、知乎 live、分答

1. 案例概况

（1）知识付费产品商业模式

得到、知乎 live、分答的火爆代表着知识付费的风口来临。从付费模式、产品设计背景、产品模式、同类产品 4 个维度，可以了解知识付费产品的商业模式，如表 10-3 所示。

表 10-3　知识付费产品的商业模式

产品名称	付费模式	产品设计背景	产品模式	同类产品
得到	专栏付费订阅模式	得到是 2015 年年底"罗辑思维"团队打造的内容付费产品，吸引了包括罗振宇、李翔、刘雪枫等人的加入。得到 App 目前的用户总数已达到 529 万，日活跃用户 42 万，营业收入预计超过 2 亿元人民币	产品模式：从课源寻找到课程策划、课程制作，由专业团队完成一条龙的服务，产出高质量课程产品。制作团队、运营团队和课程提供方对平台流量带来的各种红利进行收入分成。 收入来源：会员年费、广告费用等。 核心资源：高质量栏目制作能力、平台本身的知名度、创始人 IP 效应等。 关键合作伙伴：课程提供方有影响力，但合作模式是"一条龙"方式，对他们的依赖度不高，无须持续维护。 产品特点：基于社群的产品，话题集中在情感、职场、理财等方面	喜马拉雅FM（付费和免费内容共存）
知乎 live	线上沙龙内容付费模式	知乎 live 是知乎在 2016 年推出的明星付费产品之一，为广大知识或技能拥有者提供了便捷的知识变现方式。 知乎 live 上线 300 多天，累计举行了 2 900 多场 live，单场参与人数平均为 350 人	产品模式：平台开放给各类内容提供方，以各个行业的达人为主体。从话题、内容、策划、价格到课时长度，都由内容提供方自发主导，用户付费参与其中。 收入来源：用户根据需求提出申请，支付几元到几十元不等的费用。 产品特点：与得到的区别在于知乎 live 是基于社区的，产品生产门槛较低，产品内容发起方更贴近大众，更注重垂直领域的自由生长，话题多元，内容生产的成本较低，满足用户个性化需求	荔枝微课、千聊
分答	付费问答模式	分答是由果壳网在 2016 年 5 月推出的产品，一些意见领袖入驻了该平台，引起了广泛关注	产品模式：用户通过付费的方式向有兴趣或者想咨询的意见领袖以文字形式提问，收到提问后，意见领袖以语音的形式回答，并自行设置回答问题的价格。用户还可以选择支付低廉的费用"偷听"某位意见领袖的回答。提问者可获得"偷听者"付费的部分提成。 产品特点：基于名人。用提问、回答、"偷听"、自由定价的方式实现知识付费，充分尊重了各方的意愿，也满足了用户猎奇的心理。内容方面主要集中在女性成长、婚恋情感、亲子、生活等方面，用户也多是中青年女性	微博问答

（2）知识付费商业模式说明

① 用户信息

目标用户：用户年龄分布在 20 ～ 49 岁，其中 30 ～ 39 岁的人数约占总人数的 55% 左右，为主流用户。

主流用户：30 ～ 39 岁群体，有多年工作经验，处于职场转型期，亟待新知识、新技能的补充，助力职业生涯的提升；有一定的经济基础，愿意为高品质和高质量服务的商品买单。

非主流用户：20 ～ 29 岁群体，即将步入中等收入人群，渴望快速成长，经济基础不太牢固，对产品要求较高。

② 付费模式

先付费后获取知识型：如知乎 live。这类产品依赖阅读者的评价，对产品的实际质量没有清晰的标准。

先阅读后付费型：如微信公众号、简书的赞赏。这类产品的质量和用户需求都相对较高，收费运行难度也大。

③ 运营逻辑

与互联网电商运营模式相似，通过增加线上精准用户的流量，持续更新高质量的内容来吸引新用户，留住老用户，获取更多订单。

2. 案例分析

（1）知识付费是新兴的商业模式

当人们在知识爆炸、选择困难的时候，知识付费的商业模式在无形中为人们进行了知识的筛选，付费获得有价值的内容，这既满足了人们对知识的渴求，又满足了人们不愿意浪费时间进行选择的诉求。

（2）知识付费用户的动机

主要人群动机来自个人对自我提升的要求。当物质生活不再是人们第一需求的时候，高质量的精神需求、自我成长的意愿成为渴求知识、追求高质量品质生活的动力。同时，对名人、专家等权威人士的追捧，也是精准选择知识的一个方式。

（3）知识付费将走向定制化道路

随着人工智能技术、大数据技术与互联网技术的融合，用户的个性化知识需求将会得到充分的满足，并会带动行业内新领域的衍生。

3. 总结启发

① 产品设计可以在新时代的需求下进行创新，不同的细分模式，关注不同用户的需求；但总的痛点一致，那就是解决用户快节奏生活的压力与对知识的渴求之间的矛盾。

② 用户的新型消费意识是可以培养和挖掘的。例如，付费意识需要培养，从无到有，从有到细分，从细分到定制，用户的消费导向也会慢慢有所改变。

③ 知识付费的商业模式，是典型的移动互联网的新兴产物。以传统的内容为产品，借助互联网电商的运营模式，以用户需求为中心，从而产生了新的商业模式。

10.2.3 跨界创新——某网络鲜花店

1. 案例概况

某网络鲜花店核心业务逻辑如图 10-11 所示。

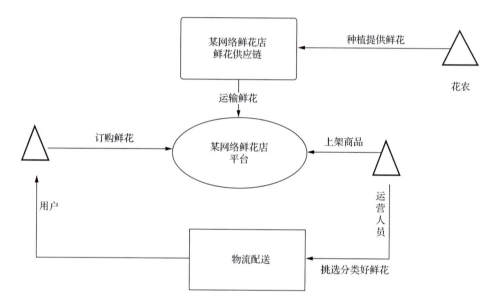

图 10-11 某网络鲜花店核心业务逻辑

对该网络鲜花店商业模式的解读如下。

（1）用户信息

① 目标用户：都市女性。

② 用户特点：追求高品质生活，有一定的精神追求，具备一定的知识，乐于尝试新生活模式，追求时尚。

（2）核心资源

① 数据驱动：搭建数据库平台，利用数据分析、预测需求，确保供应链的敏捷和弹性。

② 用户体验为先：源头直采，缩短加工周期，采用特殊保鲜技术包装，附加营养液配送，确保鲜花的高度新鲜，优化用户体验。

③ 跨界创新：在传统农业管理的基础上，采用工业级别供应链管理的方式，根据需求拉动采购，并进行定制化生产，减少生产浪费，并提高产品的标准和质量。

（3）运营逻辑

① 主要是 B2C 订阅电商模式，通过定制各种主题活动，宣扬女性自我关爱等话题，将传统的低频次消费提高到每周、每月的高频次消费上，让传统的被人送花模式转化为给

自己送花。

② 采用合作的方式去构建花农与鲜花供应链的关系，从源头直采转化为源头定制化采购、预购。例如，将根据订单数量定制采购数量转化为根据预测需求提前制定种植要求，将供应链的管理节点提前，精准预购，也有效地避免了库存浪费等问题。

2．案例分析

（1）创造新的消费场景

购买鲜花是一个低频次非刚性需求的生活场景，利用创新产品"每周一花"的拼团营销方式，改变人们购买鲜花的习惯，从被人送花转化为送自己花。利用拼团的小程序进行获客，一个月 99 元可以享受一个月 4 次、每周一束鲜花的体验。

（2）核心竞争力在困难中打造

当面临大量同行模仿、供应商涨价、流通环节质量把控和质量等级标准不统一的问题时，开始寻找核心能力，通过优化供应链，提升核心竞争力，拉开和竞争对手的距离。

（3）生态系统建立，突破下一个颠覆产品

在产品开始畅销之后，没有停止发展的脚步，而是开始开发线下产品。例如，设计标准化的自己动手制作（Do It Yourself，DIY）门店，即在超市里为消费者设置标定价格的 DIY 专门区间，让消费者不用问，直接按价格主动 DIY；也可以选择几束鲜花直接购买，就像买蔬菜一样。通过和某大型连锁超市的品牌合作，其线下门店的效益达到传统 10 平方米左右小花店效益的 4 倍。

3．总结启发

① "0 到 1"的爆发点是通过不断试错找到的。99 元的拼团价格是从 400 元、300 元的不断试错中验证出来的。在试错的过程中，当用户出现大幅度增长时，就证明那个"0 到 1"的拐点来临了。

② 传统的农业产品借鉴工业产品供应链的管理方法，在源头将产品的定制控制到指标级别，如花的颜色、尺寸，颠覆性地改变了农产品管理的供应链模式，这种创新不是从无到有，而是跨界创新。

③ 鲜花从畅销到标准化，再从线上到线下实体店，从"0 到 1"的创业，到核心能力的扩张，再到生态系统的搭建，是创新企业不断思考、不断成长的必由之路。而每一步的体验，每一次的试错，每一场颠覆思考的创新，都会是企业成长新的起点。

10.3　打造自己的商业模式

商业画布是设计商业模式的重要工具之一，一旦确定了商业模式，创业者就需要关注风险，并提前对项目进行评测，尽早利用专业工具和方法验证和推演自己的设计构想。虽然早期的设计和创业创意不能苛求完美，但是高质量的评估和准备过程是必须要经历的。

10.3.1 两个财务指标

在进行商业模式设计的时候，受到关注最多的通常是产品的创意、用户的痛点需求以及为用户创造利益（价值）的方式。但是，创业者最容易忽略的往往是财务指标，其中成本和盈亏平衡是众多财务指标中较为重要的两个。在整个商业模式设计的过程中，盈亏平衡的计算和推演往往会影响商业模式设计，甚至导致整个模式设计的颠覆。

1. 建立成本意识

很多初创企业最终失败，其根本原因是没有长期可持续发展的健康的商业模式。如果创业者早早建立成本意识，了解成本的组成，同时能适时地对其进行管理和调控，那么对企业健康发展将有至关重要的意义。

① 成本＝固定成本＋可变成本。

② 固定成本，指不随着公司业务发展、规模变化而改变的成本，例如房租、按揭贷款、保险和办公用品费用等。

③ 可变成本，指随着公司业务发展、规模变化会改变的成本，例如直接材料成本、直接人工成本、销售佣金和服务成本等。产量上升，可变成本上升；产量下降，可变成本下降。

④ 公司的开销，也就是成本，影响着创业公司融资的周期，所以创业者需要计算目前的资金可以维持公司运营多久。

建立成本意识、了解成本结构，有助于创业者了解在哪些方面可以降低成本、节约开支、减少浪费。降低成本通常可以从 3 个方面入手。

① 人员上，企业员工对成本控制的意识渗透在产品设计中。

② 流程上，对产品的成本控制贯穿生产、制造、运输、销售等各个环节。

③ 采购上，对原材料能货比三家，寻求最佳物料成本。

2. 掌握盈亏平衡分析

创业初期，增加销量、实现盈亏平衡是核心努力目标。简单地讲，企业初创之时，追求的是收支平衡，作为创业者，需要掌握并能够计算盈亏平衡点，根据资金的状况适时调整商业模式和经营方式。

盈亏平衡点的计算如图 10-12 所示。

① 利润＝总收入－总成本＝总收入－（固定成本＋可变成本）。

② 盈亏平衡点＝固定成本÷每计量单位的贡献差数＝固定成本÷（产品单价－可变成本）。

③ 突破盈亏平衡点，一方面是增加销量，另一方面是控制成本。

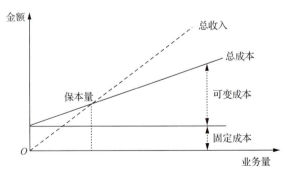

图 10-12 盈亏平衡点的计算

初创企业在追求盈亏平衡时，对于产品的成本控制还难以提上议事日程，主要是因为初期的产品设计、生产定型、生产批量都存在未定型等困难。当产品销量规模化后，企业需要开始考虑产品的标准化、成本控制的流程化等问题，这有助于企业的规模化增长以及资金流的健康发展。

3．试做财务计划

根据自己的创业创意，可以依照表 10-4 所示的未来 3 年营收预测表模拟计算一下。

表 10-4　未来 3 年营收预测表　　　　　（单位：万元人民币）

项目	2021 年	2022 年	2023 年
一、主营业务收入（不含税）			
减：主营业务成本			
主营业务税金及附加			
二、主营业务利润（亏损以"-"号填列）			
加：其他业务利润（亏损以"-"号填列）			
减：销售费用			
管理费用			
财务费用			
三、营业利润（亏损以"-"填列）			
四、利润总额（亏损以"-"填列）			
减：所得税			
五、净利润（亏损以"-"号填列）			

表 10-5 所示为未来 3 年的费用预测表。

表 10-5　未来 3 年的费用预测表　　　　　（单位：万元人民币）

年份	研发	市场	生产	行政	设备	其他	合计支出
2021 年							
2022 年							
2023 年							

10.3.2　尝试商业模式推演

在设计自己的商业模式的时候，如果创业者能多了解更多成功初创企业的增长和演变的案例，提早总结这些企业背后的发展规律、变迁、风险等，那么在规划和设计自己的商业模式的不同阶段，不仅仅会考虑创业时期"0 到 1"的模式，还会思考一旦完成"0 到 1"的变化，企业还有哪些机会保持持续增长的模式。

投资者在考量商业模式的时候，也会关心"0 到 1"之后的发展，并考量"1 到 N"，"N 到 $N+$"的情况，也就是 3 ～ 5 年甚至更长时间的规模和展望。如果投资者能感受到 3 年后甚至5年后企业的良好状态，就会对"0到1"阶段的投资更有信心。

1. 案例：某成衣制造公司商业模式的4次升级

某成衣制造公司商业模式的4次升级内容如图10-13所示，其升级曲线如图10-14所示。

图10-13　某成衣制造公司商业模式的4次升级内容

（1）推演升级过程

① 从单一产品针对单一客户转变为多元品牌针对多元化客户，完成传统企业的突破。

② 利用小组制自运转机制，孵化新品牌，从而获得原创先机，逐步形成商业自循环业态。

③ 互联网规模效应带动周边产业，形成生态圈，形成商业平台效应。

（2）启示

每一次升级都是在前面发展的基础上，对商业模式的重新突破、重新定位。

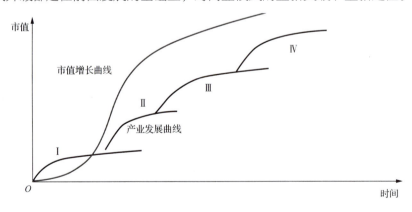

图10-14　某成衣制造公司商业模式的4次升级曲线

2. 案例：某新媒体电商商业模式的逐级演变

（1）推演升级过程

① 内容创业：拍视频聚集了大量的人气（流量），并促成了几款畅销作品；同时试图利用微信平台将广告变现，但效果不佳。

② 电商转型：调整商业模式，抓住中产阶级对生活品质要求高的特点，进行严格的品质选择和流程监管，形成了轻资产的电商平台。

③ 新零售：销售业绩稳定之后，自建 App，搭建自己的平台，从线上走到线下，完成了线上线下互相引流的过程，增加了新的增长点。

（2）启示

每一步的转变和升级虽然不是事先预知的，但是每一个增长点的寻找是商业模式演变的原动力，规模效应带动新的商业模式是可以预见的。

3.　总结

商业模式会随着企业的发展而不断地发展变化，在发展变化中商业模式的重点也会变化。创业者对 3 ~ 5 年商业模式的思考和推演，会左右"0 到 1"时期商业模式的设计，从而让"0 到 1"阶段的设计更有说服力。对不同成功案例商业模式推演的学习，也能拓展自己商业模型设计的思路和视角。

10.3.3　评估自己的商业模式

1.　4 个评估视角

运用商业画布可以设计商业模式，同样，利用商业画布的不同视角，可以再次评估自己设计的商业模式。可以根据商业画布的 9 个模块，从 4 个大的视角建立评估的维度。4 个评估视角如图 10-15 所示。

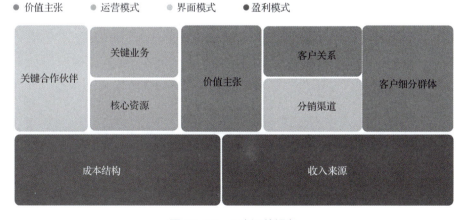

图 10-15　4 个评估视角

价值主张：关注价值主张、客户关系、客户细分群体 3 个模块。

运营模式：关注关键业务、核心资源两个模块。

界面模式：关注关键合作伙伴、分销渠道两个模块。

盈利模式：关注成本结构、收入来源两个模块。

2. SWOT 工具评估法

SWOT 分析法是将对企业的内外部条件进行综合和概括，进而分析组织的优劣势以及面临的机会和威胁的一种方法。S、W、O、T 分别代表企业的优势（Strengths）、劣势（Weaknesses）、机会（Opportunities）和威胁（Threats），如图 10-16 所示。

图 10-16　SWOT 分析法

将 SWOT 分析法这个工具和商业画布结合，能够对企业商业模式设计的各个模块进行重点分析和评估。运用 SWOT 工具评估法，可以形成 SWOT 评价关系，如图 10-17 所示。

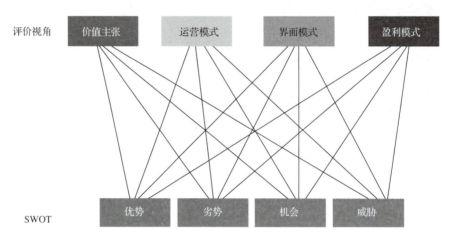

图 10-17　SWOT 评价关系

（1）整体评估

① 内容

设计团队根据 SWOT 工具的原理，针对已有模式，分别从 4 个视角进行优势、劣势、机会、威胁 4 个方面的分析。SWOT 分析图如图 10-18 所示。经过讨论最终找到最需要关注和解决的问题，并按照重要程度罗列出来。同时，可以制订具体的解决实施计划，以便后续改善。对每一个评估视角下的优势、劣势、机会和威胁进行总结，若没有的话可不评估。

SWOT分析	价值主张	运营模式	界面模式	盈利模式
优势				
劣势				
机会				
威胁				

图 10-18　SWOT 分析图

② 工具

用便利贴进行头脑风暴，用圆点投票法归纳总结关键要点，并对这些要点进行排序。

（2）细化评估

根据每个视角自身的特点，可以将 4 个视角分别细化为具体的评估条目，按照分数的级别逐条评估，从而了解具体内容层面的问题所在，并对其进行评估分析。以价值主张为例，进行逐条分析。价值主张的优劣势评估如表 10-6 所示。价值主张的威胁和机会评估如表 10-7 所示。1 ~ 5 分的分值说明：1 分较弱，2 分弱，3 分一般，4 分强，5 分较强。

表 10-6　价值主张的优劣势评估

优势	劣势
1. 我们的价值主张与客户需求一致	1. 我们的价值主张与客户需求不一致
1 2 3 4 5	1 2 3 4 5
2. 我们的价值主张具有很强的网络效应	2. 我们的价值主张没有网络效应
1 2 3 4 5	1 2 3 4 5
3. 我们的产品和服务之间有很强的协同效应	3. 我们的产品和服务之间不存在协同效应
1 2 3 4 5	1 2 3 4 5
4. 我们的客户非常满意	4. 我们经常收到客户的投诉
1 2 3 4 5	1 2 3 4 5
5. 客户流失率低	5. 客户流失率高
1 2 3 4 5	1 2 3 4 5
6. 客户群体的细分很合理	6. 客户群体没有合理细分
1 2 3 4 5	1 2 3 4 5
7. 我们在持续不断地赢得新客户	7. 我们没有赢得新客户
1 2 3 4 5	1 2 3 4 5
8. 良好的客户关系	8. 薄弱的客户关系
1 2 3 4 5	1 2 3 4 5
9. 客户关系品质与客户细分群体相匹配	9. 客户关系品质没能与客户细分群体相匹配
1 2 3 4 5	1 2 3 4 5
10. 高昂的转移成本将公司与客户紧密地拴在了一起	10. 客户的转移成本很低
1 2 3 4 5	1 2 3 4 5
11. 我们的品牌实力很强	11. 我们的品牌实力不强
1 2 3 4 5	1 2 3 4 5

表 10-7　价值主张的威胁和机会评估

项目	分数				
1. 市场上存在我们产品和服务的替代品吗	1	2	3	4	5
2. 竞争对手正在试图提供比我们价格更低或价值更高的产品和服务吗	1	2	3	4	5
3. 现有市场面临进一步被细分或被重新细分的风险吗	1	2	3	4	5
4. 我们的客户会弃我们而去吗	1	2	3	4	5
5. 我们的某些客户关系是否正在退化	1	2	3	4	5
6. 客户重复购买率是否有所下降	1	2	3	4	5
7. 我们可以将产品转化成服务来获得重复增加的营收吗	1	2	3	4	5
8. 我们能更好地整合我们的产品或者服务吗	1	2	3	4	5
9. 我们还可以满足哪些额外的客户需求	1	2	3	4	5
10. 还存在与我们的价值主张互补或者可延伸的机会吗	1	2	3	4	5
11. 在服务客户的过程中，我们还可以为客户做哪些工作	1	2	3	4	5
12. 我们应该怎样利用日益壮大的市场	1	2	3	4	5
13. 我们能服务新的客户细分群体吗	1	2	3	4	5
14. 竞争对手有与其他竞争者组成战略联盟的可能吗	1	2	3	4	5
15. 我们能通过更为精细的客户细分群体来更好地服务客户吗	1	2	3	4	5
16. 在针对客户的售后服务上，还有什么改进的空间吗	1	2	3	4	5
17. 我们应该如何加强我们与客户之间的关系	1	2	3	4	5
18. 我们能在服务的个性化上加以改善吗	1	2	3	4	5
19. 我们应该怎么样提高客户的转移成本	1	2	3	4	5
20. 我们是否已经发现并放弃了不能为我们带来收益的客户	1	2	3	4	5
21. 我们需要自主化一些关系吗	1	2	3	4	5

　　运用这个工具不仅是为了评估商业模式是否健康，即使在企业未来发展阶段，也可以定期进行评估，以确保企业始终保持良性和健康的运转。

11 第11章
创业核心内容三：市场营销

新产品进入市场后想要得到顾客认同并获得持续支持，离不开市场营销。公司在营销自己产品的过程中，能不断提升自身品牌与产品的市场地位，有助于现有产品的迭代。互联网的兴起、社交媒体的发展也为市场营销提供了更多的可能性。

11.1 互联网时代的市场营销

在过去，提到"市场营销"，几乎等同于"广告"。而在今天，依托互联网技术的发展，人与人之间的交往变得更加容易，企业触及用户的方式也更加多元，这使市场营销的"玩法"也变得更加丰富多彩。对于初创团队而言，这种环境下的营销也让低成本和高回报成为可能，却也充满了不确定性。

11.1.1 市场营销策略的制订

任何产品获得市场的认可都离不开科学的市场营销管理。美国市场营销协会（America Marketing Association，AMA）认为，营销是一项有组织的活动，包括创造、传播、交付和交换那些为用户、客户、合作者和社会提供有价值的市场供应物的活动、制度集合及过程。很多人认为成功的营销管理是"推销产品的艺术"，但对于初创公司而言，"售卖"的目标通常只是营销管理中的一部分。通过创造和不断提升品牌价值，抢占市场中的优势地位，实现对消费者的心理管理，才能抵御快速变化的商业环境带来的冲击。

市场营销战略是指企业根据公司及产品的整体战略规划，在综合考虑外部市场机会及企业内部资源等相关因素的基础上，分析并确定目标市场、选择相应的市场营销策略组合，并进行有效实施和控制的过程。市场营销战略的制订是市场与企业相互作用的一个过程，也是一个创造和反复的过程。

STP是营销学中的战略3要素，如图11-1所示，即市场细分（Market Segmentation）、目标市场（Market Targeting）、市场定位（Market Positioning），这是构成企业市场营销战略的核心3要素。而在这之中，市场细分和目标市场的选择是企业活动的第一步，没有合理的市场细分和正确的目标市场选择，所有的营销活动都将因不能针对目标顾客需求、不能聚焦优势资源或不能摆脱"红海"竞争而收效甚微。

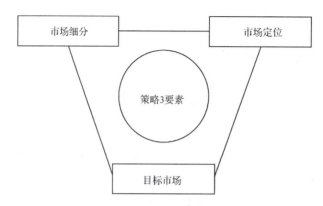

图 11-1　市场营销策略核心 3 要素（STP）

1. STP 营销策略制订方法

（1）识别细分市场

① 什么是市场细分

市场细分（Market Segmentation）的概念是美国市场学家温德尔·史密斯（Wendell R. Smith）于 20 世纪 50 年代中期提出来的。

市场细分是指营销者通过市场调研，根据消费者的需求和欲望、购买行为和购买习惯等方面的差异，把某一产品的整体市场划分为若干消费者群的市场分类过程。每一个消费者群就是一个细分市场，每一个细分市场都是具有类似需求倾向的消费者构成的群体。

科学合理的市场细分，可以划分具有不同需要与需求的消费者群体，帮助企业了解并识别细分市场，企业可以以此判断应有效服务于哪些群体，进而确定目标市场，持续满足其需求，形成品牌的持续影响力，获得成功。

② 市场细分的作用

细分市场不是企业闭门造车根据产品推导出来的，而是从消费者（指最终消费者和工业生产者）的角度进行划分，根据市场细分的理论基础，再配合访谈、调研等多种形式了解消费者的需求、动机、购买行为的多元性和差异性划分出来的。市场细分对企业的生产、营销起着极其重要的作用。

第一，进行市场细分有利于选择目标市场和制订市场营销策略。市场细分后的子市场比较具体，比较容易了解消费者的需求，企业可以根据自己的经营思想、方针及生产技术和营销力量，确定自己的服务对象，即目标市场。针对较小的目标市场，便于制订特殊的营销策略。同时，在细分的市场上，更容易了解和反馈信息，一旦消费者的需求发生变化，企业可迅速改变营销策略，制订相应的对策，以适应市场需求的变化，增强企业的应变能力和竞争力。

第二，进行市场细分有利于发掘市场机会，开拓新市场。通过市场细分，企业可以对每一个细分市场的购买潜力、满足程度、竞争情况等进行分析对比，探索出有利于本企业的市场机会，使企业及时做出投产、异地销售决策或根据本企业的生产技术条件制订新产品开拓计划，进行必要的产品、技术储备，掌握产品更新换代的主动权，开拓新市场，更好地适应市场的需要。

第三，进行市场细分有利于集中人力、物力投入目标市场。对于初创公司而言，资源、人力、物力、资金都是极其有限的。通过细分市场选择适合自己的目标市场，集中人力、资金、物力及资源，去争取局部市场上的优势，然后再占领自己的目标市场。

第四，进行市场细分有利于企业提高经济效益。企业可以面对自己的目标市场，生产出最能满足消费者需求的产品。满足市场需求不仅能增加企业的收入，还可以加速商品流转，加大生产批量，降低企业的生产、销售成本及库存，提高产品质量，全面提高企业的经济效益。

③ 如何区分细分市场

区分细分市场的方式多种多样，核心在于能够根据识别出的消费者群体的差异化特点，找到群体中的共性，以便进一步制订并调整营销策略，开展营销活动。

常见细分维度有以下 4 种。

一是按地理因素细分。按地理因素细分，就是按消费者所在的地理位置、地理环境等因素来细分市场。因为处在不同地理环境下的消费者，对于同一类产品往往会有不同的需求与偏好。例如，非常保暖的加厚羽绒服是高纬度地区居民冬季不可缺少的生活用品，但对于靠近赤道的低纬度国家或地区的居民而言，很少会用到这种衣物，因此这种产品在这些地区的市场空间也就相对较小。

可以按照行政区划来进行细分，如划分为省、自治区、市、县等，在我国，还可以划分为东北、华北、西北、西南、华东和华南几个地区。不同地区的消费者，需求存在较大差异，而同一地区的消费者消费习惯的同质化程度相对比较高。

可以按照规模划分，如划分为大城市、中等城市、小城市和乡镇。处在不同规模城镇的消费者，在消费习惯等方面也大有不同。

二是按人口统计因素细分。按人口统计因素细分，就是按年龄、性别、职业、收入、受教育程度、家庭人口数、家庭生命周期、民族、宗教、国籍等，将市场划分为不同的群体。

以年龄因素举例，对市场的细分可以分为青少年、中老年，也可以分为"60 后""70后""80 后""90 后""00 后"。针对中老年市场的营销策略多围绕传统方式，如线下广告投放、电视广告投放等；对于"80 后""90 后"的年轻群体，网络视频的贴片广告的效果要远超电视广告，依托互联网社交媒体平台的"玩法"也越来越多；而对于更年轻的"00 后"来说，腾讯空间逐渐成为主要的社交媒体，基于该社交平台的营销活动能够更加精准地触及"千禧一代"。

除了微观的、带有明显特征的群体，国家乃至世界人口统计因素也对营销产生着巨大影响。比如在我国，1985—1991 年是第三次生育高峰期，这几年有数量较多的一批婴儿出生。而到了 2010 年，第三次生育高峰期出生的孩子进入 22 ~ 26 岁的阶段，大部分开始参加工作、谈恋爱、结婚、生子，这种群体特征数据改变了消费结构和品牌结构，一些国际潮流品牌渐渐在当时的中国获得了年轻消费群体的青睐，而针对这一类人群的营销活动，也可以大大增加品牌的曝光率。

三是按心理因素细分。按心理因素细分，就是将消费者按其生活方式、性格、购买动机、态度等因素细分成不同的群体。

● 生活方式。生活方式是人们在工作、消费、娱乐等方面形成的特定习惯和模式，不同的生活方式会产生不同的需求偏好，如"传统型""新潮型""节俭型""奢侈型"等。这种细分方法能显示出不同群体对同种商品在心理需求方面的差异。

● 性格。消费者的性格与其对产品的偏好有很大的关系。性格可以用外向与内向、乐观与悲观、自信、顺从、保守、激进、热情、老成等词语来描述。性格外向、容易产生感情冲动的消费者往往好表现自己，因而他们喜欢购买能表现自己个性的产品；性格内向的消费者则喜欢大众化，往往购买比较平常的产品；富有创造性和冒险心理的消费者，则对新奇、刺激性强的产品特别感兴趣。

● 购买动机，即按消费者购买产品的目的和原因来划分。随着生产力的提升，人们对产品的追求不仅仅局限在实用性这个需求上，性价比、新鲜感、安全感的满足等都可以作为细分依据。例如，对于一般人来说，购买手表是为了了解时间，但对于另一些人来说，这是品位的象征。因此，企业可按购买动机对市场进行细分，从而确定目标市场。

四是按行为因素细分。按行为因素细分，就是按照消费者购买或使用某种商品的时间、购买数量、购买频率、购买习惯（对品牌的忠诚度）等因素来细分市场。

● 购买时间。许多产品的消费具有时间性，如玫瑰花在情人节前后最火爆，旅游景点附近的酒店在旅游旺季一房难求，等等。因此，企业可以根据消费者产生需要、购买或使用产品的时间进行市场细分，如旅行社一般会在寒暑假、黄金周等节假日到来前投入大量广告；中秋节是阖家团圆的日子，也是赏月品蟹的好时节，这时就能看到大量的精致礼盒包装的大闸蟹的广告出现在各个地方；出现雾霾天，销售空气净化器、防霾口罩的淘宝店就会发来"提醒"短信；等等。这些都是因为消费者在购买产品时，受时间影响较大。因此，企业可根据购买时间进行市场细分，在适当的时候加大营销投入，在合适的时间将产品或品牌曝光给需要的人群。

● 购买数量。据此可分为大量用户、中量用户和少量用户。大量用户人数不一定多，但消费量高，少量用户消费量低，但不代表不值得倾注时间与精力，这一点在一些高消费圈层营销上显得尤为突出。所谓"圈层"可分为内圈层与外圈层，要通过"圈层营销"实现营销成长，必须内外联动。"圈层营销"的目标群体在内圈层，价值构造也是围绕内圈层来进行的，但是精神层面的附加值的形成很大程度上是在外圈层完成的。外圈层用户尽管并非目标群体，但因为他们属于较难实现购买额的少量用户市场，一旦他们口碑传开则会提升内圈层目标客户的心理价值，增强其购买动机。所以，在营销中，对于外圈层有什么样的营销安排，也应该有一定的考虑。

● 购买频率。据此可分为经常购买、偶尔购买、不常购买（潜在购买者）。如铅笔，小学生经常购买，高年级学生偶尔购买，而白领则不常购买。

● 购买习惯（对品牌的忠诚度）。据此可将消费者划分为坚定品牌忠诚者、多品牌忠诚者、转移的忠诚者、无品牌忠诚者等。例如，家里的老人认为家电就要买海尔、自行车就要买永久牌等；有的消费者忠诚于某些服务，如出行时只选择某一家航空公司、酒店等。为此，企业必须辨别忠诚客户及其特征，以便更好地满足他们的需求，必要时给忠诚客户以某种形式的回报或鼓励，如会员积分机制、航空公司里程累计机制等。

（2）确定目标市场

① 什么是确定目标市场

确定目标市场就是明确企业应满足哪些用户的哪一类需求并开展营销活动。这是企业在营销活动中的一项重要策略。

② 为什么要确定目标市场

对于任何一家企业尤其是初创企业来说，不是所有细分市场都值得投入成本开展营销活动，只有扬长避短，找到有利于发挥本企业优势的一个或几个目标市场，才不至于在竞争日益激烈的市场上被淘汰出局。

从国际商业机器公司（IBM）的发展史不难看出，IBM 长期服务于机构类型的公司，即主要针对 B 端客户，而对于 C 端市场的拓展，IBM 并没有投入很多精力。1997—2003年，IBM 个人计算机市场份额从 8.6% 降至 5.3%，很大程度上失去了主流消费者的喜爱。2004 年 IBM 将个人计算机部门出售给联想，从而实现了对低利润硬件业务的剥离，开始了向高附加值产业的转型。而对于联想来说，在中国个人计算机蓬勃发展的时期收购IBM 个人计算机业务及 Thinkpad 品牌，也使它成为全球 ×86 服务器市场的第三大供应商，仅次于惠普（HP）及戴尔（Dell）。在这场收购事件中，针对各自目标市场开展不同策略，让 IBM 和联想都取得了企业长远发展的机会。

③ 选择目标市场的常见策略

在常见的目标市场策略中，无差别性市场策略、差别性市场策略、集中性市场策略、一对一市场策略是比较常见且容易选择的市场策略。

市场策略多种多样，但并不是一成不变的。受公司发展规模、外界环境等因素影响，同样的企业只有在不同时期面对不同挑战制订不同的目标市场策略，才能最大限度地适应变化，避免被市场淘汰。

● 无差别性市场策略（Undifferentiated Marketing）。无差别性市场策略就是企业把整个市场都作为自己的目标市场，只考虑市场需求的共性，而不考虑其差异，运用一种产品、一种价格、一种推销方法来吸引尽可能多的消费者。这种策略的优点是产品单一、容易保证质量、能大批量生产、能降低生产成本和销售成本。但如果同类企业也采用这种策略的话，必然会形成激烈竞争，局限性也比较明显。

美国可口可乐公司从 1886 年问世以来，一直采用无差别性市场策略，生产一种口味、一种配方、一种包装的产品，吸引了全世界 156 个国家和地区的消费者，红色丝带也成了可口可乐饮料的标志。而在 1985 年，由于百事可乐等饮料的竞争，可口可乐公司宣布要改变配方，不料这一决定在美国市场掀起轩然大波，许多电话打到公司，对公司改变可口可乐的配方表示不满和反对，公司不得不继续大批量生产传统配方的可口可乐。可见，采用无差别性市场策略，产品在内在质量和外在形体上都必须具有独特风格，才能得到多数消费者的认可，从而保持相对的稳定性。

● 差别性市场策略（Differentiated Marketing）。差别性市场策略就是把整个市场细分为若干子市场，针对不同的子市场，设计不同的产品，制订不同的营销策略，满足不同的消费需求。这种策略的优点是能满足不同消费者的不同需求，有利于扩大销售、占领市场、提高企业声誉。其缺点是由于产品差异化、促销方式差异化，增加了管理难度，从而增加了生产费用和销售费用。

近几年，消费者对于健康的追求愈加明显，可口可乐这种碳酸高糖饮料首当其冲成为了"不健康饮料"的代表，其销量在市场上出现了下滑趋势。作为全球最大的饮料商，可口可乐公司敏锐地洞察到了市场的变化并进行了战略调整：生产无糖可口可乐，推出果汁、茶、乳等非碳酸饮料产品，并与可口可乐产品形成差异化售卖。这样就很好地平衡了企业发展与市场需求，稳住了其在饮料行业的重要地位。

● 集中性市场策略（Concentrated Marketing）。集中性市场策略就是在细分后的市场上，选择两个或少数几个细分市场作为目标市场，实行专业化生产和销售，在少数市场上发挥优势，提高市场占有率。采用这种策略的企业对目标市场有较深入的了解，这也是大部分中小型企业应当采用的市场策略。采用集中性市场策略，能集中优势力量，有利于产品适销对路、降低成本，提高企业和产品的知名度。但这种市场策略有较大的经营风险，因为它的目标市场范围小、品种单一。如果目标市场的消费者需求和爱好发生变化，企业就可能因应变不及时而陷入困境。同时，当强有力的竞争者打入目标市场时，企业就会受到严重影响。因此，许多中小企业为了分散风险，仍会选择一定数量的细分市场为自己的目标市场。

日本尼西奇起初是一个生产雨衣、尿布、游泳帽等多种橡胶制品的小厂，由于订货量不足，濒临破产。该厂的总经理偶然从一份人口普查表中发现，日本每年约出生 250 万个婴儿，如果每个婴儿用 2 条尿布，一年需要 500 万条。于是，他们决定放弃尿布以外的产品，实行尿布专业化生产。一炮打响后，他们又不断研制新材料、开发新产品，不仅占领了日本尿布市场，还远销世界 70 多个国家和地区，而尼西奇也成为闻名于世的"尿布大王"。

● 一对一市场策略（Customized Marketing）。一对一市场，对客户进行一对一服务，量身定制。一对一营销可以是一种营销策略，也可以理解为一种客户关系的管理方式，通过高密度、直接的沟通方式，了解客户的需求，为客户提供专属服务，使客户的忠诚度达到最大化，最终实现提升整体的客户忠诚度的目标。这种策略最重要的步骤是需要先明确客户分类并识别真伪需求，即确认选择的这个客户能否给未来的营销策略提供切实的参考价值，多数情况下，企业可以通过该客户过往的消费记录进行分析。

但是这种策略也饱受争议，不少学者认为这个策略存在一个逻辑悖论：实施一对一营销的前提是通过数据找到被选中的客户，而有效的客户数据库的建立与完善需要企业与客户有较为密切的互动，实际上也就是要求客户是忠诚的，但恰恰培育客户忠诚度是一对一营销的目标，这个目标反过来又成为了实现一对一营销的必要条件。因此，这个方法是否具备可行性及有效性，需要视具体产品和企业发展阶段而定。

以上 4 种目标市场策略各有利弊。选择目标市场时，必须考虑企业面临的各种因素和条件，如企业规模和原料的供应、产品类似性、市场类似性、产品寿命周期、竞争对手的目标市场等。

选择科学合理的目标市场策略是一个充满挑战的工作，受企业内部限制和外部市场环境不断发展变化的影响，经营者需要不断地通过市场调查和预测，掌握和分析市场变化趋势与竞争对手的条件，扬长避短、发挥优势、把握时机，采取灵活的、适应市场态势的策略去争取利益最大化。

（3）明确市场定位

① 市场环境分析

在进行市场环境分析的时候，可以从以下 5 个方面入手。

● 对宏观环境进行深度剖析，包括政策、技术、人口、经济、地域及社会文化等诸多环节，深入了解宏观趋势，尤其是在社会主义市场经济体制下，这些显得尤为重要。

● 对所处行业现状进行梳理，包括行业的生态图、产业链、商业模式等。

● 对行业发展趋势的把控，包括行业发展前景与速度、市场结构、用户规模等。

● 对竞争格局进行判断，了解行业内的重点企业、竞争格局、目标用户，确定自己的标杆企业。

● 对企业自身进行分析，包括公司人才储备、技术能力、财务能力、外部顾客、代理商、分销商、供货商等。

② 评估和选择细分市场的工具

● SWOT 分析法。SWOT 工具的具体使用方法可参见第 10 章商业模式中的 10.3.3 节。

● 波特五力模型。波特五力模型如图 11-2 所示，该模型常被用于对竞争战略进行分析，可以有效地分析团队的外部竞争环境。需要注意的是，波特五力模型分析法是将团队置于产业环境中的整体分析，说明的是企业在整体产业中的形势分析结果，而不是企业能力的衡量指标。通常，这种分析法也可用于创业能力分析，以揭示本企业在本产业或行业中的空间。这个工具主要围绕竞争的 5 种主要来源进行分析，即供应商和购买者的讨价还价能力、潜在进入者的威胁、替代品的威胁，以及来自同行业竞争者的威胁。

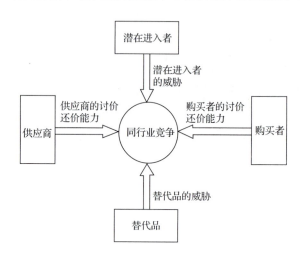

图 11-2　波特五力模型

供应商的讨价还价能力。供应商主要通过其提高投入要素价格与降低单位价值质量的能力，来影响行业中现有企业的盈利能力与产品竞争力。

购买者的讨价还价能力。购买者主要通过其压价与要求提供较高的产品或服务质量的能力，来影响行业中现有企业的盈利能力。

潜在进入者的威胁。潜在进入者在给行业带来新生产能力、新资源的同时，希望在已被现有企业瓜分完毕的市场中占有一席之地，这就有可能会与现有企业发生原材料与市场份额的竞争，最终导致行业中现有企业盈利水平降低，严重的话还有可能危及这些企业的生存。竞争性进入威胁的严重程度取决于两方面的因素，即进入新领域的障碍大小与预期现有企业对于进入者的反映情况。

替代品的威胁。两个处于同行业或不同行业中的企业，可能会由于所生产的产品互为替代品，从而在相互之间产生竞争行为，这种源自替代品的竞争会以各种形式影响行业中现有企业的竞争战略。

同行业竞争者的竞争能力。大部分行业中的企业，相互之间的利益都是紧密联系在一起的，竞争战略作为各企业整体战略的一部分，其目标都在于使自己的企业获得相对于竞争对手的优势，所以，在实施中就必然会产生冲突与对抗行为，这些冲突与对抗就构成了现有企业之间的竞争。现有企业之间的竞争常常表现在价格、广告、产品介绍、售后服务等方面，其竞争强度与许多因素有关。

③ 市场细分的基本步骤

● 选定产品市场范围。公司应明确自己在某行业中的产品市场范围，并以此作为制订市场战略的依据。

● 列举潜在客户的需求。可以从地理、人口、心理等方面列出影响产品市场需求和客户购买行为的各项因素。

● 分析潜在客户的不同需求。公司应对不同的潜在客户进行抽样调查，并对所列出的需求因素进行评价，了解客户的共同需求。

● 制订相应的营销策略。调查、分析、评估各细分市场，最终确定可进入的细分市场，并制订相应的营销策略。

④ 市场细分的条件

企业进行市场细分的目的是通过对客户需求差异予以定位，来获得较大的经济效益。众所周知，产品的差异化必然导致生产成本和推销费用的相应增长，所以，企业必须在市场细分所得收益与市场细分所增成本之间进行权衡。由此，我们得出有效的细分市场必须具备以下特征。

● 可衡量性。指各个细分市场的购买力和规模能被衡量的程度。如果细分因素很难衡量的话，就无法界定市场。

● 可赢利性。指企业新选定的细分市场容量足以使企业获利。

● 可进入性。指所选定的细分市场必须与企业自身状况相匹配，企业有优势占领这一市场。可进入性具体表现在信息进入、产品进入和竞争进入，考虑市场的可进入性，实际上是研究其营销活动的可行性。

● 差异性。指细分市场在观念上能被区别并对不同的营销组合因素和方案有不同的反应。

2. 常见的市场营销策略

（1）按内容划分

① 市场渗透战略

企业在原有产品和市场的基础上，通过提高产品质量、加强广告宣传、增加销售渠道等措施，"留下存量，增加增量"，即一方面维系已有客户的数量，另一方面积极拓展和争取新客户，逐步扩大产品的销售量，提高原有产品的市场占有率。

② 市场开发战略

这种战略包括两方面，一是给产品寻找并拓展新的细分市场，即推动产品进入新的目标市场；二是企业为原有产品寻找新的用途，用互联网化的语言表述就是塑造"新的应用场景"，通过丰富功能，在传统市场上寻找、吸引新的消费者，增加产品的销售量。

③ 新产品市场战略

对于企业而言，要想保持活力就需要不断推陈出新。除了提高产品质量、改进产品，还要不断开发新产品、刺激消费者，增加他们的使用需求。比如在非常饱和的饮料行业，可口可乐公司一方面增加健怡可乐、零度可乐等细分产品，另一方面引导和响应消费者对于非碳酸饮料的需求，推出美汁源、乔雅等系列饮料，抢占更多市场。

（2）按性质划分

① 进攻型战略

进攻型战略是指在一个竞争性的市场上，主动挑战市场竞争对手的战略。采取进攻型战略的既可以是行业的新进入者，又可以是那些想要改善现有地位的公司。进攻型战略的中心可以是一项新技术、一项新开发出来的核心能力、一种具有革新意义的产品、新推出的某些具有吸引力的产品性能特色，以及在产品生产或营销中获得的某种竞争优势，也可以是某种差别化的优势。市场进攻型战略的选择需要从两个方面入手：提高市场占有率战略、提高市场覆盖率战略。

例如，2018年被称为"共享经济元年"，最典型的就是共享单车市场，各种共享单车品牌层出不穷，直接对标当时的"摩拜单车"和"ofo单车"。针对这两个头部品牌的现存问题，各个品牌都提出了各自的解决方案，如更加轻便的车型、更大车筐的设计、更低的押金等，这些品牌通过差异化的设计在格局近乎固定的市场上找到了一席之地。

② 防守型战略

防守型战略是企业为了应对市场可能给企业带来的威胁而采取一些措施企图保护和巩固现有市场的一种战略。每一年，市场上都有不少新产品问世，尤其是在当今技术快速更迭的时代，新产品往往具有性能更好、设计更人性化、价格更低等优势，很快会撼动原来的市场占有者的地位。对于受到挑战的品牌和产品来说，如何捍卫自己的"江湖地位"，是这个快速更迭的时代几乎所有的品牌和产品都要考虑的问题，因为今天的新来者，未来都会有挑战者。防守型营销策略旨在帮助品牌和产品在遭遇挑战者的时候，从价格、广告、渠道、产品形象这几个方面来做出反应。而在互联网时代，这种防守方式变得更加明显，比如很多App之间不能相互分享，从用户角度讲其实非常不方便，但企业之所以这样做，就是出于防守的考虑，避免用户在底层应用间转移，降低用户在其他App上停留的可能性。

③ 紧缩型战略

紧缩型战略是指企业收缩现行经营领域和基础水平的战略。一般情况下，企业实施紧缩型战略只是短期的，其根本目的是使企业过渡到其他的战略选择。有时，只有采取收缩和撤退的措施，才能抵御竞争对手的进攻，可以说紧缩型战略是一种以退为进的战略。

（3）按产品在市场上的寿命周期划分

① 导入期产品的市场战略

导入期市场战略是指新产品刚刚投入市场且存在经营风险的背景下的营销战略。新型产品刚刚进入市场，首要任务是帮助消费者知道并了解产品。这个过程可粗略分为以下两种情况。

一是完全"蓝海"市场，在此之前无同质化产品。这种情况下企业需要耗费更多精力帮助消费者认识到自己的潜在需求。例如，在智能手机普及之前，消费者对手机的定义还停留在打电话这种功能上，生产者就需要引导消费者认识到智能手机对于自己的价值。需要注意的是，作为先进入者，在培养市场方面需要耗费更多营销成本，虽有先入优势，但更要注意规避后进入者的威胁，因为他们可能生产成本更低，优化产品的速度更快。

二是相对"蓝海"市场。即市场上已经有同质化产品，但因为存在漏洞，给同类产品提供了进入机会。例如，原本已经完全被苹果、三星瓜分的智能手机市场，看似已经饱和，但华为、小米、OPPO、vivo 却凭借各自的特色，成功进入了不同的细分市场。

② 成长期产品的市场战略

当产品度过导入期后便进入了成长期。这是需求增长阶段，在这个时期，需求量和销售额迅速上升，生产成本大幅度下降，利润迅速增长。企业要想办法延长这个时期，以最大限度地获取利润，提升市场占有率。

这个阶段，强化品牌信任是重中之重。导入期对于品牌塑造的核心目的是"介绍""曝光"产品，而进入成长期后，要进一步帮助顾客了解品牌特点，强化品牌信任。就像人们选择香皂时，首选就是舒肤佳，因为使用舒肤佳这个品牌的香皂洗手，在人们的认知中是能够减少细菌的。

③ 成熟期产品的市场战略

随着购买产品的人数增多，市场需求趋于饱和，产品便进入了成熟期阶段。此时，销售增长速度缓慢直至下降，由于竞争的加剧，导致广告费用再度提高、利润下降。这个阶段需要未雨绸缪，充分借助已有优势，开发新产品、探索新市场。例如，旅行社的旅游线路产品很容易被复制并遭到恶意竞争，成熟的旅行社在推出全新旅游线路后，一方面通过市场转化的成果进行复盘和总结，另一方面会马不停蹄地研发新的产品，以应对市场冲击。

④ 衰退期产品的市场战略

产品受竞品、内部发展、外界环境等诸多因素影响，可能会在某一阶段进入衰退期。产品的需求量和销售量迅速下降，同时市场上出现替代品和新产品，使客户的消费习惯发生改变。此时生产成本较高的企业就会由于无利可图而陆续停止生产，该类产品的生命周期也就陆续结束，以致最后完全撤出市场。

11.1.2 常见的互联网营销方式

营销方式是指营销过程中所有可以使用的方法，常见的营销方式有事件营销、跨界营销、善因营销、流量池营销等。随着社交媒体的盛行，各类市场营销方式层出不穷。但需要注意的是，不同的市场定位及产品定位与营销活动是相互作用的关系，不同的市场营销策略决定了营销方式，不能因盲目追求新颖花哨的营销方式而偏离了企业的基本市场及品牌战略定位。

1. 事件营销

事件营销是企业通过策划、组织和利用具有新闻价值、社会影响以及名人效应的人物或事件，吸引媒体、社会团体和消费者的兴趣与关注，以求提高企业或产品的知名度、美誉度，树立良好的品牌形象，并最终促成产品或服务的销售的手段和方式。

简单地说，事件营销就是通过把握新闻的规律，制造具有新闻价值的事件，并通过具体的操作，让这一新闻事件得以传播，从而达到广告的效果。事件营销是近年来国内外十分流行的一种公关传播与市场推广手段，集新闻效应、广告效应、公共关系、形象传播、客户关系于一体，并为新产品推介和品牌展示创造机会，能够建立品牌识别和品牌定位模式，是一种能够快速提升品牌知名度与美誉度的营销手段。

2. 跨界营销

跨界营销是指根据不同行业、不同产品、不同偏好的消费者之间所拥有的共性和联系，把一些原本毫不相干的元素进行融合、互相渗透，进而彰显出一种新锐的生活态度与审美方式，并赢得目标客户群体的好感，使跨界合作的品牌都能够取得最大化的营销效果。

如今，互联网社交媒体的红利让任何品牌都有可能在短时间内广受关注，但信息的爆炸，让消费者注意力越来越分散，也越来越难以取悦。在这样的环境下，品牌只靠自身单一的影响力已经不能达到更好的营销效果，跨界合作应运而生。在注重市场细分和资源整合的今天，跨界最核心的价值是用户群体的精准互补，以达到品牌效应叠加的营销目的。

跨界营销能够加深品牌在消费者心中的印象，为品牌带来新的元素，从而找到营销的新突破口，带来新的活力、新的增长。

3. 善因营销

善因营销是指企业与非营利机构合作，或企业内企业社会责任部门将企业自身产品与社会问题或公益事业相结合，在为相关事业做出贡献的同时，达到提升企业形象与社会影响力的目的。

4. 流量池营销

用各种手段获取流量，通过流量的存续运营，再获得更多的流量。

所谓流量池其实是一种营销思维。互联网时代，流量成了企业发展最重要的核心要素，但随着竞品的出现、消费者需求的增加，流量红利已经逐渐消失。原本一篇文章、一组海报就能获得流量，现在已经没有那么容易。而流量池思维就是要利用多种多样的营销方式，将可以触及的用户和收集到的流量储存起来，再通过多种方式进行裂变，让流量实现指数型增长，进而像蓄水池一样，将流量保存起来。

11.1.3　消费者洞察

任何一个新产品进入市场后，第一步都是要了解消费者。经营者应与消费者产生良好互动，了解消费者的现有需求与潜在需求，了解得越深刻，越能满足市场的需求甚至创造新的需求并满足，这对于企业进入和深入一个领域至关重要。而有效的消费者洞察能够帮助企业了解目标市场。

1.　消费者与消费者购买决策

国际标准化组织（International Organization for Standardization，ISO）认为，消费者是以个人消费为目的而购买、使用商品和服务的个体社会成员。这就意味着，如果想进行消费者洞察，就必须了解消费者"消费"的过程。但不是每一种产品和服务都能完成交易的过程，在进行消费者洞察时，不论消费者是否进行了交易，只要他是目标市场的人群，都应该是企业研究的对象。

广义的消费者购买决策是指消费者为了满足某种需求，在一定的购买动机的支配下，在可供选择的购买方案中，经过分析、评价、选择并且实施最佳的购买方案，以及购后评价的活动过程。这是一个系统的决策活动过程，包括需求的确定、购买动机的形成、购买方案的抉择和实施、购后评价等环节。通过科学合理的工具，选择消费者购买决策中某一个或某几个环节，挖掘消费者心理诉求，完成消费者洞察，进而优化市场战略，获得更多的收益。

2.　消费者痛点分析

消费者痛点即消费者希望能够在短时间内解决或提升的问题，这些问题有时候是消费者的刚性需求，而有一些是消费者希望获得更好的体验。例如，随着智能手机的普及，人们外出时的充电问题亟待解决，一个可以解决外出时电量不足的问题的方案是消费者需要的。这时候，"随身电源"——充电宝就出现了，为有刚性需求的消费者提供了一个解决问题的方式。

渐渐地，充电宝市场越来越饱和，消费者发现普通的充电宝太重，携带不方便，于是有厂家改善了充电宝的质量与电池储存量，体积更小、质量更轻、电量更大的充电宝就成了这个饱和市场新的"宠儿"。于是，便携式充电宝成了优化消费者体验的痛点解决方案。

对于创业团队而言，针对某一群体的痛点进行分析与挖掘并提出解决方案，有助于产品或服务的最终落地，更是为团队未来抢占"蓝海"市场提供了商业逻辑基础。

寻找痛点的方法很多，在互联网时代，数据获取变得更容易，这也为痛点分析提供了更多方式。

（1）搜索关键词

用一些带有疑问性质的关键词在搜索引擎中进行搜索，例如，"如何""怎么样"。在这些疑问词之前，可以加上关注的领域、行业、细分市场等，例如，"××学校教学质量如何？""××餐馆服务如何？"根据问题的数量，可以初步判断用户关心的焦点所在，也就是痛点所在。

（2）搜索用户反馈和评价

对于关注的产品或领域，可以搜索相关的购物网站或者点评网站，得到相关的用户反馈和评价，并根据反馈中出现次数最多的关键词判断痛点所在。另外，翻看用户的评价时，可以从用户的角度了解用户的真实想法，有的用户的反馈非常详细，文字质量较高，甚至配图说明，比产品自我宣传更有说服力。

（3）大数据分析

基于某些数据库获取更加多维立体的目标市场数据，如客源结构构成、常用消费方式、消费偏好等，科技的发展让获取信息变得更加容易，但更重要的是基于这些客观数据进行的分析。与此同时，数据也成为大数据时代的企业道德红线，企业应秉承高度的责任意识，在有效合理地使用大数据的同时保护好消费者的信息安全。

（4）用户访谈

在互联网社交平台的帮助下，确定并找到合适的被访谈用户也变得更加容易。通过用户的访谈，可以挖掘到典型个体的深度需求，这可以和大数据分析提供的信息形成有效互补。详细的访谈方法，参见创新部分 2.3.1 小节的内容。

11.1.4 制订品牌策略

相较于市场营销策略，品牌策略更多地偏向消费者的心理管理。有效的品牌策略可以提升目标消费者对于企业提供的产品或服务的好感度，为企业带来品牌价值。

1. 品牌策略与市场策略的区别

品牌策略是指企业在市场定位和产品定位的基础上，针对特定的品牌在文化取向及个性差异上做出的商业性决策，它是一个建立与目标市场有关的品牌形象的过程和结果。

简单来说，市场策略是方向，而品牌策略相对于市场策略更加具体，是用符合目标市场语境的话术解释清楚这个品牌是什么，要表达什么，是一种消费者心理管理的策略。例如，提到普通家用汽车，大多数人会想到大众，而提到安全性能较高的汽车，消费者普遍第一个会想到沃尔沃；在炎热的夏天突然口渴时，人们会立刻想到可口可乐的清凉爽口。

2．建立符合企业的品牌定位

（1）对立型定位——与对手有着显著差异的定位

例如，在竞争激烈的乳制品行业中，特仑苏的广告语是"不是每种牛奶都叫特仑苏"，用深厚稳重的男低音说出广告语，从文字到声音都在向消费者立体地传达该产品与众不同的品牌定位。

用这个方法要秉承一个原则：人无我有，人有我强。这类定位的广告语通常选择"更""比""没有""增加""不是……而是……"等。

（2）独特型定位——向消费者说一个"独特的销售主张"

例如，"胃痛、胃酸、胃胀，就用×××""困了累了，喝××"等。这样的定位最容易形成场景口号，即告诉消费者在某种场景下，你应该选择我们的产品。广告语通常使用"××××就用××××"等句型。

（3）升维定位——与对立型定位相反

同样是竞争，不跟竞争对手在同一概念下纠缠，而是直接升级到更高的维度，创造新的"蓝海"品类。

例如，某饮料的定位为"××的消费变革"。这样的定位就仿佛向市场宣告自己在××场景下的维度更高。然而一定要注意，升维定位不是竞争导向，而是用户需求导向。这类广告语通常使用"重新定义×××"等表达方式。

3．打造品牌符号

符号一定要注重3点：色彩、形状、声音。

（1）色彩

颜色要和对手进行区分。例如，OPPO手机的绿色、vivo手机的蓝色、星巴克咖啡的绿色、Costa咖啡的红色等。

（2）形状

传播过程中形状占据优势（要利用创意彰显独特性）。例如，麦当劳的金拱门形状、卫龙的苹果工业设计风格等。

（3）声音

切中人们心中的痛点。例如，神州专车的"除了安全，什么都不会发生"，锤子手机的"漂亮得不像实力派"。

11.2　经典营销案例

市场营销是个充满创意、不断变化的工作，负责这部分工作的团队成员需要不断关注最新的营销案例，不断推陈出新，找到适合自己产品的营销方式或营销活动，达到事半功倍的效果。

11.2.1 事件营销——某自媒体平台的旅游策划

1. 案例背景

2016 年 7 月，某自媒体平台发起"4 小时'逃离'北上广"活动——30 个名额，先到先得，谁先到机场，就可以说走就走去到全国任意一个地方。消息一出瞬间传遍朋友圈，仅 1 小时 30 分钟文章阅读量就超过 10 万，该营销事件迅速轰动互联网。通过这次活动，当时名不见经传的自媒体平台的品牌获得极大范围的传播，并快速积累了 400 万潜在用户。通过事件营销的方式，该自媒体平台成功展现了自己的内容产出能力与创意能力。

2. 案例分析

（1）亮点 1：只给你 4 小时，让你来一次说走就走的旅行

这对于北上广工作的都市青年来说极具吸引力——其中不少人都有一颗自由的心，却在生活中磨平了棱角。除此之外，只有 4 小时的时间、30 张免费机票，去晚了就没有了。这样"机不可失，时不再来"的时间压迫感，加上目标受众的期待，使事件迅速发酵。这一事件设计的机制充分调动了消费者的稀缺性心理，因而迅速在北上广的都市青年人中成为热议话题。

（2）亮点 2：不仅是一篇营销文章

整个事件不仅是一篇文章和几张机票，在营销文章发出之前，平台早已在微博、微信等社交媒体平台分享了几个相同属性的故事，为话题进行前期预热，并且在活动规则中，明确要求每位参与者拿到机票抵达目的地后，要完成一项有趣的任务。这不仅让营销活动更加丰富，更是大大延长了活动热度的持续时间。

（3）亮点 3：渠道全覆盖

微信公众号的良好业态给自媒体提供了良好的生存与商业化空间，微信公众号平台成为各个自媒体运营的重镇。微博极强的开放社交性，也让话题能通过除了私人社交渠道之外的开放媒体渠道进行渗透。

3. 案例启发

该自媒体平台发起的营销活动是近年来现象级的事件营销案例。事件营销作为一种典型的营销方式，在策划之初要考虑以下 3 个因素。

（1）抓住消费者稀缺性心理

事件营销能否成功，关键在于是否有引爆点。而在公众注意力极其分散的信息时代，如何利用消费者稀缺性心理吸引他们的注意力，将企业希望传达的信息准确传达给目标受众，并刺激其采取行动成了事件营销的关键因素。注意力对于企业来说，是一种可以转化为经济效应的资源，把握住大众的注意力，也就有了事件营销的动力。用户情绪上的认同是活动成功的关键，这种认同会直达用户内心。

（2）把握合理的传播节奏

成功的事件营销离不开大众媒体的参与，想要使事件受到关注，提前掌握传播节奏必不可少。合理地控制传播节奏，能够将传播内容及时整合为最优组合，在合适的时间将企业认为必要的信息准确传达出去。因此，如果企业想成功地实施一次事件营销，必须善于利用大众媒体，只有通过媒体开展新闻传播、广告传播等大众传播活动，营造出有利于企业的社会舆论环境，才能帮助企业达到借势或造势的目的，引起大范围的公众关注。

（3）整合线上线下营销资源

一个完整的事件营销很难靠单纯的一篇文章或一场线下活动就取得理想的效果。事件营销的成功原因之一就是事件能够在短时间内迅速传播，而要满足这个条件，有一个关键因素就是资源的整合。企业的资源整合表现在整合多种媒体发布渠道、整合多种媒体渠道传播的信息、整合多种营销工具。

11.2.2　跨界营销——共享单车＋影视 IP

1. 案例背景

2017 年，正处风口的共享单车品牌与影视 IP（Intellectual Property，知识产权）开展了跨界营销。两个品牌的产品看似毫无关联，但他们却抓住品牌颜色这一个共同点，产出一系列平面及视频创意内容，推出影视主题共享单车，单车还在首映礼上正式亮相。两个品牌的联合成了整个夏天的话题，共享单车的用户为了骑上一辆定制车辆，不惜多走很多路。这样的合作，实现了从产品到市场再到推广渠道的"广度整合"、企业产品与品牌 IP"深度合体"的营销新模式。

2. 案例分析

（1）亮点 1：两个品牌的关联不仅仅是颜色

当时，该共享单车品牌已在全球投放了超过 650 万辆共享单车，每日订单超过 2 500 万，而跨界合作的影视作品，也曾创下 1.2 亿的内地单日票房最高纪录，这使两个品牌的级别极为相符。

（2）亮点 2：打通场景，产生叠加效应

两个影响力强、渠道多的品牌联合，使彼此产品的使用场景切换到对方的产品上——看电影时想到共享单车，骑单车时对电影又多了一份喜欢。除此之外，两个品牌主要面向年轻人，这样的结合比单一品牌更具话题性与爆发点，叠加效应明显。

3. 案例启发

跨界营销作为一种"四两拨千斤"的营销模式，在市场营销活动中经常被采用。这样的方式可以让品牌曝光量迅速增大、丰富品牌的深度内涵、改善品牌的固有认知等。同时，在选择跨界营销方式时，需要注意以下因素。

（1）资源匹配

跨界不是"抱大腿"，只有在品牌、实力、营销思路和能力、企业战略、消费群体、市场地位等方面有共性和对等性的品牌，跨界营销才能发挥事半功倍的效果。如同李光斗先生在南方报业传媒集团主办的"2007年度中国十大营销盛典"上说的："跨界营销最主要要像婚姻一样门当户对、寻求强强联合，这样才能使跨界营销1+1>2，获得双赢，否则会给双方带来无尽的痛苦。"

（2）品牌效应能够叠加

品牌效应叠加就是说两个品牌能够进行相互补充，将各自已经拥有的市场人气和品牌内蕴互相转移到对方品牌身上，从而丰富品牌的内涵并提升品牌整体影响力。适合跨界的两个品牌，一起合作能够取得相得益彰的效果；不能叠加的品牌一起合作，会稀释各自的品牌价值，甚至会影响消费者对于品牌的认知。

（3）非竞争性

跨界营销作为一种常见的营销手段，目的就是要通过这种方式增加双方品牌的价值，因此两个品牌之间不应存在竞争关系，否则就实现不了互惠互利、互相借势增长的目标了。

（4）互补原则

非产品功能互补原则指进行跨界合作的企业，二者在产品属性上要相对独立。合作不是对各自产品在功能上进行相互补充，如相机和胶卷、复印机与耗材，而是产品本身能够相互独立存在、各取所需。这种合作是基于一种共性和共同的特质，是对于产品功能以外的方面的互补，如渠道、品牌内涵、产品人气、消费群体等。

11.2.3　善因营销——英国某果汁品牌发起的老年人冬季取暖计划

1. 案例背景

随着气候变化及人口老龄化，越来越多的欧洲老年人在冬季过得很艰难，取暖的设备、保暖的衣物、充足的热食都成了问题。自2003年起，英国某果汁品牌开始举办慈善募捐活动。他们号召养老院的爷爷奶奶为饮料瓶编织小毛线帽。每卖出一瓶带小毛线帽的饮料，公司就会捐出0.25英镑给专门为老人服务的慈善机构，用以改善冬日里老年人的取暖、热食等问题。这个活动很快就风靡英国，老人们靠编织帽子打发时间，从创作的过程中找到了久违的活力。年轻人则被这种有趣的瓶子设计所吸引，他们选择自己喜欢的帽子造型带回家，甚至加入了织帽子的队伍。现在，仅仅是在英国，该品牌每年都会收到100万顶小帽子，在欧洲地区，他们一共能收到550万顶小帽子。因此该品牌也筹集了330万英镑的慈善金。

这家果汁品牌通过这样的方式，为解决欧洲老年人的过冬问题贡献了不小的力量；通过这种有趣的形式，吸引全社会关注老龄化问题，更获得了广大消费者的关注与好感。

2.　案例分析

（1）亮点 1：产品加上小帽子，增大品牌曝光

活动突破性地想到了"给果汁瓶戴帽子"这样的方式，一是将"毛线帽"与"冬季保暖"问题紧密结合，二是戴上定制版的可爱帽子，有效地吸引了消费者的注意，激发了消费者传播、购买的欲望。

（2）亮点 2：精准地解决了欧洲老人过冬的问题

一些社会问题之所以发生，背后会存在较多现实问题。对于企业而言，通过善因营销就完全解决问题几乎是不可能的，但如果将社会问题聚焦，就更容易推动问题的改善。

3.　案例启发

（1）与企业业务有关联

善因营销是一种向社会传递正能量的方式，但对于企业来说，更重要的是通过这种方式提升自己的品牌影响力，为企业自身增加筹码。因此，在设计善因营销方案时，一定要注意其与本企业业务的关联程度。

（2）切实解决社会问题

大多数人对于公益的理解都比较狭隘，他们认为公益就是捐钱，但其实可持续的公益更值得推崇和关注。在此案例中，企业通过特别的设计，增加销售量，以利润部分拆分给到老年人群体的方式，对欧洲老年人的过冬问题进行了有效推动。

11.2.4　流量池思维——某饮料品牌的流量经营

1.　案例背景

在饮料市场上，近两年出现了一个新品牌。一方面，它以纯色杯的形式出现在都市白领的视野中，并选择了有好口碑的演员来做代言。另一方面，邀请专业人士捧场，针对白领聚集的写字楼进行广告宣传。不仅如此，该品牌还充分利用了裂变的引流方式——你喝一杯饮料，分享给朋友，你和朋友可以分别得到一杯免费饮料。企业通过这种方式，获取更多消费者的消费信息，通过短信发送、朋友圈广告投放等方式及时将新的活动送达终端消费者处，用"免费"打开了流量入口，用运营维系了流量池的稳定。

2.　案例分析

（1）亮点 1：通过线下广告与赠送获取第一批用户

2018 年，国内一二线城市写字楼及周边住宅的电梯内，刮起一阵风暴，纯色杯身的饮料进入人们尤其是都市白领人群的视野。广告不仅选择了有好口碑的演员做代言，更是在明显位置标注扫码可免费领饮料。抱着试一试的心态，不少消费者利用在电梯里的碎片时间下载了 App，并第一次尝试了这个品牌的饮料。

（2）亮点2：通过买赠与分享获赠实现用户的裂变

当营销遇到了社交时，就会产生指数级的裂变效应。该品牌在刚进入市场时，迫切地需要扩大市场。通常企业在解决这个问题时，会采用加大市场投入的方式，路演、代言、达人视频等，但实际的宣传效果如何却不为人知。而该品牌抓住消费者看重性价比的心态，推出"转发邀请好友，两人同时获赠免费饮料券"的方式，用很低的成本对品牌进行了充分的曝光与推广，极为有效地扩大了客户量。

3. 案例启发

（1）高识别度的品牌吸引消费者

纯色杯、小动物等高辨识度的设计，让人一下就记住这个品牌及其产品。

（2）多渠道的入口打开流量通道

线下广告、事件营销、演员代言等方式，让品牌迅速曝光，当曝光的数量累积到一定程度时，会刺激消费者去尝试。

（3）裂变——用一批客户找更多新的客户

在维系已有客户的同时，也能通过这些客户"撬动"更多资源，在社交属性极强的互联网时代，通过裂变方式获取更多客户，是一种低成本、高收益的方式。

11.3 为自己的企业制订市场策略

不论生产什么产品的企业，最终都要进入市场、接受市场的考验。但理性的创业者不会盲目跟风，而是根据自身优势、市场环境、目标受众需求等因素，制订科学合理的市场策略，从而使自己的企业在市场中立于不败之地。

11.3.1 市场策略制订步骤

1. 制订自己的营销策略

① 基于产品策略、企业内外部环境等因素，确认目标市场，制订营销策略。

② 根据目标用户进行有效的用户洞察，了解用户习惯及痛点。

③ 根据市场整体策略，制订公司品牌策略并设计相关衍生物。

2. 找到种子用户

① 基于目标市场及目标用户，找到一批种子用户。

渠道：家人、朋友、朋友的朋友、网上征集来的志愿者等。

类型：必须符合目标用户群体特征才可以成为种子用户。

② 邀请种子用户进行产品测试，并根据反馈进行迭代。

符合目标市场特征的种子用户需要亲身测试产品，从产品及市场等多种维度测试公司产品的功能性特征及推广的有效性。通过种子用户的亲身测试，可以检测出企业很难发现的问题，通过合理的反馈机制收集反馈，评估、修正并迭代产品及市场战略，从而做出真正符合目标用户需求的产品及市场策略。

3. "从 0 到 1"进行推广

在传统时代，成功企业的商业模式是一个"从 1 到 N"的过程，也就是在现有的基础上，复制之前的经验，通过竞争不断扩大自己的市场影响力。而在互联网时代，成功的企业却是一个从无到有、"从 0 到 1"创造市场的过程。

市场营销可以促进产品的推广，这对于任何一家公司来说都是至关重要的一环，也是评估企业是否具备商业化的关键因素。采用合理的营销方式，以季度、半年或一年为单位，设计符合企业的营销方案。

11.3.2 制订市场策略的注意事项

1. 先调研，充分思考，再行动

兵法说"知己知彼，百战百胜"，市场营销工作也是如此。市场是个很庞大的"消费者"，如果没有充分的调研与思考，按照想当然的理解制订市场营销策略，那么企业就像一艘偏航的游轮，无法以最快的速度抵达目的地。

2. 切忌盲目"自嗨"

这是市场营销活动中特别容易踩中的一个"雷区"。很多时候，市场营销活动的主要参与者，并不是产品的核心目标人群，这样就会导致营销活动"有肉无魂"——表面上看起来很热闹，但却无法走进消费者内心，让他们留下深刻记忆。在组织营销活动的过程中，应充分利用前面提到的同理心工具，了解目标用户的情感诉求，才能打造出好的营销活动。

制订市场策略的注意事项

3. 及时复盘，不断调整

市场是不断变化的，这种变化有时会让人觉得疲惫不堪，但更多时候只有变化才能创造更多机会。这时候，创业团队也要积极拥抱变化，根据市场情况对自身的策略进行调整。需要注意的是，这个过程不是改变，而是调整，如果一开始大的市场策略已经足够合理，频繁的改变只会伤害到自身品牌，损失用户好感度。

12 第12章 商业计划书及路演

商业计划书是指创业者在拥有一个创意或想法之后，对想法进行梳理后形成的文字形式的文档。商业计划书可用于参赛，也可用于展示，更可以用于自我产品发展的思考。商业计划书的核心内容在前几个章节中都一一阐述过，结合实际的操作，特别是当开始融资或者需要进入赛事的时候，每一个模块的撰写都需要细细推敲。同时，路演会是商业计划书的精品版本，如何在有限的时间内，利用有限的篇幅，表达准确的意图，这些也都需要创业者细致了解并认真准备。

12.1 商业计划书

撰写商业计划书建议从一些参考模板入手。如果是参加赛事，一般相对正规的赛事都会对参赛者提交的文档有统一的规定，大到内容类别，小到字体、字号都会有要求，参赛者可以在规范中提高自己的认识。如果不是赛事，对于商业行为，也有可参考的文本，可以先海量参考案例，再研究自己的文案。另外，通过学习经典的商业计划书案例，参考既有的思路，对照自己的产品，学习经典优势之处，完善自己的思考，最后再着手规划自己的商业计划书。看模板、学案例、写计划这3个步骤是对撰写商业计划书的建议。

12.1.1 什么是商业计划书

商业计划书（Business Plan，BP）是公司、企业或项目单位为了达到招商融资和其他发展目标，在前期对项目科学地调研、分析、搜集与整理有关资料的基础上，根据一定的格式和内容的具体要求而编辑整理出来的一个向投资者全面展示公司和项目目前状况、未来发展潜力的书面材料。在创业大赛中，商业计划书是参赛的重要文档，也是对创业者、参赛者的商业运作情况的深入了解和检验手段之一。

1. 商业计划书的基本内容

学习撰写商业计划书，从模板入手时，需要了解它的基本内容包括什么，这些内容彼此之间是怎样的关系，以及对于出现的各种文本类型应该如何驾驭。有了基本的框架，再开始撰写，就不会偏题跑题。一份完整的商业计划书基本会包含以下内容：封面、目录、摘要、产品介绍、市场分析、痛点分析、竞品分析、营销策略、风险分析、盈利模式、财务计划、团队组成等。也有商业计划书会因自身的项目发展涉及融资计划、关键进度表等内容。

可以参考大学生"双创"大赛的模板，有的模板不但规定了具体要求提交的内容范围，还对排版中的字号字体进行了详细的规定，参见商业计划书模板。

2. 商业计划书各模块的关系

（1）文本规范

封面、目录、摘要的撰写虽然没有什么特别的技术含量，但是这几部分内容首先要符合最基本的文本规范要求，其次要清晰简洁，对整个文档进行引导和精化，使商业计划书对阅读者更友好。其他各部分在文本规范上尽量遵循数据充分、图文并茂的原则，数据、图表都会让内容得到有效支撑。

（2）内容逻辑关系

在整个商业计划书的阐述中，几个核心模块是有内在逻辑关系的，并且环环相扣。通过对市场进行分析，了解目标市场的前景现状，寻找到用户痛点后，并做痛点分析，才能抓住市场的商机。在目标市场中深入分析竞品情况，能帮助创业者定位自身产品的核心，定位对手，刻画行业用户画像，使核心商业战场呼之欲出，进而开启盈利模式，营销策略在这个基础上被创新成型。财务计划是对商业模式、盈利模式、营销策略的检验，以上三者是否合理有效，在财务的利润营收的计算中，都会找到结论。对商业模式的了解有助于盈利模式、财务计划的撰写。市场营销部分内容有助于市场分析、痛点分析、竞品分析、营销策略的撰写，而团队管理的部分有助于团队组成的撰写。产品介绍可以在一开始的部分提到，也可以在进行痛点分析后在抓住商机的部分专门呈现，这可以根据自身产品的生成逻辑来灵活调整，使产品部分呈现最好的样貌。

（3）侧重关系

在商业计划书中，除了文本规范涉及的内容外，商业模式（盈利模式）、市场营销（市场分析、痛点分析、竞品分析、营销策略）、团队管理（团队成员）部分都属于核心模块，核心模块的展示对整个商业计划书的质量起着决定作用。本书的第9、10、11章就特别详细地阐述了对这几个模块的理解，有助于这部分商业计划书的撰写。其他模块的撰写属于亮点部分，如果能结合自身的特点展示特色，会给商业计划书加分。

3. 商业计划书的文本类型

商业计划书提交的文本格式分为 Word、PPT、思维导图、PDF 和其他类型。

（1）Word

提交上来的参赛作品多数以 Word 文档的形式出现，这种文档类型能充分说明商业计划书的各个细节。从比赛评委的角度来看，他们更愿意通过对 Word 文档的阅读，全面、详细、充分地了解参赛作品。

（2）PPT

从众多投资者的反馈中可以发现，大多数投资者更喜欢看 PPT，简洁、直观、图文并茂、易于理解。PPT 一般在 10 ~ 15 页，少于 10 页更佳。在大学生中，PPT 更多地被运用在路演或比赛的场合。

（3）思维导图

思维导图能够清晰地图形化地展现事物的逻辑关系，特别适合展现产品脉络、关系分布等内容。

（4）PDF

建议无论用什么格式制作文档，最后提交的时候都转换成 PDF 格式。PDF 格式一方面可以防止被二次编辑，另一方面可以不因为计算机浏览软件版本的不同而影响文件的排版格式。

（5）其他类型

作为提交商业计划书的附件，特别是参赛作品本身，类型可以更多样。例如，作品演示用文件、产品说明书、配套的数据资料，包括调研数据、获客数据、转化率计算依据等。

12.1.2　商业计划书的重点模块

商业计划书中的重点模块比起商业模式、市场营销、团队管理这 3 个模块来说，虽然有的模块不是商业计划书中的必选项，但是由于产品发展程度、各自的难度不同，想要写清楚也非常不容易。如果能够写好、写明白，对计划书来说绝对是加分项目。

1. 痛点分析

痛点分析并不是所有的商业计划书都会拿出来单独写一个模块进行阐述的。但是这部分的分析内容不管是否会出现在商业计划书中，在商业模式分析阶段都是有必要出现的，它能帮助创业者清晰地定位，找到真实的用户。

11.1.3 小节已经介绍了消费者痛点分析，根据痛点分析的方法，在描述痛点的时候要力求呈现痛点具体发生的场景，这样不但让人能形象地理解，也更容易感同身受。

某幼少儿英语产品属于在线教育产品，其典型特点是人工智能代替 80% 的真人外教，降低授课成本，让孩子在家学习英语实惠又方便。为了更好地描述痛点，选择了 3 个典型场景来描述。

① 当父母非常忙碌的时候，孩子可以自己完成英语学习。

② 在父母英语不好的情况下，孩子可以自己完成英语学习。

③ 在父母经济条件不充裕的情况下，孩子仍然有学习英语的机会。

分析一下这 3 个场景。

① 当家长忙碌的时候，体现的是家长送孩子学英语耗费时间和精力，痛点是没有时间。

② 在父母英语不好的情况下，体现的是家长担心自己无法辅导孩子，痛点是自己英语不好但是希望孩子英语好。

③ 在父母经济条件不充裕的情况下,体现的是家长也想请真人外教给孩子最好的教育，

痛点是价格太贵。

当 3 个痛点以场景方式呈现，这就比文字表达更容易让人理解产品的有针对性的特点。另外，描述痛点的时候，要有意识地针对产品的优势，也就是说，痛点有的时候是一个开放性的话题，解决的方案应该是五花八门的，如何让痛点对应到产品特色，让它成为一个非常正常的逻辑，是需要解决的问题。例如，同样是解决家庭教育问题，有的方法是开设家长课堂，有的是提供专家问答服务，还有的是设计一个可以查询资料的 App，不同的解决方案对应不同的商业模式和不同的盈利模式。因此，要挖掘出痛点的本质，这样的解决方案才有说服力。

2. 产品介绍

（1）产品介绍内容

在进行产品介绍的时候，通常涉及的具体内容有产品概述、产品功能表、产品与同类产品的比较（性能、价格、售后服务和技术支持）、未来产品的研发方向、产品研发模式和研发架构体系，以及品牌、专利、现有技术资源等。

（2）产品介绍方法

在描述产品或者服务时，要站在阅读者的心理角度。要解释清楚"产品是什么""能为消费者解决什么问题""已经取得了怎样的效果"，可以简单地描述产品或者服务的设计构想和思路，产品能够运行的逻辑和原理并配以产品的一些辅助图片，帮助阅读者去理解，要结合前期发现的需求和痛点，陈述清楚有针对性的解决方案。

可以按照以下 4 步逐一介绍、逐级递进，最终展示产品的卖点。

第一步：产品的功能。产品的作用和功效，能帮助客户解决什么问题。

第二步：产品的卖点。只要是同一产品，大家就有共性。关键是别人产品没有的，你的产品有，这就有了独特性和差异性。

第三步：立刻选择产品能给客户带来的好处。

第四步：长期使用产品给客户带来的价值。

3. 融资计划

（1）融资计划的内容

融资计划部分通常涉及融资的目的、额度、资金用途和使用计划，以及投资者可以享用哪些监督和管理权利，以何种方式参与公司的事务。还涉及融资后未来 3 ~ 5 年的平均年投资回报率及有关依据以及投资者退出机制，也就是投资者变现的方式，如上市、转让、回购等。另外，融资后未来 3 年的项目盈亏平衡表、资产负债表、损益表、现金流量表等也是有效的支撑数据。

（2）融资缺口的理解

融资用途：初创公司融资的主要目的是完成产品的验证，验证产品是否被市场接受，验证生产运营的成本和绩效比，验证核心团队的稳定性和成长性。

融资的缺口计算：首先需要知道验证期的成本主要需要考虑哪些内容，然后根据目前公司运转的状况来计算资金的缺口。

验证期的成本主要考虑以下3方面内容。

产品：产品（服务）迭代了2～3个较大的版本并达到稳定。

运营模式：已经稳定地运行了至少半年以上。

团队规模：一般在10人左右。

针对公司目前的产品、运营模式、团队规模，以及未来1.5年的运营目标、市场方向、里程碑，还有规划产品发展、运营规模、团队容量等需要花费的资金进行考虑。之所以用1.5年作为计算标准，是因为一般来说，18个月是企业生死存亡的关键点，一般早期企业能达到1%的存活率，很多创业公司的生命周期仅仅半年或一年，所以要定义融资额，计算资金缺口，就要以此掌握公司的生命线。

4. 风险分析

（1）风险分析的内容

风险分析主要包括创业中遇到的政策风险、研发风险、市场开发风险、竞争对手的风险、运营风险、财务风险、对公司核心人物依赖的风险等。

（2）风险分析的视角

在整个商业计划书的撰写中，没有风险分析的部分，显然是不够完美的。创业风险无处不在，而投资者对风险更有天然的敏感。充分的风险分析，可以提前帮助投资者进行心理预知，这样，不仅能够帮助投资者减少投资疑虑，还能让他们对企业有全方位的了解，同时也能体现出团队对市场的洞察能力和解决问题的能力。

5. 关键进度

（1）关键进度的内容

用图形或表格表明项目实施计划、进度和未来项目进展的里程碑，注明起止时间、完成的状态和成果、计划完成的内容、各项目的资金投入和产出等。

（2）关键进度的作用

关键进度可以比较清晰地展示项目实际的进展，以及资金的到位、使用情况和效果。特别是在展示关键进度的时候，不要仅仅着眼于目前阶段的项目，要延长项目线到未来1～3年，展示长期规划，让投资者了解创业者的长远眼光和对创业的思考，也让投资者能看到未来发展的可能性和途径。

6. 团队介绍

（1）团队介绍的内容

团队介绍可以介绍成员组成、可圈可点的背景和从业经历，也可以介绍团队成员的分工、各自擅长的方面、股权分配等。

（2）团队体现特征

团队介绍部分力求展示团队的特征，让投资者树立投资信心。如有使命感、有经验、有资源、有野心、习惯深度思考，核心成员具备坚韧的性格以及超强的执行力等。

12.2　经典商业计划书的启示

将真实的商业计划书案例作为参考，沿着创业者真实的思考路径"行走"，会发现每一个最终能落地的商业计划都不是纸上谈兵，创业者身体力行的经验和每个突破口探索的路径是商业计划书最终成型的真实脉络。

12.2.1　不断迭代不断完善——某幼少儿英语产品

1. 题目迭代源于认知升级

题目迭代源于
认知升级

简洁、醒目、清晰的 BP 题目在以最直观的方式告诉别人，自己做的是什么。

某幼少儿英语产品 BP 迭代过程如表 12-1 所示。

表 12-1　某幼少儿英语产品 BP 迭代过程

版本	题目	广告语	场景
1	儿童英语智能在线启蒙	无	无
2	K12 在线英语中心	让全国各地的儿童都有机会享受优质的 K12 课程	全国各地儿童在线学习英语，课程优质、学习方便
3	自助式儿童英语学习系统	取代 80% 的人工教学，打造高性价比的儿童英语教学	1. 当父母非常忙碌的时候，孩子可以自己完成英语学习 2. 在父母英语不好的情况下，孩子可以自己完成英语学习 3. 在父母经济条件不充裕的情况下，仍然可以给孩子提供学习英语的机会

某幼少儿英语产品的缘起，最早是为了解决自己线下实体店老师教学标准化的问题。为了确保授课质量不会因为老师的教课水平不同而参差不齐，他们对课程进行了系统设计，并研发了线上教学软件。线上教学的工具是以 App 的形式呈现的。

最初，他们并没有仔细想过市场用户的定位，按照以往的惯性思维，只是觉得这个软件刚好可以拓宽一下市场，所以推广焦点是 App。

但是，随着对外推广的范围扩大，接触的外界需求越来越多，他们慢慢发现，其实，他们的产品核心并不仅仅是一款软件，他们的核心其实是目前教育市场上最稀缺的"内容"，只不过其中一部分的操作在App上实现而已。他们的内容其实包括了完整的教学体系、书面教材、练习册、听力"磨耳朵"系列、童话故事阅读系列、每日训练计划、学习跟踪等。当认知发生转变时，对产品的定位、对用户的需求理解、对场景的设置自然就发生了变化。

另外，由于某幼少儿英语产品积累了近10年的线下教学经验，他们非常清楚如何利用线上教学解决真人教学的部分内容。他们在软件的设置中运用了语音交互、人工智能等方式，因此，80%取代人工教学的产品亮点呼之欲出。

可以从BP的题目看出，创业者对自我认知的升级、对自我定位的剖析，可以帮助创业者找到精准的用户痛点和市场。

2. 数据充实源于实践积累

有了数据的佐证，所有的说明都更有说服力。某幼少儿英语产品数据模块如表12-2所示。

从BP发布不同版本的模块和体现不同数据的模块可以看出，在项目一开始，并不是所有的数据都有，或者说并不是所有数据都刻意地去积累了。随着对产品的理解、认知和用户定位的深入，创业者开始进行数据方面的整理和收集。

数据充实源于
实践积累

表12-2　某幼少儿英语产品数据模块

版本	题目	BP选用说明的模块	体现数据的模块
1	儿童英语智能在线启蒙	市场前景分析，痛点分析，解决方案，竞品分析（竞品缺陷、我们产品的优势、产品截图），商业模式，迭代模式，盈利模式，产品历程，创始人介绍，融资计划，联系方式	市场分析
2	K12在线英语中心	我们是谁（线下经验、用户口碑、用户学习效果），我们的使命愿景，我们的定位，我们的方向，商业模式，盈利模式，盈利测算，产品介绍，产品截图，产品试用反馈，竞品分析，竞品缺陷，我们的优势，产品历程，产品扩展，创始人介绍，融资计划（分项预算、里程碑、资金矩阵），联系方式	我们是谁，融资计划，产品试用反馈
3	自助式儿童英语学习系统	市场痛点及方案，现有市场分析，现有竞品分析，我们的优势（团队、口碑、教学体系、人工智能、混合场景教学、游戏＋动画载体、学习路径规划），商业模式，盈利模式，试运营数据，试运营数据反馈，产品截图，项目进展，团队介绍，融资计划，联系方式	现有市场分析，我们的优势，试运营数据，试运营数据反馈

特别是在产品试运营阶段，市场反馈是对产品最好的验证。而市场反馈反过来也影响了产品的设计和迭代。当创业者需要数据来充实自己的产品的时候，就需要让产品再多走一步，去进行市场试运行。

市场运营的策划、天使用户的选择、天使用户的反馈、获客方式、客户的转化，都会给产品的完善带来有益的影响。而市场反馈也在不断地促使创业者进行不断思考，如商业模型是否需要修正，产品是否需要完善，营销方案是否需要调整，等等。

所有这些源于实践的数据积累，都会是最终 BP 走向完善的必经之路。

3. 体系完善源于顺势而为

商业模式最终需要市场的检验。当用户的增长变成自发式裂变的时候，就证明这个模式对了。而摸索这个增长点的过程是艰辛的、迷茫的，是需要不断探索、不断试错，才能找到那个所谓"对"的点的。

某幼少儿英语产品在摸索商业模式的时候，最初的市场定位是遵循实体店的老路，直接面向用户，但是在试运营阶段，虽然转化率不错，但是因为一线城市的红利已经不在，所以获客和运营的难度很大。一线城市的人已经对低价促销的手段，抓人眼球的海报，以及优惠的诱惑麻木了。因此，用户依然对产品选择很迷茫，幼少儿英语市场仍旧是"红海"一片。

随着对试运营的深刻思考，对每个环节的反思和迭代，他们开始尝试面向企业，特别是教育资源相对落后的乡村城镇幼儿园。乡镇幼儿园作为教育机构，同样缺乏优质教育资源，而乡镇儿童的家长与一线城市的父母一样对优质教育学习充满渴望。针对这个突破口，某幼少儿英语产品，开始摸索面向企业的模式，克服乡镇幼儿园设备人员缺乏等困难，对幼儿园老师进行前期培训，让他们能轻易使用产品，并可以在幼儿园教学时间带领孩子们进入课堂。这恰恰验证了产品 80% 不需要老师就可以完成教学的优势。

最后，教学效果大大超出了预料。乡镇幼儿园的孩子们对这些新鲜的学习方式非常好奇，也特别珍惜，孩子们投入了极大的热情，教学效果也特别喜人。

当选择了对的用户，将产品的使用验证完成的时候，可以对产品本身的性能及其完善有足够的信心和清晰的认识。

当用户对产品进行持续使用时，可以促使产品团队对产品进行细致打磨，并促成产品的迭代衍生，为产品下一代的走向摸索出可靠的方向，同时让产品的体系更加完整，进而对建立产品的生态提出更多的可能性。

因此，在最终的 BP 中也可以了解到，由于产品的特有优势在不断的摸索中被挖掘出来，而整个教育的需求又不断增加，英语作为契机可以衍生到其他学科，进而形成生态，让投资者有信心看到更远的未来。

12.2.2 极致的同理心——某父母问答中心

1. 想法源于痛点需要

在一次面向家长的讲座中，教育专家帮助家长了解孩子从幼儿园升入小学，到小学升入初中几年的历程，将关键成长节点、需要准备的事项、教育的手法、干预的契机都一一梳理清楚。家长们豁然开朗，一堂课拨云见日，让家长少走弯路，也为孩子未来的发展指明了方向。现在的教育市场一直是"红海"一片，家长有刚性需求，但市场上的选择又太多，鱼目混杂难以辨识，无形中增加了太多学习成本。家长们在遇到问题的时候不知道应该怎么寻求帮助，去网上查找仍然是毫无头绪，反而浪费了大量的时间。

有没有可能设计一款产品，可以很容易找到像这次讲课专家一类的资源，专家可以将问题梳理清晰，不用家长费力挑选。

因为是家长（用户）发起的一个思考，源于自身的需求（痛点），所以这样的想法很容易产生共鸣，这就促成了进一步的挖掘和规划，经过几轮头脑风暴，开始逐步将思路厘清，把方向明确。

2. 数据帮助认清格局

在做 BP 的过程中，需要对市场现状、用户画像、痛点、竞品进行分析，因为仅凭感觉是不够的。在数据搜集和分析的过程中，可以发现数据可能会给出不一样的答案。从用户画像，到痛点分析，再到竞品分析，每一步都是上下游的逻辑导出。

（1）用户画像

通过对目前家长和孩子群体的分析，可以发现不同年龄段的家长教育孩子的方式不同，而现阶段孩子的年龄分布和家长的年龄分布的对应能让分析更有现实意义。从而得出结论：从家长和孩子的年龄分布来看，家长群体目前以"70 后""80 后"为主。"70 后""80 后"的用户画像分析（见图 12-1）对后面的痛点分析有直接作用。

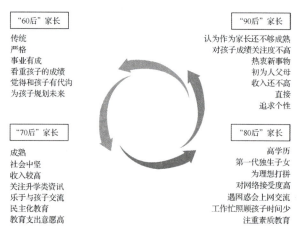

图 12-1　用户画像分析一

那么，不同年龄段孩子的家长关注点的不同体现在哪些方面呢？如图 12-2 所示，通过数据分析了解到，0 ~ 6 岁孩子的家长主要关注育儿经验，7 ~ 18 岁孩子的家长主要关注升学考试，而网络媒体是他们获取信息的主要渠道。

通过两组数据的推演，可以清晰地对用户人群进行分类，而分类的原则是根据孩子的年龄。另外，获取信息的咨询渠道也得以显现。最重要的是，对用户关注的内容进行了排序，了解了大众口味，这为后面的分析进行了有益的准备。

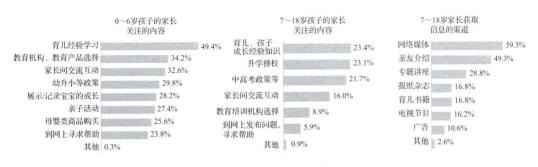

图 12-2　用户画像分析二

（2）痛点分析

如图 12-3、图 12-4 所示，痛点分析主要是挖掘出用户关注的焦点，以及他们遇到的困难和导致焦虑的问题。从数据中不难看出，不管孩子处于什么年龄段，家长的焦虑是共同的。生活习惯和道德品质的培养是焦点。家长在教育过程中遇到的主要问题是自身缺乏耐心，以及与孩子的思维模式不同。而另一组数据显示，不管其孩子在什么年龄段，家长选择解决教育难题的方法主要是自己查询资料，其次是和爱人商量。而家长查询资料的手段也多是在网络社区中交流。

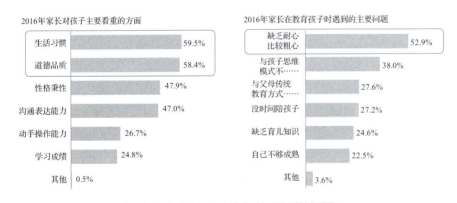

图 12-3　用户关注的焦点及遇到的问题

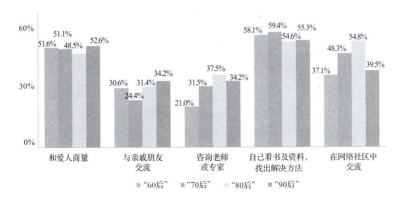

图 12-4　2016 年各年龄段家长解决教育难题的方法

当数据结论指出问题解决的出口是网络和社区的时候，就需要对现有的产品进行调研了。如果还有那么多人觉得问题没有得到解决，那么现有的产品都在做什么？是有了产品，我们不知道，还是现有的产品不够好？带着这样的疑问和思考，自然会进入竞品分析的数据调研中。

（3）竞品分析

根据用户画像、痛点分析，可以对0～6岁、7～12岁孩子的家长这两类用户的市场进行调研。同时因为家长主要依赖网络和社区，那么就需要在这两个区域进行调研，了解目前国内外排名在前列的门户网站。调研很快得出了一个意想不到的结论。

原来0～6岁孩子的家长关注的育儿问题，是受大型门户网站影响的，并且它们的侧重和细分都很相似，而且目前也都保持较高的活跃度。而关注7～12岁孩子升学问题的网站就趋于垂直化，分别从教育、择校、家教等几个维度进入了细分垂直领域，几个细分领域的呈现有的是网站社区，有的是App，有的则是大型的教育集团公司。

那么，问题接踵而至，既然有这么多细分的垂直的教育产品存在，人们怎么还是觉得遇到问题无处可解决呢？

经过继续调研很快发现了用户的真实困扰。即便是这样的垂直细分，仍然让用户感觉到信息量大、品类繁多，筛选起来非常复杂；还有一种情况，由于教育的不标准化，地域的限制也是一个极大的困扰。

因此，得到的启示是，痛点仍然在，只是需要认清目前竞品市场瓜分的领域在什么地方。

3. 创意立足极致同理心

通过对用户画像、痛点分析、竞品进行分析以及对用户的痛点和现有市场产品进行对比，发现需要改善的情况是如何设计一款产品能实现现有用户希望节省时间、快速得到解答的愿望。

为了能找到产品设计的突破口，创业者进行了客户访谈，针对主要人群选择了几组家庭进行调研和访谈。

一开始的想法就是，建立一个大而全的专家平台，将各个领域的教育专家资源引入平台进行答疑解惑，个别客户需要VIP服务的，可以要求单独辅导和咨询。

在访谈中，通过倾听各组家庭的心声和抱怨，进行了同理，设身处地地将自己当作用户，当作遇到困扰的父母。设计这款产品时发现，用户即便是渴望解决问题，但是仍然有隐私的顾虑，不愿意在一个看不着、摸不到的平台就把家庭的状况分享出来。

随着调研的深入和用户访谈过程中对家庭成员角色的同理发现，其实用户解决问题的焦虑主要来自一些重要但是并不紧急的问题。比如孩子生病一类的问题，家长不能快速得到解答或判断，会送孩子去医院，而家长的焦虑主要来自需要大量资料查询、系统解答的问题。

根据这些调研，最后将产品的特点还是集中在了"快"上面，并将"快"体现在产品名称上，同时不会要求用户提供太多个人的信息资料，通过良好体验，增强用户的黏性。

同时为了让用户体验良好，将界面设计成"搜索"引擎形式，利用后台大数据和人工智能的技术手段，快速给出关键字，形成问答类别的快速索引，并利用简洁的界面，设计一个按钮，形成"一键问答"的行为体验。

当产品的雏形设计出来以后，接着进行了解决方案和盈利模式的推演，如图12-5所示。

产品的设计最终目的是以客户为中心，满足客户的痛点需求。同理心帮助产品设计者可以真实触及用户的需求，而极致的同理心，可以使产品更极致，用户体验也会更好。

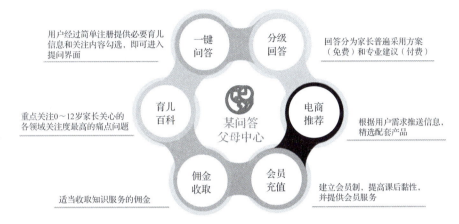

图 12-5　某父母问答中心的解决方案和盈利模式

12.3　撰写自己的商业计划书

在充分了解了其他人的商业计划书之后，对照自己的产品，可以逐步形成一定的思路。因为渗透着创业者的独立思考，每份商业计划书都会是独一无二的。创业者拥有创业自信，肯将想法、思考甚至思想落于笔端，比仅仅停留在思考上而不行动要有价值得多。

12.3.1　3个好处

1. 厘清思路

商业计划书是写给投资者的，更是写给自己的。写商业计划书的过程就是梳理创业思路、识别公司的发展状态、规划公司发展战略和资本部署的过程。写商业计划书之前，需要对商业画布的9个模块以及彼此的逻辑关系非常熟悉，利用工具梳理市场行情、抓住用户痛点、推演核心场景、明确产品逻辑和业务走向、规划发展路径、搭建团队并制订资金计划。每一个步骤，环环相扣，在梳理的过程中，可以查漏补缺。这个厘清思路的过程可以帮助创业者成长并获益。

2. 面对现实

如果不尝试着去撰写商业计划书，创业者也许不能静下来思考一些客观存在的问题，无法借助专业的工具来梳理。撰写商业计划书的过程是查漏补缺的过程，更是理想与现实碰撞的时候。也许当下打破一个"空中楼阁"的梦想并不是一件坏事，对于创业者来说，每一个否定和对现实的认知都是一次迭代。与其盲目地、一腔热忱地幻想，不如深度地思考，并将思考落实到纸面上。在每一个与创业有关的细节中，都鼓励创业者勇于尝试，只有可以实现的梦想，才具有意义，才真的可以让人们的生活变得更美好。所以，面对现实的过程，更是真正实现梦想和拥抱梦想的过程。

3. 企业增值

商业计划书就像是企业的简历，一份规范完整的商业计划书，可以系统直观地展示公司的产品商业行为和商业内涵，从而获得合伙人的信任，增加合作伙伴的信心，还可以辅助创业者吸引投资者的关注，获得投资者的青睐。调查显示，做了商业计划书的创业者，公司可以发展得更快，可以更容易从供货商那里拿到原材料，更快拿到第一笔订单，在产品改善方面的工作会更出色，失败的概率会更低。在企业的发展过程，商业计划书如果做得早，也许很难对销售或是企业利润起到直接的作用，但它可以在公司建立、公司运转、减少失败方面起到助力。

12.3.2　3个关键

1. 以客户为中心

从创新设计思维的核心——极致的同理心，到商业模式的价值主张，再到拥有创新自信力的原始追求，以及最终要实现的让人们的生活变得更美好的目标，都离不开一个核心的主张：以客户为中心。

当创业者在商业计划书的各个关键环节，以客户为中心寻找痛点，以客户为中心推演落地场景，以客户为中心设计商业模式，充分运用以人为本的设计核心理念，不把高科技和资金作为实现商业目的的唯一入口，往往就能迸发出让人意想不到，但是又极为符合人性的商业模式。写好商业计划书的建议很多，包括如何一句话提炼各个部分的精髓，如何让投资者抓住核心观点，但是每份商业计划书都要有自己的内在核心脉络，那就是，从缘起到愿景都要紧紧地抓住以客户为中心的思想，这样商业价值的本质自然就不会偏离。

2. 数据为王

如果说"以客户为中心"是商业计划书的灵魂，那么"数据"就是商业计划书的血液。数据让商业计划书的每个部分展现得更有实际依据，而不是只是一个假设或者猜想。寻找用户痛点，进行市场分析，做调查、访谈、收集反馈、做分析、试制产品原型、初步验证测试等环节，都会产生实际的数据。创业者根据数据可以验证和分析每个步骤和模块的可信性和可行性。另外，特别是在商业计划书中，数据的验证是每一个环节得出的结论的有效证明。在了解商业计划书的脉络以后，要将产品运营的验证、获客、转化、商业模式的有效性等数据进行体现。当然，只有企业的成长真正走到了这一步，数据才会留存，在计划书中直接体现出来就可以了，哪怕是天使用户的反馈，这些数据也极为珍贵，也可以用于商业计划书中相应模块逻辑的推演。

没有数据的商业计划书，或许可以存在于创意阶段，但当从创意走向产品阶段的时候，收集数据、分析数据就会成为产品成长和迭代的引导。

用数据说明每个模块的产生远胜过空洞的文字描述，对投资者更有说服力。

3. 把写商业计划书当作一场创新设计思维

写商业计划书不是一蹴而就的事情，不妨把写商业计划书的经历当作一场创新设计思维演练来做。不要把创意仅停留在思考上，要及时付诸行动、勇于实践。每一次商业模式的梳理，都是一次迭代。在商业模式的探索中，不断地尝试，不断地验证，不断地完善，商业计划书会随着产品、企业的成熟而成熟，从文字变成计划，从思考变成思想。启用团队中多元化成员的智慧，发挥各自所长，把众人的创意和分析、实践和感悟提炼为企业下一步运作的参考。抱有这样心态的创业者，会在创业的道路上内心稳健、思路清晰、目标明确、不急不躁，将实际的迭代凝练成文字。创业者的成长和蜕变，就会在一次次的迭代中展现在每一个版本的商业计划书中。

12.4　路演

路演不一定是每个创业者的必经之路，但是这是需要了解的一部分。当企业需要融资，当项目需要让更多的人知道的时候，路演就不失为一个可以运用的手段。路演同样是创业者自我修练、自我成长的契机，善于把握机会、拥抱机会也是一种能力。

12.4.1　大学生常见的两种路演模式

路演是信息的传递过程，是在公共场所进行演说、演示产品、推介理念，并向他人推广自己的公司、团体、产品、想法的一种方式。路演的核心环节就是演讲环节和问答环节。这两个环节一般有严格的时间规定，有的是 5+5 分钟、7+3 分钟，也有 1 分钟介绍，后面几分钟提问的形式。总之，创业者需要在非常有限的时间内阐述清楚自己的创意和产品，并回答一些来自评委或投资者的问题。目前，大学生常见的路演模式有两类，根据创业者项目的成熟度、需要和目标来匹配相应模式的路演。

1. 比赛路演

比赛路演，顾名思义，路演以比赛的形式进行。比赛型路演，特别是高校的路演，核心的目的是通过比赛的形式促进参赛者对创新创业的认识和行动，从而鼓励更多的人积极创新、勇于创新，拥有创业的自信力。

通常比赛路演，会对参赛者的各个方面进行比较详细的规定。除了现场路演的比赛规则以外，对于参赛提交的文案有更详细的指导。例如，提交文案的模板、字号、内容基本要求、页数等。这样的要求，旨在对参赛者基本的认知进行统一，也会使参赛者在创新创业类比赛的起步水平保持一定的水准，其指导性、学习性更强一些。特别是到了省市级、行业级别的赛事，为了起到宣传示范作用，会有媒体网络的介入，那么对路演的可观看性要求会更高。在展示方面对选手的现场表现、评分环节的设计都会有更多的要求，着眼点会有所不同。当然，很多赛事也会结合融资，诱发更长远的商业行为，但比赛路演相比商业路演而言，更重要的笔墨在展示宣传和推广上面。

2. 商业路演

商业路演，即用于商业行为的路演，其主要目的是促成投资者与创业者的对接。目前市面上主要有两类商业路演。

（1）开放式

开放式商业路演，对于观众而言是开放的。组织者欢迎各种有兴趣观看的人参与。对于路演的人来说，面对的观众人群比较复杂，参加路演的门槛比较低，可以尝试多次路演进行磨炼。

（2）封闭式

封闭式商业路演，对于观众不是随意开放的。观众都是定向邀请的，多是投资界的专业人士或对路演项目有投资意向的人士。参加路演的创业者，也是有组织地被筛选出来的，并会按照既定的规则进行展演、交流等，相对于开放式路演而言，这种类型对项目和观演人员的要求会更高一些，投融资的目的性更强一些。

12.4.2 路演的准备

1. 内容准备

（1）关注投资者视角

在内容准备上要多关注投资者或评委的视角，了解投资者或评委的视角关注点并力求能满足观众的诉求。投资者的关注点如下。

① 项目的可行性。

② 发起人与团队对项目的掌控力。

③ 商业模式是否清晰。

④ 项目目前执行进度。

⑤ 可能存在的风险。

⑥ 项目在市场上的发展空间。

⑦ 项目可衍生的成长空间。

（2）符合投资阶段和考核角度

投资者的投资目标精准，有自己关注的领域和阶段，对不同的阶段有不同的考核角度。

因此，创业企业在不同的发展阶段应接洽不同阶段的投资者，对路演的内容也要进行相应准备，这样自然能与投资者顺利对接。图 12-6 所示为投资阶段和考核角度。

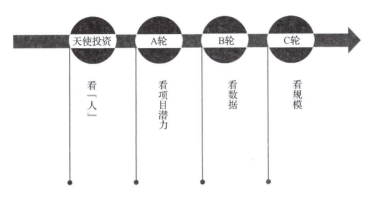

图 12-6　投资阶段和考核角度

① 天使投资看"人"，主要看团队核心成员的个人能力。企业初创期，对核心领导人员的领导力、管理能力、方向把控、产品走向、市场洞察等依赖性更强，唯有核心成员的能力是可以衡量的主要不变因素。

② A 轮看项目潜力。当项目启动 1～2 年，商业模式打磨基本成形，在尝试运作模式有所成效的时候，主要看项目是否还有发展的潜力，投资者会通过项目发展潜力评估退出的可能性。

③ B 轮看数据。当项目运作并开始有市场收益的时候，会积累大量的数据，特别是获客情况、市场反馈、转化效果、利润情况等，这些都是可以有力地说明产品的优势和市场前景的。

④ C 轮看规模。当项目开始盈利，并且开始进入产品发展期，开始进入成熟期，站稳赛道，开始布局生态的时候，是否有潜在的规模能力是这个阶段投资者的主要关注点。

（3）遵循 3C 原则

路演对展示的时间进行严格规定。在有限的时间内力求遵循 3C 原则，能达到让听众易于理解、易于吸收的目的。3C 指的是清晰（Clear）、简洁（Concise）、能激发兴趣（Compelling）。

① 清晰（Clear）：每个话题的开头直接讲明核心要点。

② 简洁（Concise）：用一句话总结核心含义，不要进行冗长的解释。

③ 激发兴趣（Compelling）：从用户的角度提供使用场景，引用第三方数据增加可信度，精准分析竞争对手的优劣势，传达自身清晰定位、务实的估值等。

（4）路演加分项

① 展示业绩，用数据说话。

② 已经有一次融资（天使融资即可）。

③ 有 1 ~ 3 年的历史数据。

④ 曾在其他赛事中获奖。

⑤ 团队差异化互补，且其他股东成员有较高的成就或较强的专业能力。

⑥ 有较高的技术壁垒，不可复制性强。

⑦ 有较高的战略格局。

（5）路演失分项

① 路演主讲人为非核心人员。

② 内容假大空，战略太多，执行数据过少。

③ 顶撞评委。

④ 项目商业模式不清晰。

⑤ 主讲人气场不足。

⑥ 对评委所提问题，回答得不明确或不令人满意。

⑦ 纯 App 项目、网络平台项目。

2. 提问准备

路演展示后一般是提问环节。投资者或评委的提问主要集中在以下几个方面。投资者的问题关注点应该是对展示时表达不清楚的问题的进一步探寻，或者是深一层次的追问和明确。

（1）公司运营

① 公司的愿景是什么？

② 公司名字的由来？

③ 公司的管理架构和团队分工如何？

④ 作为大学生如何确保能兼顾学业和公司经营？

⑤ 你们目前发展受到最大的制约是什么？

⑥ 你们做大企业的优势是什么？

⑦ 你们未来 3 ~ 5 年的规划是什么？

（2）产品或服务

① 你的产品的独特优势是什么？

② 你的技术是否已经商用化了？

③ 你的产品成本如何控制？

④ 你产品的最大卖点是什么？

⑤ 你的主要竞争对手是谁？

（3）市场推广

① 你们进入的市场规模如何？是怎么得来的？

② 你们获客的手段有哪些？

③ 你们的运营方式有哪些？转化率如何？

④ 你们对市场未来乐观预期的依据是什么？

⑤ 渠道方和你们合作的理由是什么？

⑥ 对销售渠道是否有拓展规划？

（4）财务情况

① 你们的运营成本如何？

② 你们何时开始有收入？

③ 你们何时实现收支平衡？

④ 你们如何让投资退出？

⑤ 你们是否需要融资？融资将如何使用？

⑥ 你们准备进行何种类别的融资？（股权、债权、天使、风险投资公司、战略投资者）

⑦ 你们是否做好引进投资的准备？（发展阶段、技术、业务、管理、人才、心理……）

⑧ 你们的股权架构如何？

（5）风险评估

① 公司发展面临最大的风险是什么？

② 你们是否在风险防范上有措施？

③ 你们是如何规避核心人才流失的？

④ 你们是如何确保创业团队稳定的？

⑤ 你们是如何应对其他公司的模仿的？

⑥ 公司的壁垒是什么？

3．演示文稿准备

随着产品发布、专题演讲、电视路演等形式的频繁出现，演示文稿的设计和制作也更趋于专业化。一个精心制作的演示文稿不仅可以展现演讲者的专业和用心、品位和自信，更能有效地在最短的时间内达到建立关系、激发听众兴趣，最后拿到融资的目标。

（1）以全篇思考主线设计为先

演示文稿要以整篇思考主线的设计为第一位。要设计开场，例如，选择打动人心的故事，要设计每个环节提炼的关键要点，用关键词、关键句，体现核心观点和重要结论，来吸引观众的关注。要设计并运用类比数字，体现竞品分析、痛点解决、展现潜力。要利用细节和只言片语帮助听众了解复杂的内容，赢得投资者的信任。

（2）演示文稿的内容要为主线服务

演示文稿不一定要展示商业计划书的全部内容，但关键的内容一定要涉及，例如：做的是什么？谁来做？为什么做？为什么现在做？需要投多少钱？回报有多少？另外，重要的是所有的内容要为设计好的主线服务，能够保证每一页的逻辑关系紧密联结、环环相扣，通过文字、画面、语音把观众带入应用场景，让观众身临其境，瞬间拥有沉浸感。

通常演示文稿内容设计的要点可以参考如下建议：封面——项目介绍、路演人介绍；市场概况；痛点分析；解决方案；竞品分析；产品构想；竞争优势；盈利模式；推广计划；融资计划。

以上仅仅是涉及的要点，但如果能把这些要点既展示清楚，又打动人心，就必须要符合主线的设计逻辑，并根据自身的优势和特点，来选择和设计要展示的内容。

（3）演示文稿的画面要精美

时代发展到今天，虽然我们都知道演讲最终吸引人的一定是内容本身，但是，画面精美的演示文稿在视觉上给人带来的冲击不容忽视。制作精美的演示文稿既会传达演讲者的审美，显示其自身的高品位，同时又能向听众传达最直观且视觉化的信息，制作精美的演示文稿会在无形中给演讲加分。想要获得精美的画面效果，其实并不是太困难的事情。现在网络上有大量现成的模板，高像素的精美原图，手把手教学的商业计划书制作方案，精美的参考案例，等等。当信息呈现得越精美，越可视化，越能帮助听众快速直观地获取信息。此外，为了达到更好的传播效果，甚至可以考虑利用更加可视化的呈现方式，例如用精美的视频进行产品演示、客户访谈、市场分析等环节。

4. 路演的准备

（1）反复彩排

反复彩排应该是路演准备中最重要的环节了。根据规定的时间、既定的流程进行反复练习，确保展示的效果和连贯性。语气、节奏、音调的设计和练习都会为现场路演效果加分。

（2）熟悉会场

了解路演现场的情况和周边的交通状况，必要的话提前几天抵达会场进行演练。

（3）服装整洁

不管是西装革履，还是商务休闲，一定要整洁庄重，以示专业。

（4）提前15分钟抵达

提前15分钟抵达，确保资料提交完整，把计算机、投影仪等设备调试到位，以免影响路演。

（5）资料准备

可以将路演材料提前打印出来并分发给观众，一方面方便阅读，另一方面当设备万一有问题时，还可以用材料补救。

13 第13章
创业期的资金运作

资金对于企业来说，是创业的基础，更是可持续运营的保障，是企业管理的重要组成部分。对资金的使用、管理、运营也考验着创业者在企业管理方面的财务知识、金融知识等。创业者可以不是这些领域的专业人才，但是还是要具备基础知识的，这些知识会帮助创业者规避企业经营风险，合理使用资金，也有利于帮助企业借助资本优势加快发展。

13.1 创业期基础财务知识

创业者在经营企业的过程中，需要随时监控企业发展的状况，财务数据是最直观的企业运转状况的反映。财务数据背后隐藏的信息，体现了企业真实的运作情况，就像是企业的体检表。可以想见，人们在体检并拿到体检数据之后，更关心的是数据反映出的健康问题。企业的财务报表也是如此，通过对数据进行合理的分析，就能了解到最真实的企业运营状况，这就是财务报表存在的意义。对于创业者而言，不需要学习太复杂的财务知识，但是能看懂简单的财务报表是基本功。其中，有3个财务报表——现金流量表、利润表和资产负债表，是首先要掌握的。

了解公司某段时间资金使用账户的明细，看现金流量表。了解公司某段时间盈利还是亏损，看利润表。但是，公司一段时间的盈利或亏损并不一定能反映公司的负债情况，要了解公司的负债情况，需要看资产负债表。

13.1.1 现金流量表

1. 什么是现金流量表

现金流量表是反映一定时期内企业经营活动、投资活动和筹资活动对其现金及现金等价物产生的影响的财务报表。

2. 现金流量表的内容

现金流量表通常有3个内容。

经营活动现金流量：企业从市场竞争中获取现金的能力，这也是投资者的关注点。

投资活动现金流量：企业采购固定资产等投资活动的现金流入流出情况，对于初创企业来说，这部分主要表现为现金流出。

筹资活动现金流量：企业从外部取得资金的情况，如投资者资本投入、贷款收入等现金流入情况。

3．现金流量表的作用

现金流量表体现了企业在一定时期内现金运转的情况，即是否有合理的可支配资金，这在企业经营中至关重要。因为通过资产负债表中各个项目对现金流量的影响，可用于分析一家机构在短期内有没有足够的现金去应付开销，这是企业能够可持续运营的重要条件。

13.1.2　利润表

1．什么是利润表

利润表也称损益表，是反映企业一定会计期间经营成果所形成的财务报表。它反映了一定期间企业的收入和相应的成本、费用以及最终形成的利润。

2．利润表的内容

利润表主要分为3大内容：销售收入、成本及利润。这三者之间的关系相对比较容易理解，即"利润＝收入－成本"。利润表通常分为上中下结构，上部为收入、中部为成本、下部为利润。

3．利润表的作用

利润表的作用相对简单，就是体现企业在相应时期内的盈利能力，这也是投资者最为关注的指标之一。

13.1.3　资产负债表

1．什么是资产负债表

资产负债表作为企业财务报表中最重要的一种表，就像企业的一面镜子，能够最真实地体现公司情况，是反映企业在某一特定时期财务状况的财务报表。

2．资产负债表的内容

通常资产负债表会包括3方面的内容。

资产：企业所有或控制、并预期可给企业带来经济利益的资源。

负债：企业过去交易或事项形成的、并预期会导致企业经济利益流出的现时义务。

所有者权益：企业所有者在企业资产中享有的经济利益。

这3方面内容之间的关联可以用一个公式来体现，即"资产＝负债＋所有者权益"。资产负债表一般采用左右结构，把表格竖向一分为二后，左侧就是资产部分，根据习惯通常依据企业资产流动性的强弱自上而下进行列示，右侧是负债和所有者权益部分，负债又会按照偿还的先后顺序自上而下进行列示，所有者权益是按投入资本和留存收益的顺序列示的。

3. 资产负债表的作用

资产负债表能够提供以下财务信息。

① 通过资金在不同项目的占用，了解企业的资产情况，包括资产总额、资产的结构和分布等情况。基于这样的数据，可以进一步分析和体现资产结构的合理性以及资产的流动性。

② 知晓资金的来源。对于企业来说，资金是形成企业资产的重要组成部分，而债权人提供的资金以及企业所有者的投资作为企业资金的重要来源，二者占比大小反映了企业的资本结构，据此可分析出企业的财务风险情况。

③ 反映出资产和负债的对照关系。资产负债表中，资产按流动性强弱分为流动资产和非流动资产（或长期资产），负债按偿还期的长短分为短期负债和长期负债。这种左右对照关系，可以分析出企业资产的流动性及偿债能力。

13.2　创业企业融资管理

在创业 6 步骤中，提到当企业有了创意，有了初步的商业计划，组建了团队时，接下来需要寻找资金，而资金的来源主要是融资。融资，狭义上讲是一个企业的资金筹集的行为与过程，即公司根据自身的生产经营状况、资金拥有的状况，以及公司未来经营发展的需要，通过科学的预测和决策，采用一定的方式，从一定的渠道从公司的投资者和债权人那里筹集资金，组织资金的供应，以保证公司正常生产需要、经营管理活动需要的一种理财行为。

国家和高校对大学生创业融资有专门的优惠政策，这为大学生创业打开了方便之门。大学生对创业期间融资知识的学习、融资作用的认知，除了有助于直接获得资金支持，还能获得对接的资源、创业项目的历练等，这些都是大学生不可或缺的宝贵财富。

13.2.1　融资作用

创业者融资得到资金支持、支撑企业运转的同时，也能通过融资分担风险。此外，融资除了能从投资方那里得到资金，还能获取很多有价值的内容，这些同样是创业者融资时需要关注并在意的。

1. 创业指导

创业者普遍缺乏经验，特别是大学生创业者，对产品、技术、团队管理等方面都亟待磨炼。很多投资方，尤其是天使投资者，他们本身在行业中摸爬滚打了多年，积累了丰富的企业管理经验。他们不仅拥有丰富的创业经验，对项目发展也有敏锐和专业的洞察力，自然更有扶植和栽培项目的能力。如果能够获得专业人士的指点甚至孵化，特别是在有针对性的产品方向、技术方案、商业模式、战略框架等方面，创业者可以少走很多弯路。这也是金钱不能取代的宝贵资源之一。

2．投资者认可

创业者一旦获得投资，就是获得了这个投资者的认可。如果投资者不能对外透露具体信息，却在创业者的商业计划书上投入资金，这本身就是很大的信任了，毕竟，没有一个投资者会随便使用资金。如果这个投资者比较有名气，其他投资者也被吸引，那么说明这个项目获得了有名的投资者的认可，无形中得到了宣传，其他投资者考察的成本会大大降低，这会为创业者获得更多投资，也为下一步融资做了很好的铺垫。

3．资源对接

创业者在选择投资者的时候，不能只看中资金，还要在乎资源。很多投资者在早期天使投资时，不会投入资金，而是直接提供资源，如旗下企业的销售门店渠道、电商平台的有利位置，甚至是和已有产品嫁接的机会等，这些资源有时比直接投入资金还更有价值，因为它们可以直接为创业者打通进入市场的壁垒。市场渠道是资源，人脉也是资源，专家人员的技术指点，相关行业人员的对接，对于创业者来说都是可遇而不可求的稀缺资源，很多时候资金是用来营销或突破技术难点的，但都不如现成的资源来得更直接和有利。

4．产品加速

创业者在产品升级加速的过程中，有的时候差的就是那么一点点助力。在同样的创意创新项目中，早一日进入市场，局面也许就大有不同。以占领市场为例，对于新兴市场，获客成本往往比后进入市场的获客成本要低很多。扩大市场占有率、增加品牌认知度、早一步吸引流量、甩开竞争对手，都需要资金助力。

13.2.2　融资时点

在寻找资金的阶段，创业者需要事先知道有哪些融资时点。创业者或许听说过种子轮、天使轮、A 轮、B 轮、C 轮等名词。这些名词都与投资阶段有关，对创业者而言，这些就是融资时点。创业者可以先了解一下这些投资阶段代表的含义，并可以对应到创业 3 大核心内容（3M）的重要发展，同时关注一下融资来源、融资用途，包括投资者青睐的关键点等，

融资时点

如表 13-1 所示，通过对融资时点的分析，可以明确创业项目不同成长时期和融资的关系。

种子轮是指初创公司的第一次融资，之后是天使轮，接着的每一轮融资，从 A 开始依次以字母命名，也就是大家听到过的 A、B、C 轮，也有的企业融资甚至到 D、E、F 轮，之后就是 Per-IPO、IPO 阶段。IPO 的英文全称为 Initial Public Offerings，简称 IPO，指首次公开募股。Pre-IPO 称为前 IPO 阶段。确切地说，首次公开募股还仅仅是股票发行，公开发行股票之后，如果企业的资格得到认可，企业一般就会要求上市。发行和上市是两个环节。

表 13-1　融资时点分析

融资时点	种子轮	天使轮	Pre-A 轮	A 轮	B 轮	C 轮
企业发展阶段	原始团队	初创团队	小微企业	小型公司	中型公司	大型公司
团队管理	几个人	几个至几十个人形成初步管理规范	几十至一百人管理规范初步完善	上百人甚至更多，管理规范逐渐成熟有序，不断迭代，构建出完善的公司组织架构，进一步细化和明确部门的职能与职责。从组织架构上来说，已经是一个很正式的公司了		
商业模式	商业模式还是一个初步的想法或者创意	商业模式开始聚焦，并进行修正和迭代	商业模式大方向明确，加大验证力度	商业模式及盈利模式已经相当完整、详细、明确，并进一步在细节方面深度拓展和迭代	商业模式及盈利模式进一步完善，有些企业已经开始盈利，需要持续发力，获取更大的盈利；有些企业仍处于亏损状态，需要寻找新的盈利点	只要企业经营得还不错，这个时候就都已经开始盈利，甚至利润增长得还很快
市场营销	没有市场营销和推广	有初步的用户验证和反馈	中小规模市场验证以及客户反馈数据	大规模的市场开拓，推广产品和服务	初步具备市场占有率，需要继续推广和持续营销并增加品牌认知度	企业在市场上有较好的口碑、较大的市场份额，在行业内也有影响力
产品开发	初级的产品原型	产品初级版本	产品高级版本	产品已经相对完善、成熟。产品的生产、推广、销售、售后等整个链条也已完善，适应大规模的产品销售和推广。产品继续开发迭代，并逐步形成产品线或产品体系	产品形成产品线和产品体系，并持续完善整个链条	产品线和产品体系完善，并不断迭代
融资额度	10 万～20 万元	20 万～200 万元	200 万～2 000 万元	1 000 万～5 000 万元	5 000 万～3 亿元	3 亿元以上

续表

融资时点	种子轮	天使轮	Pre-A 轮	A 轮	B 轮	C 轮
融资来源	自筹资金、天使投资	天使投资机构	天使投资或投资机构	投资者、投资机构、上市公司等		
融资用途	创意验证、痛点验证、可行性验证、市场切入点验证	开发产品、商业模式验证	商业模式验证	扩展团队，继续打磨产品和小规模推广	扩大规模、产品成型、做上市准备	准备上市
融资准备	基本的商业计划书	完善的商业计划书		商业计划书、财务报表、业务运营数据		
投资者青睐	创意和人	团队和项目前景	团队和运营能力	主要是产品，其次是数据	数据	营收

1. 融资时机要抓节奏

根据对融资时点的分析，不难发现，每个融资阶段的融资资金用途不同，每一轮都有各自阶段的发展需求。从企业自身发展的角度来看，融资的节奏自然是越快越好。创业公司既需要资金完成产品的打磨、市场的验证，又需要和竞争对手赛跑，迅速拉开距离。目前我国的很多创业企业，由于知识产权意识薄弱，很容易被竞争对手模仿甚至赶超，如果创意的门槛比较低，加上没有背后资金的支持，就更难甩开竞争对手，进而失去占领赛道的先机。

随着创业市场的逐步成熟，投资者不再会为"烧钱"的营销方式买账了。特别是在项目早期，投资者会更关注企业的创意和产品的发展前景，而创业者在早期可能会凭借产品的"创意"、"故事"和"预测"来说服投资者，从某些程度上来说，这个时期的投资者感性判断多于理性判断，或者说需要投资者凭借的是自身的投资经验，而换个角度说，这是创业者获得投资的绝佳时机。

从企业发展的脉络来看，在企业逐渐发展成熟壮大的过程中，每个节点都在履行着企业的 9 字诀，即价值观、方法论、执行力。不同时期有不同的价值观，价值主张在不断地完善，商业模型也在逐渐定型。融资的时候，商业计划书是核心资料，如果创业的 3 大核心内容清晰了，商业计划书就容易呈现了。而创业者，在对产品的打磨中，也会更明确方向，更能把控融资的节奏，将资金投入每个阶段的核心环节，让企业充满信心地向下一步迈进。

2. 融资最终关注数据

在以往的创业项目中，经验告诉我们，不同的融资时点，投资者的关注点不同。最早期的种子轮阶段，吸引投资者的主要是产品的创意、方案，甚至是一个想法。另外关注的一个点就是人。到了天使轮，投资者开始关注团队和项目前景。到了 A、B、C 轮，随着商业模式的完善，产品和市场接触的深入，收集的各种数据越来越多，投资者主要关注产品验证的数据、用户反馈的数据、财务金融的数据等。因为这些数据，可以从各个方面反映创业企业是否趋于成熟，产品是否切入了正确的市场，投资是否最终对投资者有利、是否有回报。当然，市场上的确出现过在只有一个人和一个想法，甚至连核心团队都没有的情况下，依然能够获得天使投资的个案，而这无非说明，投资的所谓标准可以被打破，这似乎更是对创业者融资的利好消息。

但是，创业者更需要理智和清醒地知道，在投资环境不景气的情况下，特别是，越来越多的人投身创业的大潮中的时候，投资者反而越来越谨慎，衡量标准越来越严苛，评价的维度也越来越多元。他们对数据的关注度越来越高，甚至可以说，在任何阶段，投资者都会关注数据，否则，他们不会轻易投资。在很多种子轮，甚至天使轮的路演中，投资者就产品的用户转化率进行提问的情况也比比皆是。

反过来，需要鼓励创业者的是，无论投资环境如何，创业者对产品创新创意的追求，对产品从想法到落地的实践都是不变的真理。无论在融资时点的任何阶段，数据哪怕再少，创业者都要有意识地积累并收集，这随时会是产品落地的有利支持。关于数据更要有长远眼光，数据不仅仅是当下创业项目运行的数据，更可以追溯到对市场的预测分析，对技术的前瞻性观察，对新商业模式的推演，等等，这些都将鼓励创业者跳出思维局限，迸发出天马行空的创意，同时又能脚踏实地，在早期有预见性地关注数据。

3. 融资不是必经之路

创业似乎离不开融资，似乎融资才是创业的唯一出路。但是，无论从全球还是从我国市场看，创业项目融资成功的比例不超过 3%，这说明融资非常难。而另外一个数据又告诉我们，创业公司存活过 3 年的超过 30%，也就是说，有将近 27% 的创业项目即使没有获得融资依然可以发展得很好，甚至比拿到融资的项目还要好。

可以说，融资不是创业的必经之路。

创业的必经之路离不开商业之道，而商业之道就是创造利润。创造利润的核心仍然是把产品做好。要想证明产品是好的产品，需要实实在在的经营数据和经营方法。与其一上来就找投资者，不如快速行动，去做一个原型。例如，很多的创业项目都是一个 App 产品，或者是以 App 为载体的创意。可否在做 App 之前，先做一个简单的 H5 原型，在小范围的天使用户中收集一些反馈数据，测试一下市场反应，当对产品逻辑及其核心价值非常清晰的时候，也可以开始考虑是否需要立刻获得投资。

因此，不是每个成功的创业项目都要选择融资，但是成功了的创业项目一定离不开踏踏实实的思考和实践。

13.2.3　大学生融资渠道

很多创业者在寻找资金的阶段是比较迷茫的，很多大学生的融资渠道都是通过父母或亲朋好友，这样获得的资金没有利息，或者利息很低；另外，有了亲人的支持，在创业道路上也会信心十足。但是，创业家亚当·切耶尔（Adam Cheyer）认为，融资的来源一开始最好不要是亲人和朋友，因为他们肯出钱的原因往往是对创业者本人的信赖或看好，对于产品本身的创新创意或者市场前景会判断不足，亚当·切耶尔鼓励创业者通过融资走向市场，从第一步就开始面向市场，探究产品的认知度，那么获得的融资会更有针对性。

针对高校的大学生来说，关注适合自己的融资方式，选择适合自己的融资渠道，一旦踏上创业的道路，就可以有备无患。

1．高校创业优惠政策

目前，各地对大学生创业的优惠政策都较多，创业者可以申请相应的税收、工商注册、贷款、场地、培训、创业指导、路演等创业扶持政策，从而降低创业成本。另外，很多高校也出台了大学生创业扶持政策，有的搭建了孵化平台，为大学生创业提供了便利的支持。

有创业意愿的大学生，可以提前关注学校招生就业办公室的有关政策，关注最新政策的变化，了解政策要点及申请流程和条件。

2．创业大赛

大学生寻找融资的渠道可以考虑常用的融资渠道，如银行、正规的风险投资机构等，但是，对于没有太多社会经验和社会人脉资源的大学生来说，分辨市面上良莠不齐的资源，风险还是很大的，更重要的是时间成本较高。

参加高校或者机构组织的创业大赛不失为一个较好的途径。

目前我国比较有影响力的创业大赛有"创青春"全国大学生创业大赛、中国"互联网＋"大学生创新创业大赛。另外，各类机构组织，包括行业代表也会有各种针对大学生的创新创意大赛，一方面是响应国家的政策号召，另一方面实现资源对接，特别是通过学校的推荐渠道，或者是学校引入的赛事，从资质、资源和质量上都有保障。

大赛一般会设置奖项，也会为优秀指导教师设置奖励。此外，有的金融机构对符合要求的获奖项目提供创业基金与贷款授信。组委会也会帮助大赛获奖项目团队申办微型企业，免费入驻孵化基地，享受风险投资等。

参加大赛不仅可以将想法落地，更重要的是，模拟演练可以提前体验创业的历程，并提早吸引投资者的眼光。而投资资源的对接往往是大赛的最终目的，孵化出成功的创业项目更是校企合作的重要目标。

或许有的大学生，开始只是有一个简单的想法，但是经过大赛提供的平台走向孵化、获得资源、得到资助，从而踏上创业直通车的例子不胜枚举。

2018 年在杭州落幕的"创青春"浙江省第十一届"挑战杯·萧山"大学生创业大赛决赛中，共 16 件创业实践作品，累计获得融资 2.3 亿元。在杭州湾信息港举行的路演邀请赛上，这 16 件作品分别获一、二、三等奖和优秀奖。据萧山区科技局介绍，如获奖创业项目落户萧山，还将获得最高 20 万元的大学生创业补贴。

13.3　创业企业合理估值

当创业者踏上创业之路时，融资就成了一件创业者需要列入计划的事情。无论企业最终是否要利用融资获得资金或规避风险，再或者企业可以发挥自身核心竞争力，一直运转良好不需要融资，但是对企业进行合理的估值，都是创业者必须要做的事情。

13.3.1　合理估值的方法

估值的方法非常多，维度也有不少，但是这里仅仅介绍两个非常简单基础的方法作为创业者的参考，因为完成这个环节的思考，比算出具体的数字更重要。

合理估值
的方法

1. 对比法

对比法是大多数投资者会采用的验证方法之一，这一方法主要参考的底层逻辑是锚定效应。锚定效应是指当人们需要对某个事件进行定量估测时，会将某些特定数值作为起始值，起始值像锚一样制约着估测值，而在做决策的时候，会不自觉地给予最初获得的信息过多的重视。举个例子，创业者开了一家家具店，售卖高级家具 B，比普通家具 A 的价格高 25%，而另外一家家具店，则以售卖普通家具 A 为主，客户都觉得他家的家具 A 更经济实惠，导致创业者的家具店销量骤降。这时可以试着购进一批比现有家具 A 更贵的家具 C，重新去构建用户的锚定效应，形成 A 最廉价、C 最贵，B 则性价比最高的感觉，这样用户就会转过来买一分钱一分货的 B 或者 C 了。按照同样逻辑，创业者可以找近期市面上类似的企业融资案例进行对标，完成评估。

2. 融资估算法

创业公司早期融资的时候，通常是通过出让一定比例的股权来进行融资的，出让比例一般在 10% ~ 20%。创业团队可以根据需要的金额，或者下一个里程碑需要的资金来计算比例。

估值 = 融资金额 ÷ 出让比例，在确定了融资金额及愿意出让的股权比例后，创业公司的估值也就出来了。例如，创业公司需要融资 500 万元，出让股权的比例为 10%，那么企业估值就是 5 000 万元。同样，在这个算法中，还可以通过对融资金额和出让比例进行调整来得到不同的估值。这自然由创业者决定要选择怎样的融资策略。

13.3.2　合理估值的作用

1. 完成自我认知

创业者是否一定要对自己的企业估值？另外，如果创业者还没有融资的打算，是否也一定要估值？答案是肯定的。也许有的人会质疑，现在企业发展尚在早期，还谈不上具体的业务数据，更没有财务数据，太早进行估值的意义何在。

创业者进行早期估值，一个很重要的原始目的是完成自我认知。了解企业自身除了有形固定资产以外，还有哪些是有价值的无形资产。

产品和技术、渠道资源、竞争优势、合作伙伴、团队实力，是否觉得这些内容似曾相识？是的，它们都是在第 10 章分析商业模式的时候，在商业画布中提及的几个含义相近的关键模块。也就是说，当我们最初进行商业模式分析的时候，就能分析到企业自身的硬实力和软价值，而这些内容，都会是企业评估自身价值的无形资产。

因此，创业者不管是否有融资的需求，是否要写商业计划书，对自己的企业进行完整的商业认知是非常有必要的，这是衡量企业下一步能走多远、能走多好的一个方法。

2. 做好融资准备

即使创业者当前没有融资的需要，但是从融资的作用中所谈到的好处可以看到，融资可以一开始就在创业者的计划中。分析了解自身企业的市场估值，有了估值，更能进一步指导创业者完善商业计划书，或者确切地说，完成商业计划书中有关融资的部分。

因为有了对企业的自我充分认知和估算，就可以随时回答投资者的问题，也可以随时知道企业价值可能带来的融资金额，并清楚地知道自身的市场地位。

另外一点就是，在融资的早期阶段，实实在在的企业价值，可以根据企业现有的资产估算出来；而企业的潜力和隐形价值，创业者自身更是必须看到。很多时候，投资者独具慧眼，也许能够发现创业团队的特殊价值；但更多时候，在众多选择中，投资者面对着商业计划书更像是大海捞针。所以，更需要创业团队能够直接地、生动形象地向投资者指出、讲述或者描绘企业的无形价值，使它们成为更能打动投资者的理由。

当然，虽然我们前面讲融资不是必经之路，但也谈到过融资可以分担风险。无论创业者最后是否选择融资，都需要在对自身发展最紧要的时候做决定，都需要创业者做好充分的准备。

14 第14章
创业还需要知道的事

当创业者完成创意将项目落地，获得了资金，并开始准备真正创办企业的时候，需要创业者掌握的知识和内容仍然还有很多。对于一些企业注册成立需要的知识，都有既定的政策、法规、流程，照章执行即可。除了这些查得到、问得到的规范以外，创业者如果想要企业走得更远，走得更稳，走得更顺，不仅要合规经营，还要学习一些未来企业经营中可能需要的知识，做到有备无患。

14.1 需要知道上市方向

对于创业企业而言，也许上市不是每一个创业者追求的最终目标，但是，有必要提前掌握企业发展中的重要环节。随着经济的发展，企业也有了更多的上市选择。从境内市场上看，依次有主板市场、中小板市场、创业板市场、新三板市场、科创板市场；对于境外市场，可以稍微了解美国市场。创业者在创业的过程中，可以根据自己企业的特点和规模，选择适合企业上市的途径。

上市方向

需要注意的是，由于经济飞速发展，各类政策内容可能会随着发展而有所更新，以下内容仅供学习参考，最新要求以政策法规及交易所公示内容为准。

14.1.1 境内市场

1. 主板市场

主板市场也称为一板市场，是一个国家或地区证券发行、上市及交易的主要场所。主板市场对企业也就是发行人各方面的要求都是最高的，因此主板上市企业多为大型成熟企业，具有较大的资本规模以及稳定的盈利能力。我国主板市场的公司在上海证券交易所（上交所，简称沪市）和深圳证券交易所（深交所，简称深市）两个市场上市。

2. 中小板市场

中小板市场即中小企业板市场，是相对于主板市场而言的，有些企业的条件达不到主板市场的要求，所以只能在中小板市场上市。中小板市场是创业板市场的一种过渡。

3. 创业板市场

创业板市场又称二板市场，它为暂时达不到在主板市场上市条件的中小企业和新兴企业提供另外的证券交易市场。创业板市场最大的特点就是低门槛进入、严要求运作，有助于有潜力的中小企业获得融资。其目的主要是扶持中小企业，尤其是高成长性企业，为风险投资企业和创投企业建立正常的退出机制。

4. 新三板市场

其正式名称是全国中小企业股份转让系统，是经国务院批准设立的全国性证券交易场所，全国中小企业股份转让系统有限责任公司为其运营管理机构。其市场生态、研究方法、博弈策略、生存逻辑等都和以中小散户为参与主体的沪深股票市场有显著的区别。

5. 科创板市场

科创板市场于2018年11月5日在首届中国国际进口博览会开幕式上宣布设立，是独立于现有主板市场的新设板块。科创板市场的设立给很多成长空间大、发展速度快但受限于利润等指标的创新型企业提供了很好的融资支持，与目前的主板、创业板、中小板和新三板等交易市场一起，能够更好地发挥资本市场对实体经济尤其是创新型经济的支持作用。

14.1.2　境外市场

境外市场在此不做赘述，读者简单了解即可。

美国最主要的证券交易市场有纽约证券交易市场（简称"纽交所"）和纳斯达克。只有在满足各市场对公司的要求后，该公司的股票或者是证券才能在市场上发行、交易。

纽交所门槛较高，规模较大的公司一般选择在纽交所上市。纳斯达克是世界上主要的股票市场中成长速度最快的，相较于纽交所，其准入门槛较低，是更多创业公司的选择。

14.2　需要知道合理股权稀释

股权管理、股权分配、股权稀释等资本方面的运作，是创业者在创业道路上越走越远的时候必然会触及的部分。创业企业在不同的发展阶段，对于股权的释放、股权的控制要与企业发展壮大的节奏相匹配，这样既能保护创始人原始股东的权益，又能积极地助力企业发展。

14.2.1　股权稀释，创始人出局

很多创业企业的成功都得益于融资。将企业的股权出让给投资者以获得更多外部资金的支持，而在一轮又一轮的融资中，创始人的股权会逐渐减少，这也就是所谓的股权稀释。

股权不断稀释，最后导致创始人出局的状况发生过很多。

股权稀释是很多创业企业融资过程中的必经之路，在这个过程中，创业者特别是创始人如果不能及早地意识到风险，并把控好尺度，随着股权不断地被稀释，很可能会面临出局的窘境。

14.2.2　合理的股权稀释

1. 融资对股权的稀释

创业公司从开始融资到上市，也许会经过 4 ~ 5 轮甚至更多轮的融资。如果天使轮出让股权，出让 10% 还是 20% 对于公司股东股权的稀释影响是不同的。图 14-1 所示为股权稀释对比。对比早期出让比例不难发现，出让比例为 20% 的稀释情况下，在 A 轮后，股东乙已经失去了主要控制权。

股权结构表（天使轮股权出让10%）						
公司股东	融前股比	天使轮后股比	A轮后股比	B轮后股比	C轮后股比	D轮后股比
甲	70%	63.00%	50.40%	42.84%	38.56%	34.70%
乙	30%	27.00%	21.60%	18.36%	16.52%	14.87%
天使轮投资	/	10.00%	8.00%	6.80%	6.12%	5.51%
A轮投资	/	/	20.00%	17.00%	15.30%	13.77%
B轮投资	/	/	/	15.00%	13.50%	12.15%
C轮投资	/	/	/	/	10.00%	9.00%
D轮投资	/	/	/	/	/	10.00%
总计	100%	100%	100%	100%	100%	100%

股权结构表（天使轮股权出让20%）						
公司股东	融前股比	天使轮后股比	A轮后股比	B轮后股比	C轮后股比	D轮后股比
甲	70%	56.00%	44.80%	38.08%	34.27%	30.84%
乙	30%	24.00%	19.20%	16.32%	14.69%	13.22%
天使轮投资	/	20.00%	16.00%	13.60%	12.24%	11.02%
A轮投资	/	/	20.00%	17.00%	15.30%	13.77%
B轮投资	/	/	/	15.00%	13.50%	12.15%
C轮投资	/	/	/	/	10.00%	9.00%
D轮投资	/	/	/	/	/	10.00%
总计	100%	100%	100%	100%	100%	100%

图 14-1　股权稀释对比

这是个简单的算法演示，并没有涉及员工激励期权和后续加盟股东股权的需求。如果考虑更多实际因素的话，创业者的股权出让太多，可能会导致更快速度的股权稀释。从天使轮出让 10% 开始，会是一个保险的比例，加上后期不断融资，会涉及早期风险投资 20% ~ 30% 的出让比例，接着大约以每轮 10% 的出让节奏直到上市，会是一个比较可控的局面。

蔡崇信是阿里巴巴上市时的 4 个前董事之一，他在阿里巴巴最重大的一次融资中，两次拒绝了孙正义提出的 4 000 万美元投资获得 49% 股份的要求。即使孙正义降到 3 000 万美元，他仍然拒绝。最终对方降到了 2 000 万美元，他们才达成一致意见。而这次融资，有丰富市场资本运作经验的蔡崇信确保了阿里巴巴的股权不被稀释太多，也帮助了作为创业者还经验不足的马云渡过了最艰难的一次险关。

2. 股权稀释的合理控制

（1）控制融资节奏

创业公司的创始人在公司发展的不同时期，要把控融资的节奏。初创时期，创始人控制的股权要大于 67%，也就是掌握公司 2/3 以上的控制权，才能确保公司整体走向尽在掌握。随着公司的发展需要，创始人可以考虑员工激励制度，释放一些股权，但自己控制的股权要大于 50% 甚至稍微多一点，为 52%，这能为公司上市做好铺垫。当企业进入扩张期时，创始人自己控制的股权至少要有 1/3，以确保拥有对重大事件的表决权。当企业已经走向成熟时，可以继续释放股权，创始人控制的股权再少，也不会影响公司已经能够良性运转的大局。

（2）管理体系健全

有的公司设计了双层结构，例如，百度对外部投资者发行的 A 股有 1 票投票权，管理层持有的 B 股则有 10 票投票权，以这种方式保护股东权益。无论是利用公司管理制度，还是相关的章程约定，这些提前明文定义的规则在制度上大大保障了原始大股东的利益。所以，在早期就建立起保护股东利益的公司管理体系，也不失为一种方法。

（3）专业人员到位

一些得到了来自国外的投资的企业，会受到投资机构中专门设立的基金分析师的管理，基金分析师会对企业的重点决策进行专业分析，并帮助投资者免受利益损失。在国外，律师会专职负责监督大股东的行为是否侵害了小股东的利益，甚至通过法律手段解决问题。在国内，虽然上市的监督机制和国外不同，但是请专业人员介入重大决策以降低企业风险，也是可以参考的方法之一。

14.3　需要知道知识产权基础知识

随着科技的创新、经济的发展，知识产权保护将会越来越受到重视，并在企业发展过程中起到至关重要的作用。许多企业在发展前期对知识产权的规划不重视或者不完善，导致了公司在后期发展过程中遇到了种种侵权问题。知识产权保护的维权成本高、周期长、举证难、赔偿少已经成为不少企业面临的问题。因此，在公司发展的前期一定要规划好知识产权保护，利用知识产权保护对创新创业进行合理的保障。

对于公司来说，尤其是文化创意、互联网等行业，在经营的过程中经常会涉及著作权（又称版权）、商标等知识产权的问题。本节针对大学生创业过程中和创业初期可能面临的主要的知识产权保护问题，主要介绍著作权、商标、专利 3 大内容。大学生在进行创业的过程中应随时根据企业发展阶段继续深入学习和运用相关知识产权的知识和保护措施，以避免不必要的麻烦。

知识产权

14.3.1　对创意的保护：著作权

著作权，也称版权，指作者及其他权利人对文学、艺术和科学作品享有的人身权（如署名权、发表权等）和财产权（授权别人使用以获得收益的权利）的总称。

大学生创业通常起源于一个独特的创意。正如在"创新篇"中讲到的，通过观察社会和自身体验发现问题，在分析问题的基础上运用自己的知识提出有助于解决问题的可商业化的独特方法，由此产生的解决方案（以产品或服务的形式呈现）可称为创新或创意。但如果创意仅停留在思想阶段，没有构成作品，则不受《中华人民共和国著作权法》（以下简称《著作权法》）保护。

例如，甲有一个将垃圾分类知识制作成游戏的创意。这个创意本身不满足《著作权法实施条例》第二条对作品需满足独创性表达的要求，因此，无法获得《著作权法》保护。若甲将其"将垃圾分类知识制作成游戏"的创意通过演讲或者文字的方式详细表达出来，形成《关于垃圾分类游戏设计制作的策划文案》。该策划文案若满足独创性的表达，则构成作品，甲对其创作的《关于垃圾分类游戏设计制作的策划文案》即享有著作权，有权禁止他人未经许可使用。

除了产品或服务的创新，很多时候还有对商业模式的创新，但是，商业模式的提出人通常不享有对商业模式的专有权利。所以，对于具有巨大市场价值的创新创意，一方面在初期要做好商业秘密保护工作，另一方面要加快实施步伐，保护创意最好的方式是对其进行执行。

在互联网创业企业中，经常会涉及对计算机软件开发的著作权保护，即计算机软件著作权，它是指软件的开发者或者其他权利人依据有关著作权法律的规定，对于软件作品所享有的各项专有权利。软件著作权同样需要到国家著作权行政管理部门进行登记，国家对登记的软件会予以重点保护。

14.3.2 对品牌的保护：商标

商标是指商品生产者或经营者在自己的商品上使用的区别于其他商品生产者或经营者的商品的一种专用标记。简单地说，商标就是用来区别商品的标记。根据《中华人民共和国商标法》（以下简称《商标法》），经注册的商标受法律的保护，注册者对其有专用权。很多跨国企业的商标会在许多国家注册，受到注册地当地法律的保护。在我国，商标有"注册商标"与"未注册商标"之分，注册商标是在有关部门注册后受法律保护的商标，未注册商标则不受商标法律的保护。根据我国《商标法》第五十六条，注册商标的专用权，以核准注册的商标和核定使用的商品为限。

在企业经营中，商标是品牌中的标志和名称部分，而品牌是能代表产品质量水平的名号，可借以传达企业形象与企业精神。大学生创业应有树立自主品牌的意识和商业计划。通过树立自主品牌、标识商品服务的来源，可以与消费者建立稳定的商业关系，建立市场商誉。品牌的树立和保护，则无法脱离商标的使用。商标是区分商品服务来源的标志，是商誉的载体，具有产源识别、商誉承载、品质保障等基本功能。

商标应具有以下 4 个基本特征。

① 显著性：商标的显著性也可称为商标的区别性或识别性，是指商标能够起到区别作

用的特征，也就是说商标应具显著特征，便于识别。

② 法律性：也称合法性，是指商标的注册和使用要符合法律的规定和要求。

③ 表彰性：是指商标可以反映商品的信息，暗示商品的品质，表达商标所有权人的理念，彰显消费者的身份或情趣。

④ 财产性：指商标具有财产价值，商标作为无形资产，其价值取决于其实际使用而产生的知名度。

大学生在创业初期，就应对自己的产品、公司的重要名称和图标进行商标注册保护，在创业过程中通过对自有商标的使用和宣传来积累商业信誉和品牌商业价值。

👁 **阅读材料**

由于欧美国家知识经济发展较早，国外的公司往往都具有较强的知识产权保护意识。以迪士尼为例，其最初以动画制作为主要业务，之后通过对衍生品的运营，将其业务扩展到电视、电影、主题公园、消费产品、互动娱乐等领域，其衍生品几乎扩展到了所有品类，如扫地机器人、手机充电器等。仅 2015 财年，迪士尼的总收入就达到了 524.65 亿美元。

近年来，国内企业对于知识产权的保护越来越重视，对商标、著作权、专利等知识产权的保护成为企业发展战略的重点规划内容和应对市场竞争的有力武器。

14.3.3　对技术的保护：专利

专利也称专利权，是发明创造的所有人向相关管理部门提出申请，经审查合格后由管理部门向专利申请人授予的规定时间内对该项发明创造享有的专有权。专利可以进行许可使用、转让、入股、质押、继承等。

1. 专利的主要类型

（1）发明专利

发明是指对产品、方法或者其改进所提出的新的技术方案。这是我们日常最熟知的一种专利类型。

（2）实用新型专利

实用新型是指对产品的形状、构造或者二者的结合所提出的适于实际的新的技术方案。

（3）外观设计专利

外观设计是指对产品的形状、图案或者二者的结合以及色彩与形状、图案的结合所做出的富有美感并适于工业应用的新设计。

2. 专利的基本特征

（1）时间性

时间性是指专利只有在法律规定的期限内才有效。专利权的有效保护期限结束以后，专利权人所享有的专利权便自动丧失，一般不能续展。发明便随着保护期限的结束而成为社会公有的财富，其他人便可以自由地使用该发明来创造产品。专利受法律保护的期限的长短由有关国家的专利法或有关国际公约规定。世界各国的专利法对专利的保护期限规定不一。我国对于专利保护期限的规定是，从申请日起，发明专利有效保护期 20 年，实用新型专利有效保护期 10 年，外观设计专利有效保护期 10 年。

（2）地域性

地域性指专利权是一种有区域范围限制的权利，它只在法律管辖区域内有效。除了在有些情况下，依据保护知识产权的国际公约，以及个别国家承认另一国批准的专利权有效以外，技术发明在哪个国家申请专利，就由哪个国家授予专利权，而且只在专利授予国的范围内有效，而对其他国家则不具有法律的约束力，其他国家不承担任何保护义务。但是，同一发明可以同时在两个或两个以上的国家申请专利，获得批准后其发明便可以在所有申请国获得法律保护。

（3）排他性

排他性也称为独占性或专有性。专利权人拥有专利权时享有独占或排他的权利，未经其许可或者出现法律规定的特殊情况，任何人不得使用专利权人的作品，否则即构成侵权。这是专利权最重要的法律特点。

《中华人民共和国专利法》（以下简称《专利法》）第十一条规定："发明和实用新型专利权被授予后，除本法另有规定的以外，任何单位或者个人未经专利权人许可，都不得实施其专利，即不得为生产经营目的制造、使用、许诺销售、销售、进口其专利产品，或者使用其专利方法以及使用、许诺销售、销售、进口依照该专利方法直接获得的产品。外观设计专利权被授予后，任何单位或者个人未经专利权人许可，都不得实施其专利，即不得为生产经营目的制造、许诺销售、销售、进口其外观设计专利产品。"

大学生在创新创业中，也会拥有自己的技术，有一些大学生甚至可以凭借一项新技术方案来进行商业化，所以申请专利就非常必要。不仅如此，专利作为知识产权还可以作价出资，在创业初期以自己的专利出资，这样可以解决一部分资金问题。根据前述的规定，获得专利权后，权利人有权禁止他人实施专利，并享有在一定期限对实施专利的专有权利。因此，专利还可以用以防止后发明人申请专利。例如，某大学生创业团队在科研过程中发现某种化学物提炼的方法，提炼的效率高于其正在创业实施的方法，但是这种方法的成本非常高，以致该创业团队短期内没有经济实力实施该方法。该创业团队为避免之后有发明人将这种方法申请专利，可以先申请专利，获得一定期限内的专有权利，禁止他人未经许可实施该专利。

对于互联网创业企业来说，软件著作权保护的是软件的代码，而专利不保护软件代码，但保护软件的思想，也就是数据处理的方法、步骤。因此，企业可以结合不同的保护方式对自己的知识产权形成有效保护。

但是，申请专利也存在风险和不小的维护费用。申请专利后，无论获得专利权与否，技术方案都将公开。申请专利和后期每年的维护也需要一笔不小的费用，如果企业规模较小，没有专人操作，需要请代理操作，还会有一笔不小的代理费用。另外，如前所述，专利权有保护期限，因此保持持续创新能力，是所有企业发展的关键核心。

除了专利保护，对于不想公开技术方案或者希望获得更长保护期限的人来说，可考虑通过商业秘密来保护技术信息，如可口可乐公司对其可乐的秘方就是通过商业秘密来进行保护的。

总之，大学生在进行创新创业的过程中，应该对核心的技术和品牌标识进行提前规划布局，尽早进行商标、软件著作权、专利等知识产权的登记注册，享受法律的保护。

14.4　大学生创业还需要知道的其他方面

《2017年中国大学生创业报告》显示："30%的在校大学生创业意愿强烈，与2016年相比，上升了8%；更有3.8%的学生表示一定要创业。有一定创业意愿的学生占57.9%，从未想过创业的只占12.1%。"大学生的创业热情持续高涨，但大学生的创业失败率也高于80%。在创业中，大学生需要了解学习的内容很多，除了拥有专业的技能、学习创业的基础知识，大学生还需对创业项目选择、管理能力积累，甚至面对失败的准备方面的知识有所了解。

14.4.1　技术创业，需要有所选择

《2017年中国大学生创业报告》显示，消费电商、餐饮住宿成为大学生创业的主战场。在大学生创业的切入点中，发现某种技术的商业潜质占58%，发现某个市场痛点占42%。目前，很多"校研企"结合的项目都专注于高新科技的开发领域。大学生在导师的带领下，进行科技研发，学校提供研发环境，企业提供资金支持或者项目落地的商业需求，让高科技研发从一开始就有了市场驱动力。很多情况下，大学生是核心技术的掌握者，如果大学生想凭借核心的技术去创业，那么就需要特别重视和保持技术的创新，在不断追求创新的同时，要有意识地开发具有独立知识产权的产品，从而吸引投资者的关注。另外，从技术类型上讲，在选择科技开发创业时，与软件开发相比，硬件开发会更为复杂。硬件开发不但要考虑产品整个生命周期的设计，而且需要考虑供应链的问题。供应链虽然是产

业链后端，但是需要专业的供应链人员早期介入开发环节，确保端到端的最终产品的质量。产品一旦涉及供应链部分，相比软件而言，生产链条会更复杂，回报周期会更长，投资者的投资风险相对也更高，这就对大学生创业者团队的能力提出了更高的要求。因此，大学生技术创业，要根据自己的实力有所选择。

14.4.2　管理能力，需要提前锻炼

大学生在学校期间虽然接受了相关的能力训练，但真实的市场商业环境是非常残酷和复杂的。人们常说"商场如战场"，在真实的"战场"上，创业者不仅要是技术上的佼佼者，更要对管理、商务、营销、心理学等方面的知识有所了解，才能在错综复杂的"战场"上驾驭一个企业的实体。没有实战经验的大学生，除了在能力上需要有所提高外，对于未知的领域也需要有所了解，例如营销、运营，没有经验，难免会为走弯路"买单"。大学生的综合管理能力，可以通过企业实习、社会实践来提早进行锻炼，对与社会接轨的磨炼进行提前规划，以便对创业有足够的预知。另外，创业需要具备专业的创业相关的知识，建议大学生参加一些创业的培训、创业大赛，提前掌握必要的方法论，获得专业的指导，也可以提高综合管理能力，例如，团队的管理、市场的分析、营销的策略等，为创业做更充足的准备。此外，还建议那些对创业有想法的大学生，可以学习了解更多的新商业模式。在我国，随着"双创"大潮的兴起，产生了众多新的商业模式。如共享经济、新零售、知识付费等，也催生了大量的创业训练营、创业课堂。虽然这些社会上的机构离大学生还有些遥远，但是很多课程都采用知识付费的形式，这样很方便地就可以了解创业企业的创新之道、经营之道，可以做到"足不出户"就"知晓天下"。这不失为一个补充知识和技能的方便的选择。

14.4.3　学生创业，需要学会面对失败

关于创业，创业者从一开始就要学习和了解如何面对失败。如果说大学生花了大量的时间去学习团队管理、商业模式、市场营销，能用撰写的商业计划书去路演、去融资，那么更要能学会处理困境：如果企业运营不善，如何寻找合理的退路？如果创业失败，如何不伤和气地好聚好散？如果资金周转不灵，股东之间发生矛盾，如何优雅地处理得到彼此的谅解？在吴晓波的代表作《大败局》的序言中，他曾这样表述企业家面对失败经历的重要性："我们必须尽量地弄清楚危机是如何发生、如何蔓延的，受难者是怎样陷入危机的，唯有这样，我们才有可能在未来的岁月中尽可能地避免第二次在同一个地方掉进灾难之河。"这番话不仅是对企业家的激励，同样也适用于那些有志创业的大学生。

案例篇

15 第15章
"双创"大赛及案例分析

"双创"大赛通过比赛的方式激励高校学生把颇具创造力的原始想法有效落地，大赛已经不仅仅是一种比赛，更是把信息透明、资源对接、项目推进三者完美结合的一种快速催化方式。"双创"类的各个大赛经过了几年的发展，也进行了完善和迭代，更加贴近市场的创业真实形态，给高校的学生们进行创意比拼、创业历练提供了一个非常开放、专业的平台。通过对"双创"比赛的深入解读和对"双创"过往案例的分析，读者可以了解目前高校"双创"的水平和进程，找到自己的定位，并积极行动。

15.1 "双创"大赛解析

目前国内有很多类别的大学生"双创"比赛。从地域划分，小到区县市，大到全国，均有比赛；从行业划分，有垂直于某一个或某几个行业的比赛，也有专门关注特殊人群的比赛。纵观各种类别的比赛，"创青春"全国大学生创业大赛和中国"互联网＋"大学生创新创业大赛，从举办时间、规模、赛制规范性和品牌影响力来看，是目前国内比较权威的两个"双创"比赛。

15.1.1 权威赛事解读

1. "创青春"全国大学生创业大赛与"挑战杯"中国大学生创业计划竞赛

（1）两赛关联

"创青春"全国大学生创业大赛是在原有的"挑战杯"中国大学生创业计划竞赛的基础上升级的比赛，每两年举办一次。自2014年起，大赛下设"挑战杯"大学生创业计划竞赛、创业实践挑战赛、公益创业赛3项主体竞赛单元，以及MBA、移动互联网创业两项专项竞赛单元。

（2）主要竞赛单元区别

① 创业计划竞赛

针对在校生，参赛项目分为已创业、未创业两类，这两类项目提交的商业计划书的内容会有所不同，已创业的内容除了体现项目的创意和产品以外，会更多地体现创业后的运营数据、市场状况、财务状况等。

② 创业实践挑战赛

除了在校生，参赛对象还包括毕业5年内的学生。参赛项目必须是在工商、民政等部门注册的真正运转的实体。

③ 公益创业赛

该单元允许没有投入实际运营的项目参赛，参赛项目也可以是创办非营利性质社会组织的计划或实践项目，同时为了鼓励学生进行公益创业，组织方会给予一定资金用于运营实践。该单元主张"以商业运作的模式来做公益"，让公益创业项目也运用市场运作的手段发展壮大，这是它与其他创业项目的显著区别。

（3）比赛项目分组

参赛者可以分别按照农林、畜牧、食品及相关产业，生物医药，化工技术和环境科学，信息技术和电子商务，材料，机械能源，文化创意和服务咨询等 7 个组别进行比赛申报。

（4）比赛创新迭代

① 比赛升级

从创新技术的"挑战杯"衍生到分类细致的"创青春"，比赛涵盖了创业计划、创业实践，符合创新创意的孵化历程，包括公益项目的分类和赛规，都充分体现了利用比赛机制扶植优秀创意走向市场并落地的理念。

② 项目分组

为倡导具有"文化创意（Cultural Creative）、高科技元素（High-Tech Elements）和新商业模式（New Business Model）"等特征的大学生创业 CHN 模式，比赛将原电子信息组更改为信息技术和电子商务组，将原服务咨询组更改为文化创意和服务咨询组，更符合当下的市场走向和需求。

③ 评审规则

比赛在复赛评审中增设"项目展示介绍视频"上传环节，以帮助评委加深对作品的印象和理解；将创新创意可视化手段应用到评审环节，提高比赛的透明度。

2. 中国"互联网 +"大学生创新创业大赛

（1）赛道分类

① 主赛道

各省市高校逐层选拔，优秀项目进入全国总决赛。

② 国际赛道

各省市高校可推荐国外友好合作高校的项目参与比赛，可推荐海外校友会作为国际赛道合作渠道。海外团队经过逐层选拔，优秀项目进入全国总决赛。

③ 青年红色筑梦之旅

参赛项目必须是参加"青年红色筑梦之旅"活动的项目，也就是大学生的创新创业团队到各自对接的县、乡、村和农户，从质量兴农、绿色兴农、科技兴农、电商兴农、教育兴农等多个方面开展帮扶工作，推动当地社会经济建设，助力精准扶贫和乡村振兴所产生的项目。参与者可以选择本赛道参赛也可以选择主赛道参赛，但是只能选择其一。经过逐层选拔，优秀项目进入全国总决赛。

（2）赛事分组

① 创意组

本组针对在校学生，参赛项目可以是较好的创意、较为成型的产品原型或服务模式。

② 初创组

本组除了在校生，还包括毕业 5 年内的学生。参赛项目应已经完成工商注册程序但未满 3 年。

③ 成长组

本组除了在校生，还包括毕业 5 年内的学生。参赛项目应已经完成工商注册程序并且超过 3 年。

④ 就业创业组

本组面向在规定截止日期前未完成工商注册的情形，参赛人须为在校生。如果已完成注册，参赛人可以为除在校生之外的毕业 5 年内的学生。

（3）赛事项目分类

赛事项目一共分为 6 大类，主要是以"互联网 +"这个背景为契机的项目。同时，参赛项目不只限于"互联网 +"项目，也鼓励各类创新创业的项目参赛，参赛者可以根据行业背景选择相应的类型。

● "互联网 +"现代农业，包括农林牧渔等。

● "互联网 +"制造业，包括智能硬件、先进制造、工业自动化、生物医药、节能环保、新材料、军工等。

● "互联网 +"信息技术服务，包括人工智能技术、物联网技术、网络空间安全技术、大数据、云计算、工具软件、社交网络、媒体门户、企业服务等。

● "互联网 +"文化创意服务，包括广播影视、设计服务、文化艺术、旅游休闲、艺术品交易、广告会展、动漫娱乐、体育竞技等。

● "互联网 +"社会服务，包括电子商务、消费生活、金融、财经法务、房产家居、高效物流、教育培训、医疗健康、交通、人力资源服务等。

● "互联网 +"公益创业，以社会价值为导向的非营利性创业。

（4）赛事创新迭代

① 赛制细节升级

赛道升级增设"青年红色筑梦之旅"赛道、国际赛道，紧密贴合"一带一路"倡议，扩大国际化交流以及赛事品牌知名度。

② 同期 5 项活动增设

同期开展"青年红色筑梦之旅"、"21 世纪海上丝绸之路"系列、"大学生创客秀"

（大学生创新创业成果展）、改革开放 40 年优秀企业家对话大学生创业者（"互联网＋"产学合作协同育人报告会）、大赛优秀项目对接巡展 5 项活动，旨在从不同维度丰富比赛内容及形式，扩大交流，推进项目的商业化落地。

③ 放大赛事平台效应

通过赛事平台，推动并打通不同机构之间优质创新创业资源的渠道，为项目资源对接创造各种机会，并利用各种传播手段扩大赛事宣传，营造良好氛围。

15.1.2　参赛建议

1. 激发创意，勇于尝试

很多学生看到参赛要求和规模，就望而却步。但从赛事分组上就可以发现，大赛将各个阶段的项目分组分得非常细致，就是为了鼓励学生从产生创意想法的萌芽阶段就参加比赛。从创意组、初创组、成长组到就业创业组，这样的分类模式也是项目成长迭代的过程。可以这样来理解，好的项目从一个好的创意开始，有时行动比思考更重要。大赛鼓励学生积极思考、勇于尝试，不必害怕失败。

2. 提升认知，不断历练

很多在比赛中获胜的作品并不是第一次参赛，很多项目都是屡败屡战才取得了让人羡慕的成绩，也有不少项目开展了很多年，才取得了一点点成果。一方面，一个成功的项目需要市场的实践来验证；另一方面，一个项目需要走完从创意到落地的完整过程，才算经得住考验，而这些都需要时间。大赛是很好的机会，帮助参赛人员和众多选手互相学习、提升认知，最重要的是通过比赛得到历练、验证并及时弥补项目的不足之处。好的项目需要经过不断地打磨、纠错、修正，才能趋于成熟，而这些都需要创业者身体力行地经受所有的考验，才能摸索出来。因此，参赛项目在第一次比赛后还有机会不断成长，等时机成熟可以再次参赛。

3. 开拓视野，捕获商机

比赛目的是让参赛者走进来，也走出去。走进大赛的活动中，根据标准化的赛制让自己站到一定的高度。走出去，将自己的项目展示给更多的人，这样可以"放大"创意的价值。更重要的是，被认知的过程也是认知自己的过程，找到差距也是寻找资源的开始。大赛为参赛者提供了直接的资源对接渠道，无论是指导还是项目落地，都能让创业者得到帮助，大大缩短了项目从资金注入到人员短缺环节的寻找周期，无形中为创业者开启了一扇商机之门。

15.2　"双创"大赛案例分析

学生们应该积极参与各类别的赛事，在不同类别或团体的比赛中进行历练。比赛对手的水平也许会参差不齐，但是规模大的比赛项目，其参赛选手水平相对要高一些。而学习和了解大赛获奖作品的特点，会对自己选择项目及了解比赛趋势有帮助。同时，了解大赛中参赛选手的作品，既可以学习到他人的优点，也可以认识他人的不足，引以为戒，进行自我提高和完善。

15.2.1　获奖作品亮点解读

1.　科技创新项目领跑

无论是"创青春"大赛还是"互联网＋"大赛，都和现代科技发展的脉搏息息相关。将新科技中的移动互联网、云计算、大数据、人工智能、物联网、区块链等技术与经济社会的各领域紧密结合，利用这些新科技促进制造业、农业、能源、环保等产业转型升级，发挥互联网在社会服务中的作用，创新网络化服务模式，促进互联网与教育、医疗、交通、金融、消费生活等行业的深度融合，这既是国家的发展需求，也是时代的需要。

（1）人工智能项目

人工智能类的参赛作品，涉足领域非常广泛，包括制造业、信息技术、医疗、交通运输、旅游、采矿、餐饮等。

① 北京邮电大学的项目——人工智能影视制作

项目内容：从视觉影像的 2D 到 3D 实时转换，实现技术突破。

市场形势：市场上的 2D 影视转 3D 影视成本居高不下，人工智能的介入使其提效 1 000 多倍。

商业模式：利用人工智能技术，实现了技术转换平台化，优化了 3D 产业链的重要一环，开放云服务平台，3D 直播实现了全频道 3D 化。

这个项目从技术突破，到人工智能的介入让产品平台化，影响了整个 3D 产业的布局。这不仅仅是技术本身成熟发展的走向，更是产品的创始人员对整个生态链的思考和探索。

② 海外高校的项目——人工智能数学学习平台

项目内容：利用人工智能技术将数学的学习方式智能化，例如，在运算过程中，可以触屏解题，显示解题步骤和解题逻辑。

竞争对手：市场上的类似产品只给出解题答案，对于提高学生学习能力的痛点，并不能有效地解决；在提高产品创新性方面，团队经过缜密统计，分析付费用户的心理特点，将产品的内容从全学龄段覆盖集中到升学段。

商业模式：经过不断地摸索，优化产品的商业模式，将商业模式从面向客户端扩展到面向企业端。例如，将产品推广给国外学校的教授，利用他们的影响力推广教材，教授的试用可以增加学生的使用量，使教材更有成为指定教材的可能。

这个项目除了利用人工智能技术的亮点以外，在产品用户痛点的寻找和分析上下足了功夫，在对用户需求不断探索的过程中，逐步调整自己的产品走向，并优化自己的商业模式。

（2）科技环保项目

在大赛中，海外高校的亮眼项目有不少是关于环保的项目，如减少环境污染、从垃圾废料中寻找对人类可用的材料等。大部分项目来自高校的课题，从课题研究转化成市场应用，项目的成果也令人惊喜。

① 食物垃圾转换成高价材料

这个项目是关于将餐馆食物垃圾变成生物降解塑料的技术，该技术可用于玩具制造、软包装制作、3D 打印线材和医疗等领域。在科研探索的过程中，项目的范围随着科研进展不断地发生着变化。

项目背景：早期的科研成果是将餐馆的食物垃圾转化为沼气，进而团队逐步了解了将废弃食品转化为其他材料的微生物学技术。随着科研的深入，他们研发出其他可以从食物垃圾中制造的产品。

项目内容：在研究了不同类型的生物橡胶和生物化学品后，团队发现生物降解塑料有巨大的市场潜力。生物降解塑料与其他形式的生物塑料相比具有许多优点，它具备热塑性，这意味着它可以很容易地被模塑和重塑成不同的产品。与许多其他形式的生物塑料不同，它在回收的过程中不会产生二次污染，也就是说它不会破坏回收过程。

竞争对手：除了产品特性的竞争优势以外，将食物垃圾转换成生物降解塑料这一方法比使用合成生物学的传统生产方法成本更低、更环保，材料被降解的时间更短。

商业模式：早期创业的资金来自创业大赛的参赛奖金，后期团队通过建立实验室工厂大规模销售原材料。可以发现，科研探索的结果在不断引导着创业者的决策，使创业者找到更有市场潜力、更有竞争力、成本更低、更环保的产品类型和定位。

② 渔业废料生成纳米新材料

这个项目将鱼虾的废料外壳作为原材料，经过提炼，生成新的纳米材料。在未知研发结果的情况下，针对海洋的渔业废料展开科研，寻找可用物质。

项目背景：研发经历了 4 年的时间，找到了新生材料——纳米材料。

项目内容：这种纳米材料强度超过钢铁，重量比塑料轻，同时又安全环保、无毒无害。

竞争对手：在全球，目前没有竞争对手。该技术已申请多项专利，可应用于塑料、高分子材料、3D 打印材料、能源储存和转换等。

商业模式：一方面是积累专利成果，另一方面是开发新材料，和用户一起结合用户需求创造价值。

这个项目的特点是从科研的角度定位了环保、废物利用的方向。在未知研发结果的情况下，进行研究、探索渔业废物中的可用资源，并且，这一科研成果所具备的同行业的竞争力使其市场价值变得非常可观。

③ 废水处理变废为宝

项目内容：在废水的固体中提取了氮和碳，本来这些固体的废物是要被废弃的，现在提取出来变成有用的工业原料。

项目挑战：说服别人为这样的长远规划进行投资需要花费很大力气。

竞争对手：目前竞争对手的提取物结果对环境并不是完全友好，或者说成本很高。因此，产生有经济价值的产品，可以让环保的可持续性大大增强。

商业模式：一种是建立实验性项目后再推广，另一种是把技术许可给政府，进行后续推广。

这个项目的缘起是科学家在新西兰发现了废弃物污染问题，而后进行了深入的科学研究。最初市场定在新西兰，但市场比较小，后来转到市场比较大的中国，重新开始了市场运营和市场规划。可见市场的定位不同也会影响产品的推进和商业模式的定位。

（3）科技能源项目

能源是人类生存和发展持续关注的话题，而高性能、低成本也是能源类产品不变的追求方向。因此，这类项目的科研从来没有停止过，而这类项目的"产学研"结合一直有着传统的优势。

① 轻量级柔性电池储能

项目背景：多伦多大学的学生利用所学专业，将学生课题的科研成果转化成了产品，并推向市场。

项目内容：柔性电池可以折叠弯曲，可以应用在医疗手环中。客户群体是可穿戴制品的制造商。

商业模式：与合作伙伴有紧密的联系，不仅仅是提供一个产品，而是依托工程设计公司拥有的众多下游客户，作为上游供应商，为下游客户提供全方位的服务。另外，也和这些公司紧密联结，完成产品设计试用的过程，以提供真正满足客户的产品。

竞争对手：可穿戴设备的电池一般有两个问题，一个是如果磕磕碰碰可能会发生意外，另一个是比较笨重。新型的柔性电池有极高的储能效率和储能容量，柔性的特点比较强，弯折上万次，性能也变化不大。世界上的同类产品不超出5种。

这个项目的特点在于，海外投资者比较保守慎重，通常需要看到实质性的进展才肯投资。经过在中国市场的拓展，团队寻找到更多的投资机会，使项目更有可以发展的空间。

② 新型车载固体化学储氢系统

项目背景：日本丰田公司发布了氢燃料汽车，之后我国也开始大力推进类似项目。但是续航里程是一大瓶颈，刚好学生的研究课题——固体氢的储存可以解决这个问题，他们就将课题研究方向和产业方向相结合，展开了进一步研究。

项目内容：面对氢燃料汽车，主要需要解决固体氢燃料的存储问题。让固体氢的转化率提高，同时要保证存储燃料的装置不会变形受损。

市场形势：市场上传统储氢密度低，传统储氢装置会容易受损变形。利用固体氢储存系统，可以让固体氢的转化率提高，同时让储氢装置更耐用。

商业模式：主要面对氢燃料汽车公司，提供高性能的固体储氢系统。

这个项目的特点在于性能测试需要的周期比较长，一般要 5 年以上，因此从投资角度和推广角度来说都会面临比较大的挑战。

③ 超高性能电池

项目背景：高校针对硅碳负极产品进行一系列的试验和研究，以期找到适合的应用领域。

项目内容：为电池厂家提供电子材料，硅碳负极产品是电池的主要原材料。

竞争对手：与通用的电动汽车相比，续航里程有大幅度提升，可以推动电动汽车的普及。

商业模式：面对的客户是整装电池厂厂商。先完成国内的试点，再从中国市场逐步推进到国际市场。

这个项目充分展现了高校的活力，并把高校的科研成果进行转化。而学生从科研人员转化为创业者，需要进行商业思维的训练和深度的思考。在高校进行科研转化的过程中，需要市场、劳动力、资金和政府的支持；当研发从实验室走出来，走进产业化的时候，梳理好学校、市场、厂家的几方关系变得越来越重要。各个部分需要事先划分好责权，以便能方向清晰地持续前进。

2. 项目孵化成熟度高

从比赛的赛制中我们不难发现，进入赛事的项目是按照项目发展的成熟度来划分的。从创意计划阶段，到实施初创阶段，根据公司注册的年限可以了解创业项目的成熟度，这样的赛制划分，让同类型的企业或者项目站在同一个起跑线上进行衡量和比拼，对于评委来说，也更容易按照一致的标准评选出同类型作品中的佼佼者。

从近年进入决赛的作品中也不难发现，最终获奖的项目几乎都是运营了多年且孵化成功的项目。其中不少作品是多次参加同一赛事，虽然早期一直没有获奖，但是经过不断的打磨孵化、迭代修正，最后终于获得荣誉。

面对高规格的赛事，参赛者不能仅仅把它当成一项比赛，这个过程不亚于一场融资的初选、中选，以及最后路演终选的过程。

从评委的角度来看，项目孵化得越成熟，可以看到的市场效果越明显，对产品的市场化信心越充足，被选为优秀作品的可能性越高。

从投资者的角度来看，由于投资者的投资方向不同，每个赛事分组都有投资者青睐的类别，因此从最终获得投资的比例来说，参赛的项目都有不少收获。

在"互联网 +"大赛的赛事官网上，专门开辟了"投融资"板块，以帮助创业项目直接对接投资者，也便于双方查阅项目信息和投融资状态及阶段，让项目比赛中的所有优秀作品都能在平台上得到良好的展示。据统计，平均每年比赛约有上千个项目获得投资。

3. 营销人才高度渴求

随着国家对高科技发展的大力支持，对互联网创新的大力主张，脱颖而出的项目带着越来越多的高科技的"基因"。特别是结合高校学生、融合"产学研"多领域的项目，更是具有浓厚的科研特色。创业团队多由学生组成，他们大多是科研队伍中的佼佼者，在科学研究中的探究和学术钻研使他们在从课题研发到市场落地的过程中占有明显的技术优势。当完成了产品研发，需要进入市场化阶段的时候，就需要团队的人员具备市场营销方面的能力，这是很多初创团队建立之初很少考虑的因素。

单从大赛的获奖项目来看，95%以上的项目在未来需求上提出了对市场营销人员的需求并期待类似的人才加入团队。而一些已经开始进行市场推广，并且在发展得相对成熟的项目中承担运营、营销角色的人员，多数是从研发团队转型到市场运营的，并不是专业的市场人员。

可以理解的是，初创企业特别是以技术为核心优势的初创企业，在发展初期，市场营销推广并不是企业亟待解决的问题，因此团队成员的核心关注点多属于技术的攻关。但从企业长远规划来看，市场分析、用户痛点的定位、市场策略的制订等因素会直接影响早期研发的方向，甚至可以左右产品的一些关键功能的设计，也就是说，以用户需求为导向的产品设计是目前互联网时代的思维模式。团队人才整体的规划布局，自然应该全盘考虑，设计、生产、运营、维护一体化，这是互联网时代更符合市场需求和用户需求的做法。

15.2.2　参赛作品的通病

在提交的众多参赛计划书中，虽然不乏优秀的作品，但也有很多的文档值得仔细推敲，除了项目的创意不具有竞争力外，很可惜的是很多不错的项目在整个施行的过程中暴露了这样或那样的不足，使通篇文案失色，失去了竞争力。

1. 数据不充分

（1）数据提供类型单一

在计划书中大家都会强调数据的重要性，但很多计划书中佐证的数据几乎无一例外地集中在用户问卷调查方面。看来，许多参赛者在运用调查问卷这个工具方面显得比较熟练。但是除了调查问卷，其他需要数据支撑的模块，就显得比较薄弱了，例如：市场分析的数据、产品试用的数据、用户反馈的数据、运营效果的数据等。其中，用户反馈的数据并不是一定要大批量投放到市场才可以得到的，那些种子用户、天使用户的反馈同样有意义。

从设想，到着手设计，到实验，再到实践，每个步骤的数据在商业计划书中都有价值，每个数据都会引导产品的走向。因此数据的存在不仅仅是为了说明当下模块的现状，更是推演产品走向的重要依据。

（2）问卷调查样本数量少

在大家普遍使用的问卷调查这个工具中发现，不少调查问卷的访问样本数量有限，让人怀疑有限的数据是否足以说明问题。那么，要访问多少个对象才算合理呢？这应该考虑以下两方面的因素。

① 确定样本量

通常，样本数量越大，所测算的数据越可信。但是考虑到调查成本、调查误差等因素，根据仇立平在《社会研究方法》上的推论（这里不详细介绍公式推导的原理，只介绍推论结果），如表 15-1 所示，在习惯使用的 5% 误差档，300 多个的样本数量完全能够满足需要。

表 15-1　不同置信区间和抽样误差下的样本量表

抽样误差 \ 样本量 \ 不同置信区间的 Z 统计量	90%	95%	99%
	1.64	1.96	2.58
10%	67	96	166
5%	269	384	666
3%	747	1 067	1 849

② 确定邀请人数

邀请的人数一般取决于 3 个因素：被访问者的响应率、出现率和完成率。完成样本量的计算方式如图 15-1 所示。

图 15-1　完成样本量的计算方式

可以很容易计算出来，如果需要 300 份样本结果，需要发送多少份邀请。按照通常响应率（5% ~ 10%）、出现率（30%）、完成率（30% ~ 60%）的情况，那么通过抽样样本倒推的计算方式（见图 15-2），即可计算出抽样的样本量。

图 15-2　抽样样本倒推的计算方式

如果样本调研需要进行分组、分类，按照这个原则，就要适当地增加样本的数量，以确保数据的准确性和说服力。

2. 结论突兀

有的商业计划书中用了大量的篇幅说明情况，列举了看到的现象，但没有解释明白逻辑，很快就跳到结论部分，很突兀地指向了研究方向。特别是很多参赛者在完成了用户调研的问卷调查部分、看到了一定的用户趋势之后，没有经过深度的用户访谈，就根据数据的分布来判断用户的痛点了。

通过调查问卷完成的用户调查，即使样本数量充分，充其量也是就已经发生的问题进行确认和了解，但是，如果没有一对一的深入的用户访谈，是很难聚焦真实的用户痛点的。

很多时候用户访谈挖掘出的用户痛点，是用户自己并不知道的，是在访谈过程中，访问者通过同理和分析才能够感受和捕捉到的，这需要访问者具有强大的洞察能力。同时，也鼓励访问人员去探究每一个数据背后的内容，否则，结论的得出说服力就不够。此外，商业计划书中每部分数据的输入，对后续环节的输出是有推导逻辑存在的，严密的逻辑和有说服力的依据是让商业计划书能站住脚的基础。

3. 不擅于用专业分析工具

有的商业计划书通篇都是文字和叙述，大多是自我理解和感知，文字过多、工具很少。在用户痛点分析中，看到运用最多的工具就是用户需求调查，如果借助同理心地图、用户画像等工具，可以把用户的痛点挖掘得更透彻，让产品的聚焦点更明确。

在对竞争对手的分析中，有的商业计划书看似对这部分进行了分析，但是分析的点都是跟着感觉走的，没有将竞争对手研究细致。如果借助于 SWOT 模型，可以将分析进行得更全面。借助分析工具的好处是可以让结论变得充分且准确。运用专业分析工具得出的数据的结论可能会和不使用专业分析工具得出的结论完全不同。

4. 竞品分析不充分

有的商业计划书花费了大量的笔墨进行市场分析，但是没有做竞品调研，有的即便是做了，也非常的简单和片面，有的就直接说明目前市面上没有竞争对手。

我们看到，某项目为了解决当地家教市场有需求但是教师资源良莠不齐的问题，解决方案是建立一个一对多的家教互联网平台。整个商业计划书的篇幅很长，市场前景、预算、目标市场规划，甚至到落地的场地教室、公司规章制度等内容都面面俱到，但是唯独没有涉及竞品分析的内容。

大家或许都知道，补习班市场目前早就网络化，在网上搜一下就知道非常有名的几个品牌。如果创业者能分析一下这些已经成熟的产品的优势劣势，找到自身产品的差异化和竞争力，不见得找不到突破口。否则，凭什么让人相信项目上线就一定会比这些成熟产品更容易被市场接受，或者说，市场为什么要选择你的产品。

因此，这类报告，看似有痛点、有调查、有数据、有分析，但是没有考虑现有市场已有产品的状况，说服力是非常弱的。让人不得不怀疑，这就只是一份计划而已，和项目实施、项目落地还差得太远。

其实，创业者遇到更多的情况是：有了好的创意，并且一步一步地开始走到项目解决方案的打造中，但当进入竞品分析的时候，会突然发现其实市场上已经有类似产品了，只是我们不知道而已。很多时候，沮丧代替的是萌生创意时的兴奋。

但好处是，只有进行了竞品分析，我们才知道这个产品，那至少说明，虽然我们关注这个领域，但是竞争对手的产品也不是那么人尽皆知。这或许也从某种程度上说明你的创意还有机会。而已经存在的产品到底占领了哪个赛道，其商业模式是否已经非常成熟，市场份额是否没有剩余，你的创意是否还有机会，所有这些问题，都会帮助创业者最终找到那个对的模式，并帮助创业者在自己最合适的环境中生存。

5. 指导老师的水平参差不齐

分析和总结了商业计划书中的不足之处后，值得说明的是，其实很多商业计划书中的创意还是可圈可点的，只是项目的过程把控、分析方法等不够充分和专业，才会让项目与奖项失之交臂。

大学生的优势在于不受束缚的创意、大胆的想象、肯于钻研的热情，这些是不用专业工具分析，也不用经过专业指导的大学生天然具有的优势。另一方面，大学生面对创新创意，缺乏的恰恰是专业的方法论、专业的辅助工具、专业的分析和解决问题的方法，需要的是经验的积累，更需要专业的指导和培训。

指导老师是项目中的导师，要能让学生既不会把想法跑得太远，又能在每个重大节点帮助项目推进；既能让学生发挥他们的优势，又能把控项目节奏和进程，让项目向实施落地的方向逐步靠近。

同一个创意，如果由不同的老师进行指导，会呈现不同的走向和结果。在学校，学生的项目能走多远，往往是由老师和学生的付出共同决定的。

因此，一个大赛的水平，一方面展示的是学生团队的水平，另一方面其实更是老师的指导能力的一场比拼。

指导老师的功力提高，可以帮助学生少走很多弯路，创业创意的经验积累更多是来自"真刀真枪"的实战，它和普通的学科知识相比，更加社会化、市场化。指导老师需要走出校门，更多地了解专业工具的真实落地场景，才能够真正提高自身的指导水平。

参考文献

[1]张惠丽，汪达．职业生涯规划与大学生素质发展［M］．北京：科学出版社，2009.

[2]米哈里·契克森米哈赖．心流：最优体验心理学［M］．张定绮，译．北京：中信出版社，2017.

[3]彼得·斯卡辛斯基，罗恩·吉布森．从核心创新［M］．陈劲，译．北京：中信出版社，2009.

[4]拉里·基利，瑞安·派克尔，布赖恩·奎因，等．创新十型［M］．余锋，宋志慧，译．北京：机械工业出版社，2014.

[5]汤姆·凯利，戴维·凯利．创新自信力［M］．赖丽薇，译．北京：中信出版社，2014.

[6]佩尔·克里斯蒂安森，罗伯特·拉斯缪森．玩出伟大企业——如何用乐高积木实现商业创新［M］．施轶，译．北京：中国人民大学出版社，2016.

[7]鲁百年．创新设计思维：设计思维方法论以及实践手册［M］．北京：清华大学出版社，2015.

[8]比尔·博内特，戴夫·伊万斯．斯坦福大学人生设计课［M］．周芳芳，译．北京：中信出版社，2017.

[9]杜绍基．设计思维玩转创业［M］．北京：机械工业出版社，2016.

[10]王可越，税琳琳，姜浩．设计思维创新导引［M］．北京：清华大学出版社，2017.

[11]蒂姆·布朗．IDEO，设计改变一切［M］．侯婷，译．沈阳：万卷出版公司，2011.

[12]刘濯源．赢在学习力［M］．沈阳：万卷出版公司，2008.

[13]沃伦·贝格尔．绝佳提问——探询改变商业与生活［M］．常宁，译．杭州：浙江人民出版社，2015.